21
世纪经济管理类创新教材

客户关系管理

（第三版）

邵兵家　钱丽萍◎主编

Customer Relationship
Management

清华大学出版社
北京

内 容 简 介

本书以 IDIC 模型为基础，从理论和实践两个层面对客户关系管理进行系统、简明的介绍。首先从管理理念和技术应用两个角度，介绍现代客户关系管理的基本原理；其次通过生动的案例，讲述客户关系管理的实施；最后以企业访谈视频贯穿全书相关环节，展示企业完整的客户关系管理运作过程。

本书每一章均包括学习目标、开篇案例、本章内容、本章小结、复习与讨论、企业访谈六个部分。通过二维码提供的企业访谈案例视频，读者可全面完整地了解真实企业的 CRM 运营实践。

本书适用于经济管理研究与实际工作者、计算机软件开发人员，并可作为电子商务、经济管理、计算机应用等专业的教学与培训用书。

图书在版编目（CIP）数据

客户关系管理 / 邵兵家，钱丽萍主编. —3 版. —北京：清华大学出版社，2023.2（2024.1重印）
21 世纪经济管理类创新教材
ISBN 978-7-302-62835-4

Ⅰ. ①客… Ⅱ. ①邵… ②钱… Ⅲ. ①企业管理—供销管理—高等学校—教材 Ⅳ. ①F274

中国国家版本馆 CIP 数据核字（2023）第 028364 号

责任编辑：杜春杰
封面设计：刘　超
版式设计：文森时代
责任校对：马军令
责任印制：沈　露

出版发行：清华大学出版社
　　　　网　　　址：https://www.tup.com.cn，https://www.wqxuetang.com
　　　　地　　　址：北京清华大学学研大厦 A 座　　　　　邮　　编：100084
　　　　社 总 机：010-83470000　　　　　　　　　　邮　　购：010-62786544
　　　　投稿与读者服务：010-62776969，c-service@tup.tsinghua.edu.cn
　　　　质量反馈：010-62772015，zhiliang@tup.tsinghua.edu.cn
印 装 者：小森印刷霸州有限公司
经　　销：全国新华书店
开　　本：185mm×260mm　　　印　　张：15　　　字　　数：373 千字
版　　次：2004 年 5 月第 1 版　　2023 年 3 月第 3 版　　印　　次：2024 年 1 月第 2 次印刷
定　　价：59.80 元

产品编号：097901-01

第三版前言

本书第二版出版至今已经过去了十二年，在此期间我国企业的经营环境发生了很大的变化，最显著的变化为以网络信息技术为基础的数字经济得到了快速发展，大数据、云计算和人工智能等新技术的应用受到企业的广泛重视。党的二十大报告指出："加快发展数字经济，促进数字经济和实体经济深度融合，打造具有国际竞争力的数字产业集群。"为了满足新环境下企业对客户关系管理人才和技能的需要，原有教材的内容需要吸收最新的研究成果和管理实践。

基于以上企业经营环境的变化和我国数字经济发展战略，我们确定了以下修订思路。

（1）体现以电子商务为代表的数字经济新模式。在案例选取和应用技能中，把电子商务、互联网企业的数字化转型管理实践成果充分吸收进来。

（2）体现大数据、云计算和人工智能等新技术在客户关系管理中的应用。在客户关系管理的各个环节中，对新技术的应用进行了介绍。

（3）体现对学生理论知识、管理方法和管理工具的有机结合。针对不同环节，对客户关系管理工具，特别是企业应用较为广泛和具有代表性的工具进行介绍；逻辑上，按照客户关系管理是什么、为什么、怎么做、如何做好的顺序进行展开。

（4）体现新时代人才培养中对课程思政元素的有机融合。将企业客户关系管理实践中对客户的尊重、对客户隐私信息的保护等内容反映到教材中。

（5）体现移动互联网技术在丰富教材资源中的支撑作用。根据知识点的需要，通过二维码形式，补充了难以在纸质版教材中进行展示的视频资源、网络资源等。

本书第三版在体系和内容方面有了以下比较大的改变。

（1）在体系上，将原来的第7章"客户关系测评与维护"，拆分为新版的第7章和第8章两章，"客户流失管理"单独成章。将原来的第9章和第10章合并为新版第10章，删除了原第13章"CRM应用系统示范"，淡化技术细节内容，增加了新技术应用方面的介绍。

（2）在内容上，更新了第6章至第10章，以及第12章等六章的开篇案例内容。

（3）在形式上，增加了对企业客户关系管理实践的采访视频，可以扫描二维码观看。

第三版修订工作的分工如下：第1～2章（史泽宇，邵兵家），第3～4章（杨雪梅，钱丽萍），第5～6章（唐洁，钱丽萍），第7～8章（朱霜，邵兵家），第9～10章（康巍耀，邵兵家），第11章（张代梅），第12章（常成，邵兵家）。在分工完成修订初稿后，由邵兵家、钱丽萍负责统筹完善。配套的案例视频，由邵兵家和史泽宇进行总体设计，重庆医流巴巴医疗器械连锁有限公司和博创知行（重庆）科技有限公司协助拍摄制作。

第三版修订工作的完成，要特别感谢杜春杰编辑给予的关心与支持。在本书的修订编著过程中，我们参考和借鉴了国内外相关研究资料，在此，谨向各位学者表示由衷的敬意和感谢；同时感谢重庆医流巴巴医疗器械连锁有限公司和博创知行（重庆）科技有限公司对视频案例拍摄提供的大力支持，感谢重庆大学本科生院教材建设基金和重庆大学经济与工商管理学院对本书修订工作给予的出版资助。由于客户关系管理理论和实践的不断发展，加上作者水平有限，书中疏漏之处在所难免，欢迎读者批评指正。为了满足授课教师的需要，本书配有电子教案等资料，欢迎登录网站（www.cnebr.net）进行查询、下载和交流，或通过电子邮件（shaobj@126.com）直接联系作者。

邵兵家

2023 年 1 月 3 日

目　　录

第1章 客户关系管理概述

学习目标

（1）了解客户关系管理产生的背景；
（2）理解客户关系管理的含义与内涵；
（3）熟悉客户关系管理系统的分类；
（4）了解客户关系管理的意义与流程；
（5）理解尊重客户和诚信经营的重要性。

开篇案例

王永庆卖大米的故事

王永庆小学毕业后，到一家米店做学徒。第二年，他用借来的200元钱作本金自己开了一家米店。为了和隔壁那家日本米店竞争，王永庆颇费了一番心思。

当时大米加工技术比较落后，出售的大米里混杂着米糠、沙粒、小石头等，买卖双方都是见怪不怪。王永庆则多了一个心眼，每次卖米前都把米中的杂物拣干净，这一额外的服务深受顾客欢迎。

王永庆卖米多是送米上门。他先在一个本子上详细记录顾客家有多少人、一个月吃多少米、何时发薪等；等到顾客家的米该吃完时，就送米上门；等到顾客发薪的日子，再上门收取米款。

他给顾客送米时，并非送到就算完工，他还会帮人家将米倒进米缸。如果米缸里还有旧米，他就将旧米倒出来，将米缸刷干净，然后将新米倒进去，将旧米放在上层。这样，米就不至于因陈放过久而变质。他这个小小的举动令不少顾客深受感动，铁了心专买他的米。

就这样，他的生意越来越好。从这家小小的米店起步，王永庆最终成为台湾工业界的"龙头老大"。后来，他谈到开米店的经历时，不无感慨地说："虽然当时谈不上什么管理知识，但是为了服务顾客做好生意，就认为有必要掌握顾客需要，没有想到，由此追求实际需要的一点小小构想，竟能作为起步的基础，逐渐扩充，演变成为事业管理的逻辑。"

资料来源：佚名. 王永庆卖米的故事[EB/OL]. [2023-01-31]. https://www.sohu.com/a/285469249_120047348.

1.1 客户关系管理的产生及含义

客户关系管理（customer relationship management，CRM），这个概念最初由 Gartner Group 提出来。对客户关系管理的定义，目前还没有一个统一的表述，但就其功能来看，客户关系管理是通过采用信息技术，使企业市场营销、销售管理、客户服务和支持等经营流程信息化，实现客户资源有效利用的管理软件系统。其核心思想是 "以客户为中心"，提高客户满意度，改善客户关系，从而提高企业的竞争力。

1.1.1 客户关系管理的产生

现代客户关系管理产生的原因可以归纳为以下三个方面：客户资源价值的重视（管理理念的更新）、客户价值实现过程需求的拉动，以及信息技术的推动，如图 1.1 所示。

图 1.1 客户关系管理产生的原因

资料来源：孟凡强，王玉荣. CRM 行动手册：策略、技术和实现[M]. 北京：机械工业出版社. 2002.

1. 客户资源价值的重视

获得和维持竞争优势是企业生存与发展的基础，企业的竞争优势从内容上看包括规模优势、绝对的低成本优势、差别化优势等。资源能力学派认为，在今天，形成企业竞争优势和核心竞争力的，再也不是那些有形的机器设备、厂房、资本、产品等物质资源，因为这些资源很容易从市场中得到，你可以买到，你的竞争对手也很容易从市场中得到。而管理、人才、技术、市场、品牌形象等无形资源，则起着非常关键的作用。这些资源不易流动、不易被复制、交易频率低，其他企业不容易从市场中得到，具有相对的垄断性，可以产生一定的垄断优势。客户资源就是这样一种重要的市场资源，它对企业具有重要价值。

客户资源对企业除市场价值，即客户购买企业的产品、服务，使企业的价值得以实现外，主要还体现在以下几个方面。

1）成本领先优势和规模优势

一方面，有事实表明，客户能够提供成本优势，从而也就提供了收入优势。为新客户服务花费的费用，比起老客户来要昂贵得多。这是因为为新客户服务需要更高的初始化成本。如果公司能够增加回头客的比例，那么总成本会呈现出明显的下降趋势。另一方面，如果企业的忠诚客户在企业的市场中占据相对较大的份额，那么就会为企业带来相应的壁垒，形成规模优势，也会降低企业的成本。一般客户从众心理很强，大量的客户群也会成为其考虑的重要因素。

2）市场价值和品牌优势

从战略的角度讲，客户不仅是承兑收入流的资金保管者，而且是能够提高市场价值的宝贵财富，这主要是通过商标价值表现出来的。商标价值是一个企业与其消费者或与起决定性作用的客户发生相互联系的产物。商标不能孤立地存在，它们因客户的认可而存在。没有客户作为出发点，商家便不能创造或维持商标的价值。

较大的市场份额本身代表着一种品牌形象。另外，客户的舆论宣传对企业的品牌形象也有重大的作用，特别是客户中的舆论领袖，他们所起的作用更大。应当注意的是，客户的舆论宣传有两种价值取向：一种是客户对企业的产品服务很满意，因此会正面宣传企业的品牌；另一种则是客户对企业的产品服务不满意，因此会对企业进行负面宣传。两种宣传的影响都非常大。企业只有提供高质量的、令客户满意的服务，树立良好的企业形象，才能获取客户的正面宣传。

3）信息价值

客户信息对企业来讲是最重要的价值，它会直接影响企业的经营行为，以及对客户消费行为的把握。譬如，沃尔玛连锁超市会根据对会员客户的购买行为、消费习惯等信息进行分析，来制定面向会员客户的产品服务组合并提供相应的企业关怀。亚马逊会通过会员客户的资料、会员浏览网页的习惯和程序等分析客户的消费特点与个人爱好，并据此来制定服务不同客户的不同策略。

4）网络化价值

客户的网络化价值是指有一位商业客户使用你的产品、服务，该商业客户的客户为了便于与他进行商业行为，也可能采用你的产品、服务；同理，该商业客户的客户的客户也可能采用你的产品、服务，因此形成了一种网络化的消费行为。

基于以上对客户价值的认识，企业十分重视通过转变经营管理理念和利用现代科学技术为客户提供更为满意的产品或服务，从而维持和发展与客户的关系。一些先进的企业正在经历从以产品为中心向以客户为中心的转移。

2．客户价值实现过程需求的拉动

与客户发生业务几乎涉及公司所有的部门，但在很多企业，销售、营销和服务部门的信息化程度越来越不能适应业务发展的需要，越来越多的企业要求提高销售、营销和服务等日常业务的自动化和科学化，这是客户关系管理应运而生的需求基础。我们常常从客户、销售、营销和服务人员、企业经理那里听到各种声音。

1）来自销售人员的声音

"从市场部提供的客户线索中很难找到真正的客户，我常在这些线索上花费大量的时间。我是不是该自己找线索？出差在外，要是能看到公司计算机里的客户、产品信息就好了。我这次面对的是一个老客户，应该给他怎样的报价才能留住他呢？"

2）来自营销人员的声音

"去年在营销上开销了 2000 万元。我怎样才能知道这 2000 万元的回报率？在展览会上，我们一共收集了 4700 张名片，怎么利用它们才好？展览会上，我向 1000 多人发放了公司资料，这些人对我们的产品看法怎样？其中有多少人已经与销售人员接触了？我应该和那些真正的潜在购买者多多接触，但我怎么能知道谁是真正的潜在购买者？我怎么才能知道其他部门的同事和客户的联系情况，以防止重复地给客户发放相同的资料？访问我们网站的人越来越多，但我怎么才能知道这些人是谁？我们的产品系列很多，他们究竟想买什么？"

3）来自服务人员的声音

"其实很多客户提出的计算机故障是因自己误操作引起的，很多情况下可以自己解决，但回答这种类型的客户电话占去了工程师的很多时间，工作枯燥而无聊。为什么其他部门的同事都认为我们的售后服务部门只能花钱而不能挣钱？"

4）来自客户的声音

"我从企业的两个销售人员那里得到了同一产品的不同报价，哪个才是可靠的？我以前买的东西现在出了问题，这些问题还没有解决，怎么又来上门推销？一个月前，我通过企业的网站发了一封 E-mail，要求销售人员和我联系，怎么到现在还是没人理我？我已经提出不要再给我发放大量宣传邮件了，为什么情况还没有改变？我报名参加企业网站上登出的一场研讨会，但一直没有收到确认信息，研讨会这几天就要开了，我去还是不去？为什么我的维修请求提出一个月了，还是没有等到上门服务？"

5）来自经理人员的声音

"有个客户半小时后就要来公司谈最后的签单事宜，但跟单人员最近辞职了，而我作为销售经理，对与这个客户的来龙去脉还一无所知，真急人。有三个销售员都和这家客户联系过，我作为销售经理，怎么知道他们给客户承诺过什么？现在手上有个大单子，作为销售经理，派哪个销售员我才放心呢？这次的产品维修技术要求很高，我是一个新经理，该派哪位维修人员呢？"

对于这些声音，我们都不陌生，甚至已经习惯对这些问题采取无动于衷的态度。上面的问题可归纳为两个方面：其一，企业的销售、营销和客户服务部门难以获得所需的客户互动信息；其二，来自销售、客户服务、市场、制造、库存等部门的信息分散在企业内，这些零散的信息使得各部门无法对客户有全面的了解，难以在统一信息的基础上面对客户。这就需要各部门对面向客户的各项信息和活动进行集成，组建一个以客户为中心的企业，对面向客户的活动实现全面管理。

3．技术的推动

客户关系管理的产生还源于信息技术的迅猛发展，如今企业能借助先进的技术手段去充分了解和掌握客户信息，发现与挖掘市场机会、规避风险，提高客户满意度与忠诚度。先进技术的发展使信息在以下几个方面的应用成为可能。

（1）企业的客户可通过电话、信函、网络等访问企业，进行业务往来。

（2）任何与客户打交道的员工都能全面了解客户关系，根据客户需求进行交易，了解如何对客户进行纵向和横向销售，记录自己获得的客户信息。

（3）能够对市场活动进行规划、评估，对整个活动进行 360°的透视。

（4）能够对各种销售活动进行追踪。

（5）系统用户可不受地域限制，随时访问企业的业务处理系统，获得客户信息。

（6）拥有对市场活动、销售活动的分析能力。

（7）能够从不同角度提供成本、利润、生产率、风险率等信息，并对客户、产品、职能部门、地理区域等进行多维分析。

上面的所有功能都是围绕客户展开的。与"客户是上帝"这种可操作性不强的口号相比，这些功能把对客户的尊重落到了实处。信息技术的发展为客户关系管理的实现和功能的扩张提供了前所未有的手段。例如，数据挖掘、数据库、商业智能、知识发现、基于浏览器的个性化服务系统等技术的发展使收集、整理、加工和利用客户信息的质量大大提高，也使企业与客户之间进行交流的渠道越来越多——除面对面的交谈、电话联系外，还有呼叫中心、移动通信、电子邮件、微信、网站等。Web 站点、在线客户自助服务和基于销售自动化的电子邮件让每一个客户关系管理解决方案的采纳者进一步拓展了服务能力。

信息技术对客户关系管理的影响分为自动化、信息化和理念变革三个层次。自动化层次是指用计算机技术替代手工劳动，主要目的是提高客服人员的工作效率，如用一些管理软件自动进行数据统计、自动生成数据分析报表等。信息化层次是指利用现代信息技术，将数据、知识、经验和软件整合起来，为客服人员提供及时的决策信息，以支持营销决策，也就是营销工程。理念变革层次是指应用信息技术促进客户关系管理的理论和实践的创新，如数据库营销、网络营销、新媒体营销、关系营销和一对一营销等，这些营销理念已日益为企业所接受和应用。

此外，由于互联网是非常好的信息平台和互动手段，它提供了低成本的信息获取工具，同时也提供了供应商和客户的无缝连接，因此，互联网技术的进步推动了客户关系管理的发展。

总之，在需求拉动和技术推动下，客户关系管理不断演变发展，逐渐形成了一套管理理论体系和应用技术体系。

1.1.2　客户关系管理的含义

1. 客户关系管理的不同定义

关于客户关系管理的定义，不同的研究机构有不同的表述，具有代表性的有如下四种。

（1）高德纳咨询公司（Gartner Group）认为，客户关系管理就是为企业提供全方位的管理视角，赋予企业更完善的客户交流能力，最大化客户的收益率。

（2）卡尔松营销集团（Carlson Marketing Group）把客户关系管理定义为：通过培养公司的每一位员工、经销商或客户对该公司有更积极的偏爱或偏好来留住他们，并以此提高公司业绩的一种营销策略。其主要的任务是：① 了解与某一笔生意相关的客户价值；② 了解这些价值对于每一类客户的相对重要程度；③ 判断如果提供这些价值能否对公司利益产生积极影响；④ 以客户愿意接收信息的方式与客户进行交流，为每一类客户提供他们需要的价值；⑤ 测算结果，验算投资收益。

（3）赫维茨集团（Hurwitz Group）认为，客户关系管理的焦点是自动化，以及改善与销售、市场营销、客户服务和支持等领域的客户关系有关的商业流程。客户关系管理既是一套原则制度，也是一套软件和技术。它的目标是缩减销售周期和销售成本，增加收入，寻找扩展业务所需的新的市场和渠道，以及提高客户的价值、满意度、赢利性和忠诚度。客户关系管理应用软件将最佳的实践具体化，并使用先进的技术来协助各企业实现这些目标。客户关系管理在整个客户生命周期中都以客户为中心，这意味着客户关系管理应用软件将客户当作企业运作的核心。客户关系管理应用软件简化、协调了各类业务功能（如销售、市场营销、服务和支持），并将其注意力集中于满足客户的需要上。客户关系管理应用还将多种与客户交流的渠道，如面对面、电话接洽以及 Web 访问等协调为一体，这样，企业就可以按照客户的喜好使用适当的渠道与之进行交流。

（4）IBM 所理解的客户关系管理包括企业识别、挑选、获取、发展和保持客户的整个商业过程。IBM 把客户关系管理分为三类：关系管理、流程管理和接入管理。

（5）我国学者对客户关系管理的定义。陈明亮（2003）认为客户关系管理是对客户生命周期利润价值的判断和辨析，运用客户生命周期利润对客户价值进行甄别，细分客户类别，根据客户类别提供差异化服务，有效配置企业内部资源，保持与客户的长期合作关系。姚伶敏（2016）将客户关系管理定义为：借助先进的信息技术和管理思想，通过对企业业务流程的重组来整合客户信息资源，并在企业内部实现客户信息和资源的共享和智能化分析，使企业有能力在海量的信息中分析客户价值、把握核心客户、认识个体差异，从而有利于为客户提供一对一的个性化服务、挖掘客户潜力、提高客户满意度、增加客户忠诚度、保持和吸引更多的客户，最终实现企业利润的最大化。

2．客户关系管理的内涵

综合所有客户关系管理的定义，我们可以将其理解为理念、技术、实施三个层面。其中，理念是客户关系管理成功的关键，它是客户关系管理实施应用的基础和土壤；信息系统、IT 技术是客户关系管理成功实施的手段和方法；实施是决定客户关系管理成功与否、效果如何的直接因素。三者构成客户关系管理稳固的"铁三角"，如图 1.2 所示。

图 1.2　客户关系管理"铁三角"

客户关系管理理念源自关系营销学，其核心思想可概括为"为提供产品或服务的组织，找到、留住并提升价值客户，从而提高组织的赢利能力（经济效益、社会效益）并加强竞争优势"。因此，对于客户关系管理理念的理解是组织能够向建立"以客户为核心、以市场为导向"经营管理模式转变的第一步。组织中，包括其中的人员、业务单元、机构，无论在心理、潜意识还是在工作习惯上都有一个惯性冲力，需要逐步调整转弯，需要适应期。但这个适应期又不能太长，具体涉及愿不愿意接受、能否接受、如何接受客户关系管理理念等，因此不是每一个组织都能顺利过关的，要充分考虑各阶层的利益及他们的需求，同时组织要有配套改革的规章制度并能够真正长久地执行。关于客户关系管理的万能论、无用论都是不可取的，应该考虑组织所面对的市场主体及发展阶段，在适合的时间、适合的地点以适合的手段引入客户关系管理理念。

客户关系管理技术集合了很多当今最新的科技发展，包括 Internet 和电子商务、多媒体技术、数据仓库和数据挖掘、专家系统和人工智能、呼叫中心、大数据和云计算等。这些技术体现在我们的客户关系管理软件中。CRM 软件不等于客户关系管理理念，它是先进理念的反映与体现，吸纳了当今先进的软件开发技术、企业经营管理模式、营销理论与技巧。CRM 软件是将客户关系管理理念具体贯彻到组织并实现其目标的有效、有形的工具与平台，CRM 软件提供的不一定都用到，或者还需要其他的软件、平台进行集成。同时，CRM 软件不是一种交付即用的工具，需要根据组织的具体情况进行客户关系管理实施。

　　客户关系管理实施是结合软件与组织状况，在调研分析的基础上做出的解决方案。实施之初就要确定实施的目标与范围，确保在限定的资源与时间内完成项目，规避风险或将风险降低到最低点。树立风险意识是客户关系管理实施能否成功的重要保障，实施的目标不是越高越好，实施的范围也不是越广越好，风险意识是需要双方协调一致的，70% 的客户关系管理项目最终以失败告终，很大一部分就是风险机制不健全。客户关系管理实施是一个艰苦而渐近的过程（国际标准的厂商都有严格规范的实施方法论），立竿见影、拔苗助长、一蹴而就的做法都是危险和错误的。需要设定分阶段的目标，达成每一阶段的目标后再继续前行，信心增强、经验增加、工作扎实的客户关系管理实施会使"铁三角"完美无缺。客户关系管理的实施能力是许多厂商所缺乏的，而实施又是许多组织容易忽视的。有的组织在购买软件前期进行了谨慎的选择、激烈的竞标，但购买后并没有认真实施或认为没有必要花费人力物力实施，从而使 CRM 软件没有使用多长时间就被束之高阁，成为"食之无肉，弃之可惜的鸡肋"。因此，准备引入 CRM 软件的组织不但要评价软件本身，也要从实施能力的角度进行考虑，厂商的实施能力需要经过大量实战的考验并拥有专业、敬业的专家队伍，在软件与实施两方面俱优的厂商应是组织的首选。

　　在企业客户关系管理中，理念、技术、实施，一个都不能少。企业只有借助先进的理念，利用发达的技术，进行完美的实施，才能优化资源配置，在激烈的市场竞争中获胜。

1.2　客户关系管理的类型

　　客户关系管理涵盖了直销、间接销售以及互联网等所有的销售渠道，能帮助企业改善包括营销、销售、客户服务和支持在内的有关客户关系的整个生命周期。高德纳咨询公司（Gartner Group）研究发现，全球客户体验与关系管理软件支出在 2018 年增长 15.6%，达到 482 亿美元。客户关系管理软件是目前最大且增长最快的企业应用软件，在企业应用软件收入总额中占比近四分之一。随着客户关系管理市场不断发展，新公司的加入和现有公司以合并、联合以及推出新产品的方式重新定位，这一领域可谓日新月异，客户关系管理解决方案呈现出多样化的发展。为了便于快捷了解客户关系管理的全貌，本书从以下几个角度对客户关系管理进行分类梳理。

1.2.1　按目标客户分类

　　并非所有的企业都能够执行相似的客户关系管理策略，这又相应地意味着，当同一公司的不同部门或地区机构在考虑客户关系管理实施时，可能事实上有着不同的商务需要。同时，另一个经常出现的因素是不同的技术基础设施。因此，根据客户的行业特征和企业规模来划分目标客户群，是大多数客户关系管理的基本分类方式。在企业应用中，越是高端应用，行业差异越大，客户对行业化的要求也就越高，因而，有一些专门的行业解决方案，比如银行、电信、大型零售等客户关系管理应用解决方案。而对中低端应用，则常采用基于不同应用模型的标准产品来满足不同客户群的需求。一般将客户关系管理分为三类：以全球企业或者大型企业为目标客户的企业级客户关系管理；以 200 人以上、跨地区经营的企业为目标客户的中端客户关系管理；以 200 人以下企业为目标客户的中小企业客户关系管理。

在 CRM 软件应用方面，大型企业与中小企业相比有很大的区别。大型企业在业务方面有明确的分工，各业务系统有自己跨地区的垂直机构，形成了企业纵横交错的庞大而复杂的组织体系，不同业务、不同部门、不同地区间实现信息的交流与共享极其困难；同时，大型企业的业务规模远大于中小企业，致使其信息量巨大；再有，大型企业在业务运作上很强调严格的流程管理。而中小企业在组织机构方面要轻型简洁很多，业务分工不一定明确，运作上更具有弹性。因此，大型企业所用的 CRM 软件比中小企业的 CRM 软件要复杂、庞大得多。而一直以来，国内许多介绍客户关系管理的报道和资料往往是以大型企业的 CRM 解决方案为依据的。这就导致一种错觉：好像 CRM 软件都是很复杂、庞大的。其实，价值几万元的面向中小企业的 CRM 软件也不少，其中不乏简洁易用之作。

不过，有关公司规模方面的要求现在越来越随意，因为越来越多的 CRM 软件提供商是依据不同情况来提供不同产品的。主要的 CRM 软件提供商一直以企业级客户为目标，并逐渐向中型市场转移，因为后者的成长潜力更大。以企业级客户为目标的公司包括赛富时（Salesforce）、甲骨文（Oracle）等。另外一些公司，如文石信息科技（Onyx）、毕威拓科技（Pivotal）、用友 iCRM 和金蝶 EAS 等则与中型市场相联系，并试图夺取部分企业级市场。立友信科技（MyCRM）、金矿（Goldmine）、多元互动（Multiactive）、销售术（SalesLogix）和销售易等公司瞄准的是中小企业，他们提供的综合软件包虽不具有大型软件包的深度功能，但基本功能丰富实用。

1.2.2　按应用集成度分类

客户关系管理涵盖整个客户生命周期，涉及众多的企业业务，如销售、支持服务、市场营销以及订单管理等。客户关系管理既要完成单一业务的处理，又要实现不同业务间的协同，同时，作为整个企业应用中的一个组成部分，客户关系管理还要充分考虑与企业的其他应用，如与财务、库存、ERP、SCM 等进行集成应用。

但是，不同的企业或同一企业处于不同的发展阶段时，对客户关系管理整合应用和企业集成应用有不同的要求。为满足不同企业的不同要求，客户关系管理在集成度方面也有不同的分类。根据应用集成度，可以将客户关系管理分为客户关系管理专项应用、客户关系管理整合应用和客户关系管理企业集成应用。

1. 客户关系管理专项应用

以销售人员主导的企业与以店面交易为主的企业，在核心能力上是不同的。销售能力自动化（SFA）是以销售人员主导的企业的客户关系管理应用关键，而客户分析与数据库营销则是以店面交易为主的企业的核心。代表厂商是金矿（Goldmine）。

在专项应用方面，还有著名的呼叫中心（Call Center）。随着客户对服务要求的提高和企业服务规模的扩大，呼叫中心在 20 世纪 80 年代得到迅速发展，与 SFA 和数据库营销一起成为客户关系管理的早期应用。到目前为止，这些专项应用仍然具有广阔的市场，并处于不断的发展之中。代表厂商是亚美亚（AVAYA）。

对于中国企业，特别是对于中小企业而言，客户关系管理的应用尚处于初级阶段，根据企业的销售与服务特点，选择不同的专项应用启动客户关系管理的实施不失为一条现实的发展之路。当然，在启动专项应用的同时，应当考虑后续的发展并选择适当的解决方案，特别是应当考虑业务组件的扩展性和基础信息的共享。

2. 客户关系管理整合应用

客户关系管理涵盖整个客户生命周期，涉及众多的企业业务，因此，对于很多企业而言，必须实现多渠道、多部门、多业务的整合与协同，必须实现信息的同步与共享，这就是客户关系管理整合应用。客户关系管理业务的完整性和软件产品的组件化及可扩展性是衡量客户关系管理整合应用能力的关键。这方面的代表厂商有希柏系统软件有限公司（Siebel，企业级客户关系管理）、毕威拓科技（Pivotal，中端客户关系管理）、立友信科技（MyCRM，中小企业客户关系管理）。

3. 客户关系管理企业集成应用

对于信息化程度较高的企业而言，客户关系管理与财务、ERP、SCM 以及群件产品（如 Exchange/MS-Outlook 和 Lotus Notes 等）的集成应用是很重要的。这方面的代表厂商有 Oracle、SAP 等。

1.2.3 按系统功能分类

1. 操作型客户关系管理

这类 CRM 用于自动的集成商业过程，包括销售自动化（sales automation，SA）、营销自动化（marketing automation，MA）和客户服务与支持（customer service & support，CS&S）三部分业务流程。

2. 合作型客户关系管理

这类 CRM 用于同客户沟通所需手段（包括电话、传真、网络、E-mail 等）的集成和自动化，主要有业务信息系统（operational information system，OIS）、联络中心管理（contact center management，CCM）和 Web 集成管理（web integration management，WIM）。

3. 分析型客户关系管理

这类 CRM 用于对以上两部分所产生的数据进行分析，产生客户智能，为企业的战略、战术的决策提供支持，包括数据仓库（data base/warehouse，DB）和知识仓库（knowledge base，KB）建设，及依托管理信息系统（management information system，MIS）的商务智能（business intelligence，BI）。

1.2.4 按应用平台分类

1. 以手机 App 为主要应用平台

客户关系管理的功能主要围绕手机应用来开发，用户使用起来非常方便，不过由于受到手机屏幕的限制，移动端的客户关系管理功能较少，更多只提供外出业务管理和数据查询的移动互联网功能。

2. 以浏览器为主要应用平台

大多数客户关系管理以浏览器为主要应用平台，将手机 App 作为延伸辅助。在移动互联网如此发达的今天，计算机仍然是很多企业的主要办公设备。浏览器端的 CRM 由于 Web

端技术成熟，因此能够提供更多客户关系管理功能和更多的数据量，这意味着其能够解决更多问题，获得更多信息。

3. 以钉钉或企业微信为宿主平台

基本等同于手机 App，在企业要求员工安装钉钉或企业微信的前提下，终端用户不需要安装额外的 CRM 应用软件，管理员通过配置就可以让所有用户在钉钉上使用 CRM 软件。钉钉提供了丰富的接口，因此 CRM 软件除了提供自身的业务管理功能，还能充分利用钉钉的团队沟通能力。由于这类 CRM 软件一般采用 H5 技术，在体验上会比原生 App 稍差，但随着技术的进步，相信这一点会得到改进。

1.3　客户关系管理的意义和流程

1.3.1　客户关系管理的意义

对于企业来说客户关系管理有以下三个重要意义。

1. 提高企业盈利能力

首先，统计数据表明，企业开发一个新客户的成本至少是维护一个老客户的五倍。做好客户关系管理，提高客户满意度，持续为客户创造价值，维护现有客户关系，可以大大降低企业的经营成本。其次，老客户的口碑效应也可以为企业吸引新客户，从而节省部分开发新客户的成本。再次，通过客户关系管理，企业为客户创造了除产品之外的价值，如更好的交货期、更快捷的服务等，提高客户重新选择供应商的门槛，降低客户对于价格的敏感度，从而提高企业的利润率。最后，客户关系管理可以筛选出对企业最有价值的客户，企业通过加大对高价值客户的投入、减少对低价值客户的关注，可以提高投入产出比。

2. 降低企业经营风险

随着经济活动的活跃，市场上不确定因素增多，企业面临诸多不同程度的风险。首先，良好的客户关系管理可通过维护稳定的客户关系，降低企业投入大量资金开发新客户的风险。其次，稳定的客户关系也能带来稳定的收入和利润，让企业在面对外界市场扰动时有更强的抗风险能力。再次，相对于新客户，老客户的需求和应用都较固定，企业能够避免过度开发新产品的风险和贸然进入新领域的风险。

3. 提高企业效率

首先，企业通过客户关系管理系统和更新客户信息，可避免由于客户信息杂乱产生的重复劳动等问题。客户关系管理系统还可以分享客户信息，减少不同部门由于信息不一致产生的沟通成本。其次，在开发新客户时，良好的客户关系管理让企业更了解客户的需求，并能够针对需求提供适合客户的解决方案，进而提升新客户的转化率。再次，通过客户关系管理维护与老客户良好的关系，老客户对于公司的流程、规定、交易习惯已经充分了解，能够更加快速、高效地配合进行交易。最后，客户关系管理系统还可以让企业管理层实时了解员工的工作情况、营销或销售策略的执行情况，并及时对其进行指导或建议。

在买方市场的环境下，竞争愈发激烈，因此客户价值越来越重要，客户关系管理也成为每一个企业都需要理解和执行的基本管理战略。

1.3.2 客户关系管理的流程

客户关系管理的流程包括客户识别和开发管理、客户信息管理、客户分级管理、客户体验与沟通管理、客户销售机会管理、客户服务管理以及客户流失管理等内容。

1. 客户识别与开发管理

建立客户关系包括客户识别、客户选择与客户开发三个环节，这一过程也是企业与客相互了解的过程。客户识别与选择是企业在确定好目标市场的情况下，从目标市场的客户体中分辨出对企业有意义的客户，并将其作为企业实施客户关系管理的对象。由于目标客户的个性特征各不相同，不同客户与企业建立并发展客户关系的倾向也各不相同，因此他们对企业的重要性也是不同的。客户识别包括潜在客户识别、有价值客户识别以及客户需求识别。企业要在客户识别的基础上对客户进行选择，并有计划、有步骤地对这些目标客户进行开发，使之成为企业的现实客户。

2. 客户信息管理

掌握客户信息、了解客户需求是维护客户关系的基础，也是使客户对企业产品或服务满意的前提条件。客户信息是指客户喜好、客户细分、客户需求、客户联系方式等一些关于客户的基本资料。客户信息是交易的源泉，科学的客户信息管理是促进企业业务发展的重要因素。客户信息管理是对客户信息进行搜集、抽取、迁移、存储、集成、分析的全过程。客户信息管理通过客户信息数据库来实现，而客户信息数据库技术中的数据仓库技术又是客户信息管理的主流。以数据仓库为核心的客户信息管理系统的广泛应用，使为客户提供个性化服务成为可能。

3. 客户分级管理

由于人、财、物等资源有限，企业不可能把所有资源平均分配给每一位客户，企业应将有限的资源分配到能给企业带来最大价值的客户身上。因此，企业应对客户进行分级管理：对贡献价值大的客户需求给予优先满足；对贡献价值次要的客户需求给予相应的满足；对为数众多、对企业贡献价值较小的客户提供最基本的服务。例如，信用卡有白金卡、金卡、普通卡之分，各种会员卡也常分为金卡会员、银卡会员等，不同的会员卡代表了不同的客户级别，意味着不同的持卡客户可享受不同的服务，这些都体现了客户分级管理的思想。

4. 客户体验与沟通管理

客户体验是客户根据自己与企业的互动情景产生的印象和感觉。客户对企业的印象和感觉从其开始接触企业广告、宣传品时就产生了。客户从接触到使用企业的产品、接受企业的服务，其体验得到了延续。客户体验可以突出产品或服务价值，强化企业的专业化形象，提高客户对企业的认可度及满意度。客户管理的过程，其实也是与客户沟通的过程。通过了解客户需求，企业可以整合各种资源，通过创造好的产品和服务来满足客户需求，从而为企业和社会创造价值。

5. 销售机会管理

销售机会是指在销售过程中，环境经常发生变化给销售人员带来的实现销售任务的一种可能性。销售机会管理适用于大额、复杂订单的销售，常用于企业直接的销售模式。销售机会管理将整个销售过程定义为不同的销售阶段，每一阶段可以衡量销售机会及其关键过程指标，销售人员在不同销售阶段，可以针对不同客户采取不同的销售策略，以销售机会管理模式驱动销售目标的实现。

6. 客户服务管理

客户服务是企业为了建立、维护并发展客户关系而进行的各项工作的总称，其目的是建立并提高客户满意度和忠诚度，最大程度地开发客户资源。客户服务是一个过程，是在合适的时间、合适的场合，以合适的价格、合适的方式向合适的客户提供合适的产品和服务，使客户需求得到满足的过程。客户服务管理是了解与满足客户需求，以实现客户满意为目的，企业全员、全过程参与的一种经营行为和管理方式。优质的客户服务管理能最大程度地使客户满意并使企业在竞争中取得优势。

7. 客户流失管理

客户流失是指客户不再购买企业的产品或服务，终止与企业的业务关系。客户资源是企业的重要资源，过多的客户流失对企业来说是致命的。客户流失的原因有很多，如果企业无法提供比客户预期更好的产品或服务，客户就会产生不满意和不认同的情绪；如果客户感觉到企业竞争者的产品和服务具有相对的优势，就可能出现品牌转换的现象。客户流失管理的目的就是分析客户流失的原因，不断改进企业的产品或服务，努力提高客户满意度，维系良好的客户关系，从而使客户流失保持在一个较低的水平。

本 章 小 结

1. 现代客户关系管理产生的背景可以归纳为三个方面：客户资源价值的重视（管理理念的更新）、客户价值实现过程需求的拉动、信息技术的推动。

2. 客户资源对企业的价值主要体现在以下四个方面：① 成本领先优势和规模优势；② 市场价值和品牌优势；③ 信息价值；④ 网络化价值。

3. 客户的网络化价值是指有一位商业客户使用你的产品、服务，该商业客户的客户为了便于与他进行商业行为，也会采用你的产品、服务；同理，该商业客户的客户的客户也可能采用你的产品、服务，因此形成了一种网络化的消费行为。

4. 高德纳咨询公司（Gartner Group）认为，客户关系管理就是为企业提供全方位的管理视角，赋予企业更完善的客户交流能力，最大化客户的收益率。

5. 卡尔松营销集团（Carlson Marketing Group）把客户关系管理定义为：通过培养公司的每一位员工、经销商或客户对该公司有更积极的偏爱或偏好来留住他们，并以此提高公司业绩的一种营销策略。

6. IBM 所理解的客户关系管理包括企业识别、挑选、获取、发展和保持客户的整个商业过程。

7. 客户关系管理可理解为理念、技术、实施三个层面。理念是客户关系管理成功的关键，它是客户关系管理实施应用的基础和土壤；信息系统、IT 技术是客户关系管理成功实施的手段和方法；实施是决定客户关系管理成功与否、效果如何的直接因素。

8. 按目标客户多少，客户关系管理可分为三类：以全球企业或者大型企业为目标客户的企业级客户关系管理；以 200 人以上、跨地区经营的企业为目标客户的中端客户关系管理；以 200 人以下企业为目标客户的中小企业客户关系管理。

9. 根据应用集成度，客户关系管理可分为三类：客户关系管理专项应用、客户关系管理整合应用、客户关系管理企业集成应用。

10. 按系统功能，CRM 可分为三类：操作型 CRM、合作型 CRM、分析型 CRM。

11. 按应用平台不同，CRM 可分为三类：以手机 App 为主要应用平台的 CRM、以浏览器为主要应用平台的 CRM、以钉钉或企业微信为主要应用平台的 CRM。

12. 客户关系管理的意义为提高企业盈利能力、降低企业经营风险以及提高企业效率。

13. 客户关系管理的流程可分为客户识别与开发管理、客户信息管理、客户分级管理、客户体验与沟通管理、客户销售机会管理、客户服务管理以及客户流失管理七个流程。

复习与讨论

1. 简述客户关系管理产生的背景。
2. 简述客户对企业的价值。
3. 比较不同的客户关系管理定义，分析各自的侧重点。
4. 如何理解客户关系管理内涵中理念、技术、实施三者的关系？
5. 按不同的标准，客户关系管理系统可以分为哪几类？
6. 客户关系管理的流程包括哪些环节？
7. 通过互联网查询某企业实施客户关系管理的状况，完成调查分析报告。

企 业 访 谈

重庆医流巴巴医疗器械
连锁有限公司介绍

第 2 章　客户关系管理理论基础

学习目标

（1）掌握关系营销的含义；

（2）掌握关系营销的特征；

（3）掌握企业与客户的关系类型及特点；

（4）理解一对一营销的核心思想；

（5）理解数据库营销的特点；

（6）掌握客户智能的含义；

（7）掌握 IDIC 模型的内涵。

开篇案例

马狮百货的全面关系营销策略

马狮百货集团（Marks & Spencer，以下简称马狮）是英国最大且盈利能力最高的跨国零售集团。以每平方米销售额计算，伦敦的马狮百货商店每年都比世界上其他零售商赚取更多的利润。马狮百货在世界各地有二百多家连锁店，"圣米高"牌子的货品在三十多个国家出售，出口货品数量在英国零售商中居首位。《今日管理》（*Management Today*）的总编罗伯特·海勒（Robert Hellen）曾评论说："从没有企业能像马狮百货那样，令顾客、供应商及竞争对手都心悦诚服。在英国和美国都很难找到一种品牌能像'圣米高'那样家喻户晓、备受推崇。"这句话正是对马狮在关系营销上取得成功的一个生动写照。

一、围绕"满足顾客真正需要"建立企业与顾客的稳固关系

有人把关系营销的基本原理简单理解为：只要与顾客建立良好的关系，有利的交易自会随之而来。实际上为建立关系而建立关系，并不是真正意义上的关系营销。关系营销倡导建立企业与顾客之间长期的、稳固的、相互信任的关系，实际上是企业长期不断地满足顾客需要、让顾客满意的结果。马狮很早就充分认识到这一点。早在 20 世纪 30 年代，马狮的顾客以劳动阶层为主，马狮认为顾客真正需要的并不是"零售服务"，而是一些他们有能力购买且品质优越的货品，于是马狮把其宗旨定为"为目标顾客提供他们有能力购买的高品质商品"。

准确地把握顾客的真正需要是建立与顾客良好关系的第一步，而能否长期有效地满足顾客的需要则是这种关系建立和存在的基础。马狮认为顾客真正需要的是质量高且价格不贵的日用生活品，而当时这样的货品在市场上并不存在。于是马狮建立起自己的设计队伍，与供应商密切配合，一起设计或重新设计各种产品。为了保证提供给顾客的是高品质货品，马狮实行依规格采购方法，即先把要求的标准详细定下来，然后让制造商按照标准进行制造。马狮能够严格坚持这种依规格采购的方法，因此其货品具备优良的品质并能一直保持下去。

马狮要给顾客提供的不仅是高品质的货品，而且是人人力所能及的货品，要让顾客因购买了"物有所值"甚至是"物超所值"的货品而感到满意。因而马狮实行的是以顾客能接受的价格来确定生产成本的方法，而不是相反。为此，马狮把大量的资金投入货品的技术设计和开发，而不是广告宣传，通过实现某种形式的规模经济来降低生产成本，同时不断推行行政改革，提高行政效率，以降低整个企业的经营成本。

此外，马狮采用"不问因由"的退款政策，只要顾客对货品感到不满意，不管什么原因都可以退换或退款。这样做的目的是要让顾客觉得从马狮购买的货品都是可以信赖的，而且对其物有所值不抱有丝毫的怀疑。

由于马狮能把握住顾客的真正需要，并定下满足顾客需要的严格标准，且又能切实实现这些标准，自然受到顾客青睐，不知不觉就形成了与顾客的长期信任关系，保持企业长久的良好业绩。

二、从"同谋共事"出发建立企业与供应商的合作关系

企业，尤其是零售企业，要想有效实现对顾客需求的满足，自然离不开供应商的协调配合。一般来说，零售商与制造商的关系多建立在短期的相互利益上，马狮则以自身利益、供应商利益及消费者利益为出发点，建立长期紧密合作的关系。马狮把其与供应商的关系视为"同谋共事"的伙伴关系。

尽管马狮非常清楚"顾客到底需要什么"，但他们也明白，如果供应商不能生产出所需质优价廉的产品，便无法满足顾客需要，所以马狮非常重视同供应商的关系。前面提到，马狮为了提供"顾客真正需要"的货品而给供应商制定了严格、详细的制造和采购标准，为了有效实现这些标准，马狮也尽可能地为供应商提供帮助。如果马狮从某个供应商处采购的货品比批发商处更便宜，对其节约的资金部分，马狮将转让给供应商，作为改善货品品质的投入。这样一来，在货品价格不变的情况下，使零售商提高产品标准的要求与供应商实际提高的产品品质取得一致，最终让顾客获得"物超所值"的货品，增加了顾客满意度和企业货品对顾客的吸引力。同时，货品品质的提高增加了销售，马狮与其供应商共同获益，合作关系也变得更加密切。从马狮与其供应商的合作时间上便可知这是一种何等重要和稳定的关系。与马狮最早建立合作关系的供应商给马狮供应货品的时间已超过100年，供应马狮货品超过50年的供应商有60家以上，超过30年的则不少于100家。

三、以"真心关怀"为内容建立企业与员工的良好关系

企业与顾客建立长期信任关系是作为一个整体出现的，而企业是由若干个员工和管理者组成的，企业内部的关系怎样直接关系到企业功能的发挥和宗旨的实现。

企业内部管理者与员工之间相互信赖和支持的关系是企业作为一个整体与外部顾客建立长期信任关系的基础，离开了前者，后者的建立是不具有操作性的。

马狮向来把员工作为最重要的资产，同时也深信，这些资产是成功压倒竞争对手的关键因素。因此，马狮把与员工建立相互信赖的关系、激发员工的工作热情和潜力作为管理的重要任务。在人事管理上，马狮不仅为不同阶层的员工提供周详和组织严谨的训练，而且为每个员工提供平等优厚的福利待遇，并且做到真心关怀每一个员工。

马狮的一位高级负责人曾说："我们关心我们的员工，不只是提供福利而已。"这句话概括了马狮为员工提供福利所持的信念的精髓：关心员工是目标，福利和其他措施都只是其中一些手段，最终目的是与员工建立良好的人际关系，而不是仅以物质打动他们。这种关心通过各级经理、人事经理和高级管理人员真心实意的关怀体现出来。例如，一位员工的父亲突然在美国去世，第二天公司已代他安排好赴美的机票，并送给他足够的费用；一名未婚的营业员生下了一个孩子，她同时还要照顾母亲，为此，她两年未能上班，公司却一直发薪给她。

马狮把这种细致关心员工转化成公司的哲学思想，不因管理层的更替而有所变化，由全体管理层人员专心致志地持久奉行。这种对员工真实细致的关心必然引发员工对工作的关注和热情，使马狮可以全面、彻底地落实品质保证制度，而这正是马狮与顾客建立长期稳固信任关系的基石。

资料来源：高林森. 马狮公司的关系营销[J]. 企业改革与管理，2004（4）：56-58.

2.1　关系营销理论

2.1.1　关系营销产生的背景

关系营销是从"大市场营销"概念衍生、发展而来的。1984 年，菲利普·科特勒（Philip Kotler）提出了"大市场营销"概念，目的在于解决国际市场的进入壁垒问题。在传统的市场营销理论中，企业外部环境是被当作"不可知因素"来对待的，其暗含的假设是：当企业在国际市场营销中面临各种贸易壁垒和舆论障碍时，就只能听天由命，无所作为。传统的 4P 组合策略，在贸易保护主义日益盛行的今天，已不足以打开封闭的市场。要打开封闭的市场，企业除了需要运用产品、价格、分销及促销四大营销策略，还必须有效运用政治权力和公共关系这两种营销工具，这种策略思想被称为"大市场营销"。关系营销概念直接来自菲利普·科特勒的"大市场营销"思想，它的产生和发展同时也大量得益于对其他科学理论（系统论、协同学、传播学等）的借鉴、对传统营销理念的拓展，以及信息技术浪潮的驱动。

在各种因素的促进下，关系营销自 20 世纪 80 年代后期以来得到了迅速的发展。贝瑞率先提出并讨论了如何维系和改善同现有客户之间关系的问题。随后，杰克逊提出要与不同的客户建立不同类型的关系。北欧诺迪克学派的代表人物葛劳罗斯、舒莱辛格和赫斯基则论证了企业同客户的关系对服务企业市场营销的巨大影响。今天，人们对关系营销的讨论和关系营销的实践，已从单纯的客户关系扩展到了企业与供应商、中间商、竞争者、政府、社区等的关系。这样一来，关系营销的市场范围就从客户市场扩展到了供应商市场、内部市场、竞争者市场、分销商市场、影响者市场、招聘市场等，从而大大地拓展了传统市场营销的含义和范围。

2.1.2　关系营销的含义与特征

关系营销，是把营销活动看成一个企业与消费者、供应商、分销商、竞争者、政府机构及其他公众发生互动作用的过程，其核心是建立和发展与这些公众的良好关系。

关系营销与传统的交易营销在对待客户上主要有以下几点不同。① 交易营销关注的是一次性交易，关系营销关注的是如何保持客户。② 交易营销较少强调客户服务，而关系营销则高度重视客户服务，并借客户服务提高客户满意度，培育客户忠诚度。③ 交易营销往往只有少量的承诺，关系营销则有充分的客户承诺。④ 交易营销认为产品质量应是生产部门所关心的，而关系营销则认为所有部门都应关心质量问题。⑤ 交易营销不注重与客户的长期联系，而关系营销的核心在于发展与客户的长期、稳定关系。

关系营销不仅将注意力集中于发展和维持与客户的关系，而且扩大了营销的视野，它涉及的关系包含了企业与其所有利益相关者间发生的所有关系。交易营销和关系营销的区别可归纳为表 2.1。

表 2.1　交易营销与关系营销的区别

交 易 营 销	关 系 营 销
关注一次性交易	关注保持客户
较少强调客户服务	高度重视客户服务
有限的客户承诺	高度的客户承诺
适度的客户联系	高度的客户联系
质量是生产部门所关心的	质量是所有部门都应关心的

市场营销学大师菲利普·科特勒在研究中对企业建立的客户关系加以区分，概括为以下五种，如表 2.2 所示。

表 2.2　五种企业—客户关系

基本关系	企业销售人员在产品和服务销售后，不再与客户接触
被动式的关系	企业的销售人员在销售产品和服务的同时，还鼓励消费者在购买产品和服务后，如果发现产品和服务有问题或对产品和服务感到不满，可及时向企业反映，如通过打电话的方式联系企业
负责式的关系	企业的销售人员在产品和服务售后不久，应通过各种方式了解产品和服务是否能达到消费者的预期，并且收集客户有关改进产品和服务的建议，以及对产品和服务的特殊要求，把得到的信息及时地反馈给企业，以便不断地改进产品
主动式的关系	企业销售人员经常与客户沟通，不时地打电话与消费者联系，让他们提出改进产品和服务的建议，或者提供有关新产品的信息，促进新产品的销售
伙伴式的关系	企业与客户持续合作，使客户能更有效地使用其资金或帮助客户更好地使用产品，并按照客户的要求来设计新产品

关系营销的本质特征可以概括为以下几个方面。① 双向沟通。在关系营销中，沟通应该是双向而非单向的。只有广泛的信息交流和信息共享，才可能使企业赢得各个利益相关者的支持与合作。② 合作。一般而言，关系有两种基本状态，对立和合作。只有通过合作才能实现协同，因此合作是双赢的基础。③ 双赢。关系营销旨在通过合作增加关系各方的

利益，而不是通过损害其中一方或多方的利益来增加其他各方的利益。④ 亲密。关系能否得到稳定和发展，情感因素也起着重要作用，因此关系营销不只是要实现物质利益的互惠，还必须让参与各方能从关系中获得情感的满足。⑤ 控制。关系营销要求建立专门的部门，用以跟踪客户、分销商、供应商及营销系统中其他参与者的态度，由此了解关系的动态变化，及时采取措施消除关系中的不稳定因素和不利于关系各方利益共同增长的因素。此外，有效的信息反馈，也有利于企业及时改进产品和服务，更好地满足市场需求。

2.1.3　关系营销的中心——客户忠诚

客户忠诚之所以受到企业高度重视，是因为忠诚的客户会重复购买。有关客户忠诚的理论最早可以追溯到 1947 年由美国学者塞利弗和肯切尔在研究社会判断理论时提出的"涉入理论"。后来该理论在营销学中被应用于研究消费者行为，其主要贡献是区分了品牌忠诚和品牌惰性：在低涉入情况下重复购买同一品牌的现象被称为品牌惰性；而在高涉入情况下，重复购买同一品牌的现象则被称为品牌忠诚。品牌惰性不能被称为品牌忠诚，因为低涉入客户只是出于方便省事而进行习惯性购买，不像品牌忠诚那样对其认同的品牌具有强烈的偏好。

客户忠诚的前提是客户满意，而客户满意的关键条件是客户需求的满足。早期的客户满意理论建立的"期望未确认模型"主要集中于期望对客户满意的影响，而忽略了对满意的基本决定因素——满意的研究。对客户满意研究的最新进展是斯普林格、麦肯齐和奥尔沙夫斯基通过实验和数理分析，重新检验了形成客户满意的决定因素之后所建立的客户满意理论模型。这一模型认为，当客户把他们对产品或服务绩效的感知与欲望和期望相比较时，就能决定欲望是否会产生。三位营销学者提出并讨论了导致客户全面满意的七个因素间的相互联系。新模型确认了期望、欲望与感知绩效的差异程度是产生满意感的来源，期望一致和欲望一致程度越高，属性满意和信息满意的程度也越高，最终达到对产品和服务的全面满意。这一模型的主要贡献在于：一方面导入了欲望因素，分析客户需要的层次和水平对客户满意度的影响；另一方面，信息满意因素的提出是对满意理论的重要补充，要求企业与公众进行信息沟通时精确地传递信息，否则也会影响客户满意的形成。新的客户满意模型的建立，为企业制定更加有效的客户满意战略提供了必要的理论基础和依据。

2.1.4　关系营销梯度推进层次

贝瑞和帕拉苏拉曼归纳了三种创造客户价值的关系营销层次，即一级关系营销、二级关系营销和三级关系营销。

1. 一级关系营销

一级关系营销在客户市场中经常被称作频繁市场营销或频率市场营销。这是最低层次的关系营销，它维持客户关系的主要手段是利用价格刺激增加目标市场客户的财务利益。随着企业营销观念从交易导向转变为以发展客户关系为中心，一些促使客户重复购买并保持客户忠诚的战略计划应运而生，频繁市场营销计划就是其中的一例。所谓频繁市场营销计划，是指对那些频繁购买以及按稳定数量进行购买的客户给予财务奖励的营销计划。如香港汇丰银行、花旗银行等通过它们的信用证设备与航空公司开发了"里程项目"计划，按累积的飞行里程达到一定标准之后，共同奖励那些经常乘坐飞机的客户。又如，由新加坡发展银行有限公司、VISA 和高岛屋公司联合发起的忠诚营销也是希望与客户建立长期的关系，智能卡（smart card）的持有者能享受免费停车、送货服务、抽奖活动等一系列优惠，具体形式则取决于客户用智能卡购买商品的累积金额。一级关系营销的另一种常用形式是对不满意的客户承诺给予合理的财务补偿。例如，新加坡奥迪公司承诺，如果客户购买汽车一年后不满意，可以按原价退款。

2．二级关系营销

关系营销的第二种方法是既增加目标客户的财务利益，同时也增加他们的社会利益。在这种情况下，营销在建立关系方面优于价格刺激，公司人员可以通过了解单个客户的需要和愿望，并使服务个性化和人格化，来增加公司与客户的社会联系。因而，二级关系营销把人与人之间的营销和企业与人之间的营销结合起来。公司把客户看作贵宾。多奈利、贝瑞和汤姆森是这样描述两者区别的：对于一个机构来讲，客户也许是不知名的，而贵宾则不可能不知名；客户是针对一群人或一个大的细分市场的一部分而言的，而贵宾则是针对个体而言的；客户是由任何可能的人来提供服务的，而贵宾是被那些指派给他们的专职人员服务和处理的。二级关系营销的主要表现形式是建立客户组织。二级关系营销以某种方式将客户纳入企业的特定组织中，使企业与客户保持更为紧密的联系，实现对客户的有效控制。

3．三级关系营销

第三种方法是增加结构纽带，与此同时附加财务利益和社会利益。结构性联系要求提供这样的服务：它对关系客户有价值，但不能通过其他来源得到。这些服务通常以技术为基础，并被设计成一个传送系统，而不是仅仅依靠个人建立关系的行为，从而为客户提高效率和产出。良好的结构性关系将提高客户转向竞争者的机会成本，同时也将增加客户脱离竞争者而转向本企业的利益。特别是当面临激烈的价格竞争时，结构性联系能为扩大现在的社会联系提供一个非价格动力，因为无论是财务性联系还是社会性联系都只能支撑价格变动的小额涨幅。当面对较大的价格差别时，交易双方难以维持低层次的销售关系，只有通过提供买方需要的技术服务和援助等深层次联系才能吸引客户。特别是在产业市场上，产业服务通常是技术性组合，成本高、困难大，很难由客户自己解决，因此这些特点有利于建立关系双方的结构性合作。

2.1.5　关系营销的价值测定

关系营销为客户创造和传递的价值一般用"让渡价值"来衡量。所谓让渡价值，就是客户总价值与客户总成本之差。其中，客户总价值包括客户在购买和消费过程中所得到的全部利益，这些利益可能来自产品价值、服务价值、人员价值或形象价值。对客户总价值的分析是客户理论研究的重点。客户总成本包括客户为购买某一产品或服务所支付的货币成本，以及购买者预期的时间、体力和精神成本。

企业自身从关系营销中得到的利益，可以结合客户盈利能力、客户保留成本、客户流失成本等指标来进行衡量。

1．客户盈利能力

关系营销涉及吸引、发展并保持同客户的关系，其核心原则是创造真正的客户。所谓

"真正的客户"是这样的客户：一方面他们认为自己得到了有价值的服务，愿意与企业建立和保持长期、稳定的关系；另一方面，他们是最有利可图的客户，除了愿意为企业提供的便利支付高价，还将该企业介绍给他人，为企业义务宣传其产品和服务。企业常常发现20%～40%的客户也许是无盈利的，因此有必要对企业的客户进行分析。对许多企业来说，最大的客户一般要求周到细致的服务和最大程度的折扣，这往往降低了公司的利润水平；中等规模的客户接受良好的服务，并且几乎能按全价付款，在大多数情况下是最具盈利能力的；最小的客户也能按全价付款，并且只接纳最低程度的服务，但是与最小客户的交易费用降低了公司的利润率。因此，大部分可盈利客户并不是企业的最大客户或最小客户，而是一些中等规模的客户。这里盈利能力的概念强调了客户的终身价值，而不是指一次特定交易的利润。影响客户盈利能力的因素有很多，包括需求的性质和大小、客户的讨价还价能力、客户的价格敏感度、客户的地理位置和集中度等。

2. 客户保留成本和客户流失成本

吸引新客户的成本高于保留老客户的成本，而且老客户的盈利能力一般也高于新客户，因此关系营销的最终目的就是要通过关系的建立和发展留住老客户。科特勒曾提出按照四个步骤来进行是否采取客户保留措施的决策。首先是测定客户的保留率。客户保留率即发生重复购买的客户比率。其次，要识别造成客户流失的原因，并且计算不同原因造成的流失客户比率。再次，估算由于不必要的客户流失而造成的企业利润损失。这一利润就是客户生命周期价值的总和。最后是决策，即企业维系客户的成本只要小于损失的利润，企业就应支付降低客户流失率的费用。

2.2　一对一营销理论

2.2.1　一对一营销的产生

"一对一营销"是一种倡导满足个性化需求的营销理念，它在 20 世纪 70 年代开始萌芽，80 年代兴起，90 年代趋于成熟。"一对一营销"（one-to-one marketing）这一概念是由唐·佩珀斯（Don Peppers）和玛莎·罗杰斯（Martha Rogers）博士于 1993 年在其合著的《一对一的未来》（*The One-to-One Future*）一书中提出的。

以唐·佩珀斯和玛莎·罗杰斯博士的研究为主脉，二人提出并阐发了这一营销理念引发的营销哲学的变革，同时结合具体实践活动对这一理念在企业营销中的实施做了大量探索。但二人的研究也存在欠缺，这主要受他们学术背景的影响。玛莎·罗杰斯从事信息科学研究的学科背景和唐·佩珀斯从事营销战略咨询的实践背景，决定了他们的研究更多地集中于具体实施的研究层面。菲利普·科特勒的研究较好地弥补了前者在理论基础和研究方法层面的欠缺。菲利普·科特勒的研究基于目标市场细分程度的变化，以此作为前提，导出了"一对一营销"理论产生的必要性与可能性，并对这一营销理论的具体实施进行了探索。

2.2.2　一对一营销的核心思想

1．顾客份额

顾客份额，也可形象地称为"钱袋份额"，是指一家企业在一个顾客的同类消费中所占的比重，是比市场份额更为准确的成功衡量标准。对一家企业而言，不断地保持和维系顾客比单纯地获取顾客更为重要。企业应该思考如何增加每位顾客的购买额，而不应只关注市场占有率。

2．重复购买

企业在忠诚顾客身上所花费的营销成本相对较少，从而每笔交易的例行成本可以减少。也就是说，提升现有顾客消费额所需花费的成本往往低于开发一个新顾客的成本，从而有利于增加企业的利润。

3．互动沟通

"一对一营销"强调企业对顾客的个性、需求与偏好等的了解。这就要求企业必须与顾客进行交互式沟通，双向对话。以此建立与顾客之间的信任和忠诚关系，企业将获得更多的销售量与更高的利润，顾客的需求也能得到更好的满足。

4．新竞争力

顾客导向竞争力与"一对一营销"的含义相似。通过信息技术的支持，更多地掌握顾客信息，进行互动式交流，并且允许顾客定制化，针对每个顾客量身定制产品与服务，这必将极大地提升企业的市场竞争力。

简而言之，"一对一营销"的核心是以"顾客份额"为中心，通过与每个客户的互动对话，与客户逐一建立持久、长远的双赢关系，为客户提供定制化的产品。"一对一营销"的核心理念主要包含三大核心问题。

（1）"顾客份额"是企业应当关注的对象。企业不应当只关注市场占有率，还应当思考增加每一位客户的购买额，也就是在一对一的基础上提升企业在每一位客户的总购买额中所占有的百分比。有一个英文词能很形象地说明这个问题，称为"钱夹份额"。"一对一营销"要我们在区分不同的顾客后去关注那些能为我们带来价值的顾客的"钱夹"，而且是终生的"钱夹"，即顾客终生价值（life time value，LTV），并关注我们能从他们的"钱夹"里拿来多少钱。

（2）"与顾客互动对话"要求企业不仅了解目标顾客群的全貌，而且要了解每一位顾客，这种了解是通过双向的交流与沟通实现的。就像交朋友一样，认识之后，持续的交往与交流才能让这种关系得以保持并加深。事实上，目前的技术手段可以让人们充分做到这一点。互联网、呼叫中心（call center）及其他 IT 技术平台可以使人们很容易做到"与顾客互动"。与顾客互动最关键的一点是让客户参与你的销售、生产及服务的过程。

（3）"定制化"。"定制化"通常被看作是"一对一营销"中最为困难的一环。那么"定制化"的难度到底在哪呢？定制化不仅涉及销售模式的调整，还涉及生产、库存、采购、财务结算等方方面面。如此看来，是不是"定制化"就很难实施呢？其实不然，"一对一营销"所说的"定制化"并不是彻底的"定制化"，而是"规模定制化"。

2.2.3　一对一营销的实施

"一对一营销"的执行和控制是一个相当复杂的机制，它不仅意味着每个面对顾客的营销人员要时刻保持态度热情、反应灵敏，更主要也是最根本的一点是，它要求能识别、追踪、记录个体消费者的个性化需求并与其保持长期的互动关系，最终能提供个性化的产品或服务，并运用针对性的营销策略组合去满足其需求。所以，"一对一营销"的基础和核心是企业与顾客建立一种新型的学习关系，即通过与顾客的一次次接触不断增加对顾客的了解。利用学习关系，企业可以根据顾客提出的要求以及对顾客的了解，生产和提供完全符合单个顾客特定需要的顾客化产品或服务，最后即使竞争者也进行"一对一"的关系营销，你的顾客也不会轻易离开，因为他还要再花很多的时间和精力才能使竞争者对他有同样程度的了解。

2.3　数据库营销

数据库营销是在互联网与数据库技术的基础上逐渐发展和成熟起来的一种市场营销推广手段，在企业市场营销行为中具有广阔的发展前景。数据库营销不仅是一种营销方法、工具、技术和平台，还是一种面向客户的企业管理理念与价值观。

2.3.1　数据库营销的产生

数据库营销（database marketing，DM）的产生有两个方面的原因。一方面是规模化大生产与客户个性化需求的差异对营销活动提出了新的要求。在过去 20 年里，世界经济发展速度与结构发生了巨大变迁，企业为了满足消费者的需求，普遍进行大规模的生产活动，而营销理论与实践更加注重客户的个性化需求，供需之间的结构性差异所产生的矛盾亟须新的营销理论与方法来解决。另一方面，互联网与数据库技术的发展使得客户需求信息的收集、分析与整合过程变得更加准确。基于此，与之相适应的各种新的营销方式不断涌现和迅速普及，数据库营销就是在这样的背景下产生的。

在西方发达国家，由于其发达的生产经营活动和先进的信息技术，数据库营销的理念与实践进行较早。早在 1994 年的美国，唐纳利营销公司（Donnelley Marketing）调查显示，56%的零售商和制造商有营销数据库，10%的零售商和制造商正在计划建设营销数据库，85%的零售商和制造商认为在 20 世纪末他们需要一个强大的营销数据库来支持他们的竞争。经过十多年的发展，数据库营销在西方发达国家的企业里已相当普及，从全球来看，数据库营销作为市场营销的一种形式，正越来越受到企业管理者的青睐，在维系顾客、提高销售额中起着越来越重要的作用。

在我国，数据库营销是从 20 世纪 90 年代才开始兴起的。最初，我国的大多数营销实务者仅仅将数据库营销看作一种直销工具，在具体应用数据库营销时，仅仅限于促销范围。在市场竞争日趋激烈的过程中，越来越多的企业走上了数据库营销的道路。我国企业正逐渐形成一种共识,那就是"谁拥有更多的消费者数据库,拥有更加完备的数据库建立、维护和分析技术,谁就拥有了更多的市场话语权,这也决定了企业现今及未来的竞争力和发展潜力",所以我国企业掀起了一股数据库营销的热潮。再者,随着我国消费结构的变化,营销理念与方式日渐增加,企业更加注重提供具有个性化和人情味的产品和服务,市场将被分隔成一个个更小的消费者群,且市场细分越来越重视消费者的兴趣和感受。数据库营销正好适应了企业满足不同顾客的不同需求的这一现实状况,同时,这种营销方式也使营销管理向信息化迈了一大步,因而,数据库营销在我国越来越被认为是一种科学有效的营销方式。

数据库营销的出现为企业提供了一种有效的营销途径。首先,数据库营销可以解决企业收集客户信息数据难的问题。其次,企业通过对收集的数据进行分析和挖掘,对积累的消费者信息进行一定的处理,锁定客户群,进而针对性地通过邮件、电话、短信以及上门服务等方式与客户进行沟通,建立和维护企业与客户的关系,降低客户流失率,从而扩大市场占有率和提高企业产品的影响力。数据库营销系统是一套内容涵盖现有顾客和潜在顾客,可以随时更新的动态数据库管理系统。

纵观数据库营销的发展历程,对数据库营销的理论解释可以总结如下:数据库营销就是一种企业与顾客之间交互式的营销处理方法,主要通过计算机网络将企业的目标顾客、潜在顾客的资料、市场信息以及进行的交流沟通和商业往来等数据收集、存储在网络数据库中,经过数据挖掘、筛选、处理等一系列数据库技术分析后,可以精确地了解消费者的需求、购买欲望及购买能力等信息,并且通过网络将这些信息在企业、顾客、供应商以及企业员工内部之间进行沟通和共享,在此基础上制定出更加理性化、个性化的营销方法和营销策略,为顾客提供个性化的产品与服务,实现满足顾客需求与企业盈利的双重目标。

2.3.2 数据库营销的特点

通过建立数据库和数据分析,各个部门都能对顾客的资料有一个详细、全面的了解,可以给予顾客更加个性化的服务支持和营销设计,使"一对一的顾客关系管理"成为可能。从本质上讲,数据库营销是一种信息化条件下的企业营销基本价值观,它与传统营销的区别如表 2.3 所示。

表 2.3　网络数据库营销与传统营销的区别

区　分　项	传　统　营　销	数据库营销
控制方	企业	顾客
顾客介入设计	无	有
与顾客的交流与沟通	低	高
与生产系统的联系	低	高
照单定制系统	没有	有

与传统的营销方式相比,数据库营销的主要特点如下。

(1)帮助企业准确找到目标消费者群。数据库营销是营销领域的一次重要变革,是一个全新的营销概念。先让我们来看看数据库营销以前的营销观念,例如,在生产观念指导下的营销,各种类型的消费者接受的是相同的、大批量生产的产品和信息;市场细分化理论下的营销，是根据人口统计及消费者共同的心理特点，把仍不知名的顾客划分归类。而现在，新一代高速计算机和数据库技术可以使企业将精力集中于少数人的身上，将最终目标集中在最小消费单位——个人身上，实现准确定位。

（2）能够探测市场，发现新的市场机会，提供新产品和新服务。首先，顾客数据库的存在为营销者发展一个可以控制的研究样本提供了可能。其次，营销者可以调查和观察特定的顾客，追踪个体层次上的顾客需要和欲望，并从已有的有关顾客的数据中发现新的机会，赢得新的效益。最后，数据库营销要求营销者不断与特定的顾客互动，从顾客的反应中发现解决顾客问题的新产品与新服务。

（3）与常客建立长期的良好关系。根据建立的数据库，营销者结合最新信息和结果制定出新策略，使消费者成为企业产品的长期、忠实用户。例如，某航空公司存有 80 万人的资料，这些人平均每人每年要搭乘该公司的航班达 13 次之多，占该公司总营业额的 65%。因此该公司每次举行促销宣传活动，必须以他们为主要对象，极力改进服务，满足他们的需要，使他们成为稳定的客户。

（4）可建立先期模型，使营销活动更为合理、有效。根据数据库建立先期模型，使之能够做到：在适当时机以合适方式将必要的信息传达给适当的顾客，有效地赢得顾客的欢迎，让营销支出更有效益，建立品牌忠诚度，增加利润。

2.3.3　数据库营销系统模型

数据库营销系统模型包括实施数据库营销前必须考虑的驱动因素，实施过程中的数据库建设、营销建模和绩效测量三个关键因素，以及影响实施的阻碍因素和管理决策因素。系统提供的指导流程包括：可行性分析；在综合考虑管理决策因素和阻碍因素的基础上，进行的数据库建设和营销建模；对实施效果的绩效测评。同时，以绩效为依据，对实施的各个流程进行优化和调控，使数据库营销形成一个不断循环的系统，如图 2.1 所示。

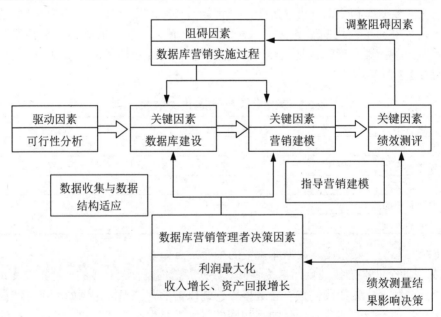

图 2.1　数据库营销的系统模型

2.4 客户智能与客户知识

著名管理咨询专家吉姆·伯科威茨（Jim Berkowitz）认为，客户关系管理必须具备两个坚实的基础：一个是合理的组织结构，另一个是合理的信息结构。如果企业实施客户关系管理的动机是建立在各部门各自的利益之上而不是适应面向客户为中心的商业哲理、文化和战略，那么客户关系管理就缺少了合理的组织结构基础。这种合理的组织结构是用一个共享的、更加整合的工作流和信息流代替原来集中的部门流程。这样，企业将变成一个统一的组织，可以有效预测客户需求，管理客户价值，简化企业运作流程。这里将出发点放在第二个基础上，即如何创建一个适于客户关系管理的合理的信息结构。

另一方面，在激烈的竞争环境下，对有限数目的客户的争夺将更加白热化。由于获取一个新客户的成本比保留一个老客户的成本大得多，采取什么样的客户保留措施来提高客户忠诚度，已成为企业考虑客户关系时的关键问题。而这些答案实际上已经存在于与客户交往的记录中，即客户数据库中，只不过很多企业还没有对客户数据进行有效的利用，没有从中发现潜在的、与客户忠诚有关的、有价值的知识。在 META Group 进行的一项调查中，800 家商业和 IT 公司的经理们被问了一个问题：你认为你的公司是否使用了客户数据来理解你的客户？其中，29%的回答承认在一定程度上使用了客户数据来理解客户，67%的回答是否定的，仅有 4%的回答是充分利用了客户数据。

2.4.1 客户智能及其体系框架

BO 公司的保罗·克拉克（Paul Clark）在分析客户智能与客户关系管理的关系时认为：客户智能是客户关系管理的智慧所在（the brains behind CRM）。Jim Berkowitz 提出"商业智能是客户关系管理的基础"的观点。Emma Chablo 则在研究中指出，客户知识是客户关系管理的重要组成部分，而营销数据智能是向客户关系管理提供真正客户知识的客户关系管理部分。他将营销数据智能定义为利用数据驱动营销手段和技术来提高对客户、产品和交易数据的理解和掌握客户知识，以此帮助客户关系管理制定战略决策。

客户智能是创新和使用客户知识，帮助企业提高优化客户关系的决策能力和整体运营能力的概念、方法、过程以及软件的集合。图 2.2 是对该定义的直观解释，其中客户智能体系框架从五个层面展开。

1. 理论基础

客户智能的理论基础是企业对客户采取决策的指导依据，这既包括企业分析、对待客户的理论和方法，也包括分别从客户和企业角度进行的价值分析。通过消费行为分析、满意度分析、利益率分析等诸如此类的指标的测评与衡量，达到决策科学化、合理化的目的。

客户价值分析对与客户有关的活动具有巨大的支持作用。比如，客户识别、客户分类、客户差异、客户满意、客户忠诚等客户活动有了客户价值分析的支持，就会有的放矢，引导正确的客户关系。

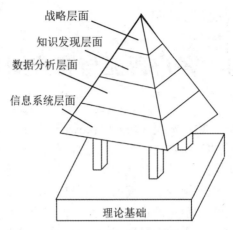

图 2.2　客户智能体系框架

2. 信息系统层面

信息系统层面被称为客户智能系统（CI system）的物理基础。其表现为具有强大决策分析功能的软件工具和面向特定应用领域的信息系统平台，如 CRM、ERP、销售自动化、商业活动管理。与事务型的管理信息系统（MIS）不同，客户智能系统能提供分析、趋势预测等决策分析功能。

3. 数据分析层面

数据分析层面是一系列算法、工具或模型。首先，它能获取与所关心主题有关的高质量的数据或信息，然后自动或人工参与使用具有分析功能的算法、工具或模型，帮助人们分析信息、得出结论、形成假设、验证假设。

4. 知识发现层面

与数据分析层面一样，知识发现层面也是一系列算法、工具或模型。它将数据转变成信息，而后通过发现，将信息转变成知识，或者直接将信息转变成知识。

5. 战略层面

战略层面是指将信息或知识应用于提高决策能力、运营能力和企业建模等。客户智能的战略层面是利用多个数据源的信息以及应用经验和假设来提高企业决策能力的一组概念、方法和过程的集合。它通过对数据的获取、管理和分析，为企业组织的各种人员提供知识，以提高企业战略决策和战术决策能力。

客户发展战略指的是企业坚持以客户为中心的发展战略。它将企业内部资源条件与外部环境因素结合起来考虑，最终目标是使客户生命周期价值最大化。客户发展战略离不开企业其他战略类型，如目标市场战略、营销组合战略、市场竞争战略、财务战略、协作战略、组织战略、人才战略等的支持。以客户为中心的发展战略不能代替企业总体战略，但它是总体战略最具有参照价值的战略。

客户智能体系可以简单地用客户智能基础理论和基于客户智能理论的客户智能系统两个逻辑层面表示，如图 2.3 所示。

总之，客户智能的目标是将企业所掌握的信息转换成竞争优势，以提高企业决策能力、决策效率以及决策准确性。为完成这一目标，客户智能必须具有从实现数据分析到知识发现的算法、模型和过程。决策的主题具有普遍性。

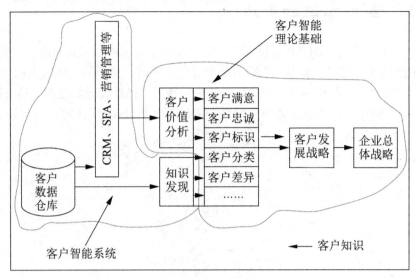

图 2.3 展开的客户智能体系

2.4.2 客户知识

客户知识，顾名思义，是指有关客户的知识。客户知识包括客户的消费偏好、喜欢选用的接触渠道、消费行为特征等许多描述客户的知识。对客户知识可以进行如下分类。① 对话性客户知识，即通过企业与客户之间正式或非正式的对话，以及客户与企业员工、企业员工与供应商等之间的互动交流，来了解客户的需求。② 观察性客户知识，即透过观察客户使用产品或服务的状况来获得客户知识，汽车等高档消费品或工业用品的制造商主要通过这个方法得到客户知识。③ 预测性客户知识，即利用市场营销的专业分析工具和方法预测客户的需求与反应。

客户知识是人们通过实践认识到的与客户有关的规律性，而客户智能是获得客户知识并使用客户知识求解问题的能力。客户智能是对企业战略决策真正有价值的事物和行动。客户智能不仅包括客户知识的生成，而且更强调客户知识在企业中的分发、使用。所以，客户智能是对客户知识的生成、分发和使用，如图 2.4 所示。

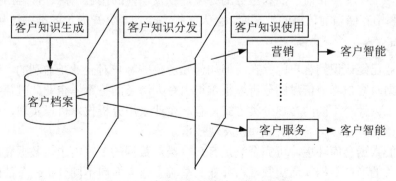

图 2.4 客户智能与客户知识的关系

2.4.3 客户知识的生成

使用商业智能提供的 OLAP 分析工具、知识发现工具或两种工具的组合，发现存在于客户数据中的模式、规则、概念、规律的整个过程，叫客户知识的生成（见图 2.5）。相比较而言，知识发现工具的使用难度较大，包括确定任务、选择合适的挖掘工具（数据准备、挖掘算法、结果解释等），以及明确哪部分任务必须有营销专家参与、哪部分可以自动执行。

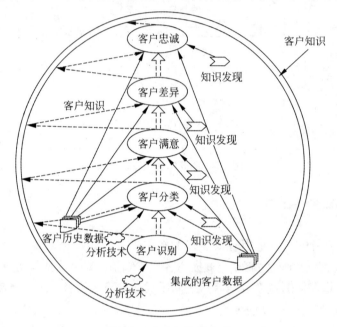

图 2.5　客户知识的生成

1. 客户识别

客户识别又称客户认识（awareness），即知道谁是你的客户。如果你的企业没有集成的客户数据，那么它很有可能会遭受客户认识危机（customer-aware challenged）。

集成的客户数据是指面向客户的操作数据存储（operational data store），它存储了集成的和经过净化的、当前的客户数据。企业中任何与客户打交道的职员每时每刻都会参考这其中的数据，了解客户目前产品和服务的处境，以及当前的接触信息、接触结果、突发事件等。正确利用存储当前信息的数据库，会大大提高企业对客户评价的准确性和认识能力。

2. 客户分类

假设企业已经认识到客户的存在，但如何知道哪些客户对企业是盈利的，哪些是不盈利的？仅依据对客户当前信息的分析，很难得出令人满意的答案。企业此时需要与客户有关的历史记录。针对不同的客户分类方式，有时企业采用分析技术可以实现，而当面对较深层次的分类任务时，就需要引入知识发现技术。

一个好的数据仓库环境，可完全满足客户分类对数据的多重需求。数据仓库环境集成了与客户有关的当前数据和历史数据，并在此基础上建立面向不同分析任务的应用（数据集市）。比如，客户利润率分析、销售渠道分析、商业活动分析等，这些分析算法必须与企业的商业模式相一致。

3．客户满意

企业是否能够测量客户满意度？在你的企业中，客户满意与企业员工的积极性和企业实施的优惠政策是否有关系？如果答案是否定的，那么可以判断出企业还没有建立以客户为中心的正确环境。

这种正确的环境绝非仅建设先进的呼叫中心（call center）等手段就能实现，它需要一个企业的企业文化、组织结构、管理模式等整体环境的大调整，以适应从以产品为中心到以客户为中心的转变；另一方面，还应当使用知识发现技术正确发现和使用客户知识，了解客户满意需要的是什么，如何改进产品做到使客户更满意。

4．客户差异

客户差异是指企业根据不同客户对企业的贡献大小，实施不同的价值回报。分析的对象包括客户生命周期价值、消费行为、VIP 特征等。企业需要建立相应的知识发现模型。此外，企业必须具有对知识发现结果——客户知识的快速反应的能力，企业各部门要能够做到基于客户知识的互动。

5．客户忠诚

客户忠诚的直接表现是客户的持续购买，它反映了企业对客户不断更新需求的有效把握。客户忠诚是对客户知识反复有效利用的结果。客户忠诚的获得是企业在客户关系上最难达到的境界，却是最佳的。通过持续的接触，忠诚客户数据的收集和集成成为最容易和最有效的事情，但忠诚客户的保留问题仍离不开知识发现技术的支持。随着人们越来越深刻地认识到客户忠诚的重要性，知识发现技术在客户保留中的作用也会逐渐显现出来。

2.4.4　客户知识的分发

客户知识必须到达组织内每一个需要客户知识的部分。客户知识的分发是指将客户知识存储于动态知识库，借助客户关系管理的系统平台，将客户知识分发到需要的终端。这不仅涉及如何分发知识，还有一个知识分发质量和多少的问题。

2.4.5　客户知识的使用

将客户信息和知识投入使用是客户关系管理的最后一个环节。许多客户关系管理和知识发现没有成功，很大程度上在于产生的与客户有关的信息和知识不能投入使用。客户关系管理通过营销、销售、客户服务和支持与客户打交道，客户知识通过它们的使用与集成作用于客户。这些工作不是一个合理的信息结构所能完成的，需要与之整合的工作流程做支撑，即 Jim Berkowitz 谈到的合理的组织结构。

2.5　客户关系管理模型——IDIC 模型

2.5.1　IDIC 模型概述

IDIC 模型是由营销专家唐·佩珀斯与玛莎·罗杰斯提出的，它是企业进行客户关系管理的基本参考架构。他们认为该模型有四个阶段至关重要。

（1）客户识别（identify）。

（2）客户差异分析（differentiate）。

（3）与客户的互动保持（interactive）。

（4）产品或服务的调整（customize）。

美国消费者协会主席艾拉·马塔拉说："我们现在正从过去大众化的消费进入个性化消费时代，大众化消费时代即将结束。现在的消费者可以大胆地、随心所欲地下指令，以获取特殊的、与众不同的服务。"哪怕部分消费者总体上倾向于和大众保持同质化的产品或服务消费，但是他们也期望商家在送货、付款、功能和售后服务等方面，能够满足其特别的需求。正因为每个客户都有着不同的需要，所以，通过市场细分将一群客户划归为有着共同需求的细分市场的传统做法已不能满足每个客户的特殊需要。目前，现代数据库技术和统计分析方法已能准确地记录并预测每个客户的具体需求，从而为每个客户提供个性化的服务。

IDIC 模型营销不只关注市场占有率，还尽量增加每一位客户的购买额，也就是在 IDIC 模型的基础上提升对每一位客户的占有程度。传统营销靠区分产品来进行竞争，而 IDIC 模型营销靠区分客户来竞争。传统营销通过推出新产品以及对产品进行延伸，尽量对产品进行实际意义上的区分，或者利用品牌和广告制造出一种观念上的区分；而采用 IDIC 模型营销的企业一次照料一位客户，其所依赖的是将每一位客户与其他人区分开来。

2.5.2　IDIC 模型的主要内容

1. 客户识别

要和客户发生关系得先知道客户是谁，企业要设法找出和了解客户，并掌握其基本资料。要知道目标客户是谁，谁是最有价值的客户，谁是最具成长潜力的客户，你就必须跟不认识的人产生关系，所以识别、认识客户非常重要。对客户资料的掌握越详细越好，力争能够在所有的客户接触点、所有的媒体、每一条产品线、每一个地点、每一个部门认出他们。

2. 客户差异分析

企业要对客户依照其对企业的价值加以进一步分析和分类，找出并设法留住有价值的客户，避免在无价值的客户上花过多的力气。

客户对企业具有不同程度的价值，而他们也有不同的需求。企业要知道如何以价值（value）以及需求（needs）去区分客户。所以一旦确认你的客户之后，下一步就是区分他们，分出优先级，向最有价值的客户争取最大的利益，并针对每位客户特定的需求来调整企业的做法。这表示企业将会发展某种等级的标准，或是客户获利能力及价值模型。这也表示企业必须依照客户不同的需求做分类，以不同的方式对待不同的客户。

3. 与客户保持互动

和客户互动、对话与交换信息，让客户乐于和企业互动，这样就能有效了解客户的需求，掌握客户的反应，让对手难越雷池一步。将每一次和客户间的互动转变为关系，同时将每一次的互动经验转换为对客户更了解的洞见。要实行一对一营销，必须要改善和客户之间互动的成本效益与有效性。也就是说，互动要节省成本，或者更自动，并且在获取信息以强化与深化客户关系方面更有用。

此外，每次与每位客户的互动都必须跟前一次的互动情形相关。与客户的对话应该延续上一次的讨论，不管那是昨晚或上个月发生的，还是通过电话、公司网站或公司业务员拜访客户时发生的。互动的步骤与区分步骤及定制化步骤息息相关。除了了解客户的需求有何种程度的不同，还必须有方法用在某位特定客户的身上，利用互动的结果，推论出客户的需求，然后针对该项信息，进行下一次行动。

4．产品或服务的调整

为客户提供量身定做的贴心服务，针对客户需求的不同、客户价值的不同，提供大量定制化、个人化的产品或服务。要将一个客户带入学习性的关系，企业必须改变某些方面的行为来配合客户个人所表达的需求。这可能表示要大量定制化某项产品，或定制化和某产品相关的服务。要实践真正的一对一营销，企业的生产或服务必须根据客户与企业的业务或营销代表在互动中所谈的内容来进行。一对一营销，最理想的目标是，每一位客户都能依各自的需求收到与别人不同的待遇或信息。其真正的意义是，用不同的方式对待不同的客户，并且该方式对客户具有独特的意义。

本 章 小 结

1．关系营销，是把营销活动看成一个企业与消费者、供应商、分销商、竞争者、政府机构及其他公众发生互动作用的过程，其核心是建立和发展与这些公众的良好关系。

2．与传统的交易营销相比，关系营销在对待客户上主要有以下几点不同。① 交易营销关注的是一次性交易，关系营销关注的是如何保持客户。② 交易营销较少强调客户服务；而关系营销则高度重视客户服务，并借客户服务提高客户满意度，培育客户忠诚。③ 交易营销往往只有少量的承诺，关系营销则有充分的客户承诺。④ 交易营销认为产品质量应是生产部门所关心的，而关系营销则认为所有部门都应关心质量问题。⑤ 交易营销不注重与客户的长期联系，而关系营销的核心在于发展与客户的长期、稳定关系。

3．企业建立的客户关系可以区分为以下五种：基本关系、被动式的关系、负责式的关系、主动式的关系、伙伴式的关系。

4．关系营销的本质特征可以概括为：双向沟通、合作、双赢、亲密、控制。

5．一对一营销的核心理念主要包含三大核心问题。① "顾客份额"是企业应当关注的对象。② "与顾客互动对话"要求企业不仅了解目标顾客群的全貌，而且要了解每一位顾客，这种了解是通过双向的交流与沟通实现的。③ 定制化。

6．数据库营销的产生有两个方面的原因：一方面是规模化大生产与客户个性化需求的差异对营销活动提出了新的要求；另一方面，互联网与数据库技术的发展使得客户需求的信息收集、分析与整合过程变得更加准确。

7．数据库营销就是一种企业与顾客之间交互式的营销处理方法，主要通过计算机网络将企业的目标顾客、潜在顾客的资料、市场信息以及进行的交流沟通和商业往来等数据收集、存储在网络数据库中，经过数据挖掘、筛选、处理等一系列数据库技术分析后，可以精确地了解消费者的需求、购买欲望及购买能力等信息，并且通过网络将这些信息在企业、顾客、供应商以及企业员工内部之间进行沟通和共享，在此基础上制定出更加理性化、个性化的营销方法和营销策略，为顾客提供个性化的产品与服务，实现满足顾客需求与企业盈利的双重目标。

8. 客户智能是创新和使用客户知识，帮助企业提高优化客户关系的决策能力和整体运营能力的概念、方法、过程以及软件的集合。

9. 客户知识可以分为对话性客户知识、观察性客户知识和预测性客户知识。

10. IDIC 模型的主要内容为：客户识别，客户差异分析，与客户互动的保持，产品或服务的调整。

复习与讨论

1. 简述关系营销的含义。
2. 简述关系营销的特点。
3. 企业与客户建立的关系可以分为哪五种？
4. 关系营销的本质特征是什么？
5. 一对一营销的核心理念是什么？
6. 解释数据库营销的内涵。
7. 什么是客户智能？
8. 客户知识可分为哪几类？
9. IDIC 模型的主要内容是什么？

企 业 访 谈

医流巴巴客户关系管理
实施的背景

第3章 客户识别

（1）掌握客户的含义；
（2）了解客户识别的含义和作用；
（3）了解客户生命周期；
（4）掌握客户识别的过程；
（5）了解个人信息保护的法律法规。

开篇案例

迪克超市的秘密

肯·罗布有一个秘密，但他并不是那种不愿袒露心迹的人。他性格外向开朗，想什么就说什么，从不犹豫，这一点很好。他是迪克连锁超市的高级营销副总裁，这是一家在威斯康星州乡村地区拥有八家分店的超级市场。

罗布的秘密是：当他的顾客来商场采购时，他十分了解这些顾客想要买什么。这一点连同超市所提供的优质服务，是迪克连锁超市对付竞争对手的主要防御手段。迪克超市采用数据优势软件（Data Vantage）——一款由康涅狄格州的关系营销集团（Relationship Marketing Group，RMG）开发的软件产品，对扫描设备里的数据加以梳理，即可预测出顾客什么时候会再次购买某些特定产品。接下来，该系统就会"恰如其时地"推出特惠价格。

它是这样运行的：在迪克超市每周消费 25 美元以上的顾客每隔一周就会收到一份定制的购物清单。这份清单是由顾客以往的采购记录及厂家所提供的商品现价、交易政策或折扣共同派生出来的。顾客购物时可随身携带此清单，也可将其放在家中。当顾客到收银台结账时，收银员就会扫描一下印有条形码的购物清单或者顾客常用的优惠俱乐部会员卡。无论哪种方式，购物单上的任何特价商品都会被自动予以兑现，而且这位顾客在该店的购物记录会被刷新，生成下一份购物清单。

"这对我们和生产厂家都很有利，因为你能根据顾客的需求定制促销方案。由此你就可以做出一个与顾客商业价值成正比的方案。"罗布说。

迪克超市还依靠顾客特定信息，跨越一系列商品种类把定制的促销品瞄准各类最有价值的顾客。比如，非阿司匹林产品（如"泰诺"）的服用者可以被分成3组：全国性品牌、商店品牌和摇摆不定者，这些组中的每组顾客又可以根据低、中、高用量被分成3个次组。

用量就代表着在某类商品中顾客对迪克超市所提供的长期价值（仅在这一个产品中，就有6个"模件"，产生出9种不同类型的顾客，这足以发动一次批量定制营销运动）。

假设超市的目标是要把"泰诺"用户转变成商店品牌的用户，那么罗布就会将其最具攻击性的营销活动专用于大用量的顾客，因为他们最有潜在价值。给予大用量顾客的初始折扣优惠远高于给予低用量和中等用量的顾客。促销活动的时间会恰好与每一位顾客独有的购买周期相吻合，而对这一点，罗布通过分析顾客的以往购物记录即可做出合理预测。

"顾客们认为这太棒了，因为购物清单准确地反映了他们要购买的商品。如果顾客养有狗或猫，我们就会给他提供狗粮或猫粮优惠；如果顾客有小孩，他们就可以得到孩童产品优惠，比如尿布及婴幼儿食品；常买很多蔬菜的顾客会得到许多蔬菜类产品的优惠。"罗布说，"如果他们不只在一家超市购物，他们就会错过我们根据其购物记录而专门提供的一些特价优惠，因为很显然我们无法得知他们在其他地方买了些什么。但是，如果他们所购商品中的大部分源于我们商店，那么通常可以得到相当的价值回报。我们比较忠诚的顾客常会随同购物清单一起得到价值30~40美元的折价券。我们的目标就是回报那些把他们大部分的日常消费花在我们这儿的顾客。"

有时，商家可以通过获取其他相关单位的赞助，来尽量减少折扣优惠所造成的经济损失；同时，这些单位也可以分享商家不断收集的信息资讯。以迪克超市为例，生产厂商会给予绝大多数的打折商品补贴。作为整个协议的一部分，生产厂家可以获得从极为详尽的销售信息中所发现的分析结果（消费者名字已去除）。这些销售信息的处理加工均由关系营销集团进行，这家公司不但提供软件产品，而且提供扫描数据采掘服务。

资料来源：佚名. 迪克连锁超市客户关系管理案例[EB/OL]. [2023-01-31]. https://doc.mbalib.com/view/2f375b7a7c4f2403b49330c10b3e4dfa.html.

3.1　客户基本概念

3.1.1　客户的定义

1. 与客户相关的概念

1）消费者

消费者的英文是 consumer，是指在一定条件下为自身生产而消费各种产品和服务的个人，是指占用/使用生活消费品、生活服务品的个人和家庭。在市场营销学中，尽管对同一产品或者服务的购买决策、实际购买和使用不是同一个主体，但考虑到产品或者服务的购买决策、实际购买和使用是一个统一的过程，所以无论是产品或者服务的购买决策者、购买者，还是使用者，都称之为消费者。

2）用户

用户的英文是 user，指某个产品或服务的具体使用者，是正在使用或者接受服务的个人，一般用于耐用消费品行业的表述。任何使用过产品或者接受过服务的人，无论是否付费，都算用户。例如，我们经常会使用微信、微博、钉钉等 App，都有自己的账号，作为用户，我们既使用免费服务，也使用一些付费服务。

3）顾客

顾客的英文是 customer，是比消费者更为广义的一个概念，有广义和狭义概念之分。从广义的角度看，凡是接受或者可能接受任何组织、个人提供的产品和服务的购买者（包括潜在购买者）都可以称为顾客。从这个定义可见，首先顾客不仅指个体，同时也包括了企业、政府、非公益性团体等组织。其次，购买的对象包括了产品和服务两个方面，其中产品不仅包括用于消费者生活的物品，同时也包括用于工业生产的各类生产资料。服务方面包括了各种类型的服务，例如去医院就医，去旅游景点旅游，去饭店就餐，去银行找寻金融服务，去会计师事务所、律师事务所寻求帮助等。最后，顾客包括现实顾客和潜在顾客。其中，现实顾客是指对企业或者个人的产品或者服务有需求，并且与企业或者个人直接发生交易关系的组织或者个人；潜在顾客是指对企业或者个人的产品或者服务有需求而没有购买能力，或者是有购买能力但是因为种种原因无法与企业或者个人发生交易的组织或者个人。从狭义的角度看，顾客是指与企业或者个人发生直接交易关系的组织或者个人，即广义概念中的现实顾客。

随着关系营销理论的发展，顾客的概念也得到了进一步的延伸和发展，有了内部顾客和外部顾客之分。其中，内部顾客是从企业内部部门的角度出发，把其他部门看作自己部门的顾客；外部顾客则是从企业整体的角度出发，把企业外部的、与本企业有产品、服务交易关系的组织或者个体看作顾客。

4）客户

客户的英文是 client，是对接受产品或服务的组织或个人的统称。从广义的角度看，客户是指企业提供产品和服务的对象，即来自企业外部的和企业发生交互行为的组织或者个体。但是客户不一定是产品或者服务的最终接受者，处于供应链下游的企业或者个人也是上游企业的客户，他们可以是批发商、代理商及零售商。同时，客户不仅存在于企业之外，还存在于企业之内，应当把企业内部前后流程的同事或供应链上下游的企业合作伙伴均视为客户，强化客户服务意识，避免内外客户服务的脱节。

在营销学中，客户不一定是用户，但一定要付费，用户也不一定是客户。例如，甲公司买了一辆汽车给总经理使用，那么总经理就是汽车公司的用户，但不是汽车公司的客户，甲公司才是汽车公司的客户。客户有时也和顾客混用，例如，张三购买了一辆汽车，4S 店可以说张三是它们的顾客，也可以说张三是它们的客户。顾客和客户概念的差异常常体现在卖方眼里，在他们眼中，客户的层次比顾客的层次要高。顾客强调消费关系，而且有时强调一次性的消费关系，是一般的消费者；而客户除了强调消费关系，还强调洽谈商议的关系。客户不仅仅是顾客，在一切与企业经营有关的环节中与企业有互动行为的组织或个人都是企业的客户。例如，永辉超市销售心相印纸巾，永辉超市是心相印的客户，但不是顾客或者用户，更不是消费者。小丽在永辉超市购买一包纸巾送给小明，那么小丽是永辉超市的顾客，而小明则是心相印纸巾的用户或消费者。用户、消费者、顾客及客户的包容关系如图 3.1 所示。

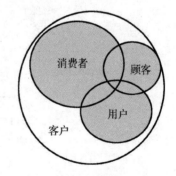

图 3.1　用户、消费者、顾客及客户的关系

2. 客户的分类

正如上文所述，客户不仅包括个人，也包括组织。按照客户购买目的的不同，客户可

以划分为消费客户、中间客户以及公利客户，如表 3.1 所示。其中，消费客户包括消费者个人和组织，其购买产品或者服务的目的是满足自身消费的需要。中间客户购买产品或者服务的目的并不是满足自身消费，而是以再次出售为目的进而获取买卖之间的差价。在消费品市场上，中间客户的典型代表是批发商和零售商；在工业品市场上，中间客户的典型代表是工业品经销商。公利客户购买产品或者服务的目的既不是满足自身消费的需求，也不是赚取买卖之间的差价，而是代表公众利益，向企业提供资源并从企业获利中收取一定比例的费用，典型的例子是政府、行业协会、媒体。

表 3.1　客户类型

消费客户	消费者	他们是企业产品或者服务的直接消费者。根据企业产品和服务的用途，可以把消费客户分为两种：消费者和产业客户。与此相对应的营销市场，我们称之为消费者市场和产业市场
	产业客户	
中间客户		中间客户购买企业的产品或者服务，但他们并不是直接的消费者
公利客户		公利客户是代表公众利益，向企业提供资源，然后直接或者间接从企业获利中收取一定比例费用的客户

3.1.2　客户生命周期

1. 客户生命周期的定义

客户生命周期是指从一个客户开始对企业进行了解或者企业欲对某一客户进行开发开始，直到客户与企业的业务关系完全终止且与之相关的事宜完全处理完毕的这段时间。客户生命周期是产品生命周期的演变，清楚刻画了客户关系水平随时间变化的发展轨迹。

客户和企业之间的关系随着时间的推移而演变，客户的需求、期望和行为模式也随着客户与企业的关系变化而改变，为企业管理不同阶段的客户提供了理论基础。从企业开展客户关系管理工作的内容特征分析，客户生命周期框架包括到达、获取、转换、保留和流失过程，这为企业与不同阶段客户进行沟通提供了不同策略，如图 3.2 所示。

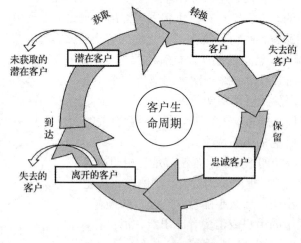

图 3.2　客户生命周期框架

（1）到达：指获得潜在客户关注的过程，可以通过多种促销活动和接触点来实现，这是与客户接触的第一阶段，也是建立客户生命周期的基础。企业应该不断优化企业网站，精准投放企业广告，以及利用微博、小程序、抖音等新媒体工具与客户进行沟通。

（2）获取：指企业获得潜在客户的关注或回应，形成各种交流互动的过程，但不一定能够促成客户进行购买。潜在顾客对促销短信进行回复、在公司网站上在线填写表格、向客户中心咨询产品特性、在零售店观看产品演示及试用产品等，这些都有可能促进企业从到达潜在客户转为获取潜在客户。在这些接触过程中，企业需要理解客户的需求和期望并提出适当的解决方案。

（3）转换：指将企业获取的潜在客户转换成真正的客户的过程，也是客户与企业之间建立买卖关系的过程，对企业收入的增加和客户基数的扩大有明显贡献。面对市场上激烈的竞争，企业需要采取比竞争对手更有效的竞争措施将潜在客户转换为现实客户。

（4）保留：在转换的基础之上，企业还要努力保留现有客户，维护与现有客户的关系，致力于提高客户满意度、培养客户忠诚度，进而形成良好的口碑宣传效果。客户保留的工作重点应该放在售后服务以及理解与满足客户的新期望和新需求上。

（5）流失：指客户不再购买企业产品或接受企业服务的状态，这是一个连续且不可避免的过程，在客户生命周期的任何一个阶段都会发生。企业应该仔细分析客户流失的原因，保持警惕，同时要制定应对客户流失的措施，将客户流失率控制在一定范围内。

2. 客户生命周期阶段

从客户与企业关系所处阶段分析，一般而言，客户生命周期可分为潜在获取期、客户成长期、客户成熟期、客户衰退期、客户终止期五个阶段。其中，潜在获取期是客户关系的孕育阶段，客户成长期是客户关系的快速发展期，客户成熟期是客户关系的稳定期，客户衰退期是客户关系发生逆转的时期。在客户生命周期的不同阶段，企业的投入与客户对企业收益的贡献是大不相同的。

客户生命周期各阶段企业投入产出比如图 3.3 所示。

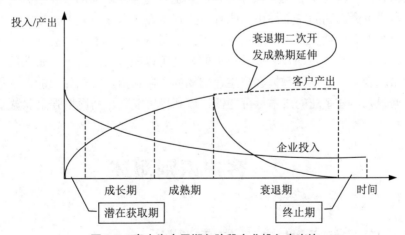

图 3.3　客户生命周期各阶段企业投入产出比

1）潜在获取期

潜在获取期可以细分为潜在客户期与客户开发（发展）期。

当客户对企业的业务进行了解，或者企业欲对某一区域的客户进行开发时，企业与客户开始交流并建立联系，此时客户已进入潜在客户期。因为客户对企业的业务进行了解需要企业为其解答，某一特定区域内的所有客户均是潜在客户，所以企业投入是对所有客户进行调研，考察和测试企业与目标客户之间目标的相容性、交易关系发展的潜力等，以便确定可开发的目标客户。此时企业有一定的投入成本，但客户尚未对企业做出任何贡献。当企业对潜在客户进行了解后，就进入了客户开发期，企业将为目标客户投入大量的资源，但是客户为企业所做的贡献则很少或者没有。

2）客户成长期

当企业成功开发目标客户后，客户已经与企业发生业务往来，且业务逐步扩大，此时已进入客户成长期。企业的投入和潜在获取期相比要小很多，主要是发展投入，目的是进一步融洽与客户的关系，提高客户的满意度和忠诚度，进一步扩大交易量。在此期间客户已经开始为企业做贡献，企业从与客户交易中获得的收入大于投入，开始盈利。

3）客户成熟期

当客户与企业相关联的全部业务或者大部分业务均与企业发生交易时，说明此时客户已进入成熟期。成熟期的标志主要看客户与企业发生的业务占其总业务的份额。在此期间企业的投入较少，客户为企业做出较大的贡献，企业与客户交易量处于较高的盈利时期。

4）客户衰退期

客户衰退期是客户关系水平发生逆转的时候，该阶段的主要特征如下。① 客户与企业的交易量逐渐下降或者急剧下降，客户自身的总业务量并未下降。② 客户或者企业开始考虑结束关系或者寻找新的交易伙伴。③ 客户与企业开始交流结束关系的意图等。在客户衰退期，企业有两种选择：一种是加大对客户的投入，重新恢复与客户的关系，确保客户忠诚度；另一种是不再做过多的投入，渐渐放弃这些客户。显而易见，企业两种不同的处理方法会带来不同的投入产出效益。

5）客户终止期

当企业的客户不再与企业发生业务关系，且企业与客户之间的债权债务关系已经厘清时，意味着客户生命周期的完全终止。此时企业有少许成本支出而无收益。

客户的整个生命周期受到各种因素的影响。由图 3.3 可以看出，企业要尽可能地延长客户生命周期，尤其是成熟期。客户成熟期的长度可以充分反映出一个企业的盈利能力。面对激烈的市场竞争，企业要掌握客户生命周期的不同特点，提供相应的个性化服务，进行不同的战略投入，使企业的成本尽可能低，盈利尽可能高，从而增强企业竞争力。

3.2 客户识别概述

3.2.1 客户识别的内涵与重要性

客户识别就是通过一系列技术手段，根据大量的客户特征、需求信息等，找出哪些是企业的潜在客户、客户的需求是什么、哪些客户最有价值等，并以这些客户作为客户关系管理对象。客户识别的目的在于判断客户为企业提供价值的大小以及企业获得这些价值的可能性。换言之，客户识别是让企业认识哪些是企业的潜在和现实客户、这些客户有哪些具体的特征和信息，了解这个客户与那个客户有何不同。

客户识别对企业的客户关系管理有着重要意义。这是因为，客户关系管理的核心在于针对不同客户的不同特征和需求，采取不同的策略。客户识别意味着了解、分析客户的特征与需求信息，是企业开展客户关系管理活动的基础。如果企业对客户没有深入的了解，何谈建立、维系与客户的关系？客户识别在企业客户关系管理中的重要性主要体现在如下三个方面。

1．客户识别有助于企业获取新客户

对企业而言，如果不能有效获取新客户，那么就无法扩大客户占有率，从而降低企业的赢利。通过了解客户的具体情况，根据客户的特征来制定相应的策略，将大大提高企业获取新客户的能力，从而降低企业获取新客户的成本，并提高新客户获取的成功率。母婴零售行业的标杆企业孩子王，拥有线下门店 400 多家。每家门店每年都要举行 1100 多场活动，如宝宝爬爬赛、生日会、孕妈插花班、烹饪班等。在活动过程中，孩子王会不断收集用户母婴相关的各种信息，依据收集到的信息给用户打上统一制定好的对应标签，然后借助营销工具，根据用户所处的阶段和对应的属性标签来推荐解决方案，以实现千人千面的精准营销。根据数据分析和业务发展的需要，孩子王在 2018 年 5 月推出付费黑金会员，针对孕妇和婴幼童两大目标用户分别推出了孕享卡和成长卡，有效期均为 1 年，到期后自动作废。截至 2020 年年末，公司累计黑金会员规模超过 70 万人，会员数量和销售收入逐年增加，2018—2020 年黑金会员单个会员平均收入分别为 117.36 元、133.53 元和 151.71 元，2020 年付费会员单客年产值为普通会员的 10 倍。

一般而言，大面积邮寄宣传品的反馈率只有 2%～4%，但是如果能够深入了解客户，而后有针对性地邮寄宣传品，反馈率就可以达到 25%～30%。

2．客户识别有助于企业与客户更好地沟通与互动

在企业与个人的互动中，简单的广告、促销活动并不能有效吸引客户。在本章的开篇案例中，迪克超市能够吸引客户的重要原因之一就是在了解客户的基础上，根据客户的消费习惯来制定相应的促销活动。这就大大增加了促销活动的针对性，强化了迪克超市与客户之间的沟通、互动效果。

3．客户识别能够提升客户满意度，增强客户对企业的忠诚度

有统计数据表明：开发一个新客户所花费的成本至少是维持一个老客户所花费成本的五倍，而大部分企业每年的客户流失率高达 25%左右，如果企业能将客户流失率降低 5%，那么利润将会增加 100%。要想提升客户的满意度和忠诚度，尽可能多地留住客户，离不开对客户需求的认识与了解。例如，国际著名的零售商，如亚马逊、沃尔玛、塔吉特，都会基于顾客行为分析提供个性化推荐。流媒体服务商，如 Netflix、YouTube，会根据用户的喜好提供电影推荐。推荐在提高客户满意度和预订量方面至关重要，能够最终提高销售额和利润。据统计，亚马逊平台上 40%的客户会从看到的产品推荐中购买商品，从而提高了客户的复购率和忠诚度。

3.2.2　客户识别的主要步骤

对企业而言，有效识别客户并不是一件容易的事情。例如，现在许多连锁超市、百货公司推出了会员卡或者贵宾卡服务，希望通过会员卡及贵宾卡来掌握客户的消费习惯、年龄、职业等数据。但是，有许多公司并不清楚自己已经掌握了哪些信息、这些信息是不是自己需要的、自己还需要哪些信息。在很多时候，公司想要整理相关客户的完整、准确的客户资料清单，并不是一件容易的事情。因为许多公司发现，他们所掌握的客户信息零散地分布在各个不同的部门。例如，销售部掌握着客户的购买情况等信息，售后服务部门掌握着客户投诉和维修的记录，等等。

客户识别过程主要包括如图 3.4 所示的几个步骤。

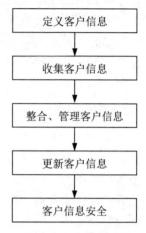

图 3.4　客户识别过程

3.3　定义客户信息

3.3.1　定义客户信息的原则

企业了解客户的第一步是搞清楚这个阶段需要掌握哪些客户信息与资料。尽管对企业而言，尽可能多地掌握客户信息是其有效制定客户关系管理战略的基础，但是基于资源的理论观点，每一个企业所拥有和掌握的资源都是有限的，企业无法全面掌握客户的所有信息，因此需要有选择地调查、了解主要的客户信息。在界定所需信息的范围时，企业应当遵循如下两点原则。

1. 根据自身的需求界定所需信息的范围

这是企业在界定需要掌握的信息之前必须遵守的原则。

第一，不同的行业之间存在很大的差异，例如制造业与服务业，两者所处的行业环境相差很大，同时行业内的竞争态势也有很大不同。那么，由于行业的不同，企业对客户信息的需求自然也会存在差异。

第二，在相同的行业中，也存在不同规模大小的企业。对大型企业而言，面对的是更大、更为广阔的市场，同时由于其具备雄厚的资金与实力，因此可以详细地收集客户的信息与资料；而对小企业而言，由于资金、实力、资源等方面的限制，并不能大规模地收集客户信息与资料，只能获取自己最需要的部分。

第三，不同的企业有不同的战略导向。即使在相同的产业中具有类似的规模，不同企业的战略导向也会存在差异，企业的定位也会有所不同。例如，有的企业将自己的注意力集中在降低成本上，希望通过低成本、低价格来赢得顾客的青睐，而有的企业则是追求产品的高质量和差异化。在这些不同的战略导向指引下，企业关注的目标市场存在很大差异，客户的消费偏好和习惯也存在很大差异，企业所要掌握的客户信息与资料也大相径庭。

2. 根据客户的特点确定收集信息的范围

客户与企业的关系经历了一个类似生命周期的发展过程。处于不同阶段的客户有着不同的消费习惯，那么企业就必须根据不同的关系特点，来确定所需要了解和掌握的信息。例如，对于处于潜在获取期的客户而言，企业需要了解客户的年龄、职业、消费偏好等信息；而对于处于成熟期的客户而言，企业需要了解这些客户对企业产品和服务的意见、以往购买的频率与偏好、客户对于企业的抱怨或者不满等情况。

此外，企业面临的客户包括消费者、产业客户、中间客户、公利客户等不同类型，这些不同的客户有各自不同的要求和特点。例如，消费者和产业客户都是以消费为目的的，但是作为个体的消费者与产业客户之间在要求上存在很大差异。与产业客户相比，消费者购买的批量少，对价格更为敏感，与企业之间的互动少。因此，对企业而言，在收集信息的时候，有必要根据客户的特点来确定信息收集的方法、途径和侧重点。

3.3.2 个人客户信息

企业需要关注的个人客户信息包括如下内容。

1. 基本信息

基本信息主要是涉及个人客户的基本情况，这些信息一般包括如下三个方面。

1）关于个人客户自身的基本信息

例如，姓名、性别、年龄、性格、血型、电话、传真、住址等方面的信息，这些基本信息对客户的消费要求与偏好有一定的影响。比如，不同年龄的消费者对同一类产品的关注重点存在很大差异。同样是衣物，老年人主要关注的是衣物本身的质地与材料，而年轻人更多看重衣物的款式。男性和女性对同一事物的看法也存在很大差异。

2）关于个人客户家庭的信息

关于个人客户家庭的信息包括：婚姻状况，已婚、未婚还是离异；如果已婚，如何庆祝结婚纪念日，配偶的姓名、生日、性格爱好；是否有子女，子女的姓名、年龄、生日、教育状况；是否与父母同住等。这些家庭信息同样会影响个人客户的购买习惯。例如，沃尔玛公司在分析销售数据时发现，在一段时间内尿布与啤酒的销量同时增长。刚开始他们对这一现象很难理解，经过一段时间的调研发现，同时购买尿布和啤酒的都是刚有宝宝的年轻爸爸。原来，妻子经常会要求丈夫在下班的时候购买小孩用的尿布，而这些父亲在买完尿布之后又会同时购买几瓶啤酒。在发现了这一现象之后，沃尔玛就把啤酒和尿布的货架相邻排列，使啤酒和尿布的销量都有了很大的提高。

3）关于个人客户事业的信息

关于个人客户事业的信息包括：以往的就业情况，如以往供职单位名称、工作地点、职务、任职时间、收入、离职原因等；目前工作状况，如目前就职单位名称、工作地点、职务、任职时间、收入等；对未来事业发展的规划，短期、中期、长期的事业目标各是什么。个人的从业经历以及职业发展规划，对企业的产品设计与开发有重要影响。例如，在银行业，经常会针对不同收入、职业的家庭推出理财计划。此外，会计、咨询、银行等行业的人群，会更偏好正式的职业装，对服装的要求较高；而从事研发等工作的群体，则不太注重外表。

4）关于个人客户人际交往的信息

关于个人客户人际交往的信息包括：客户亲戚情况、与亲戚相处的情况、最要好的亲戚，朋友情况、与朋友相处的情况、最要好的朋友，邻居情况、与邻居相处的情况、最要好的邻居，对人际关系的看法等。现有的社会化客户关系管理（SCRM）系统还增加了社交软件中的客户管理，搭建了数据集成平台，使得覆盖的渠道更广泛、商业过程更高效，可以全面采集各个触点的客户留存信息，包括客户与他人之间的互动交流信息，以及客户的关注者和被关注者粉丝的信息等。以微博、微信、抖音等为代表的在线社交媒体逐渐成为人们发布、传播和获取信息的主要媒介，用户的关注、点击、点赞、评论、转发、话题参与等都汇聚了大量的用户关系数据和信息传播数据。

2．心理与态度信息

心理与态度信息主要关注个人客户购买产品或者服务的动机是什么、客户有哪些性格特征、客户喜欢什么样的生活方式等。具体而言，主要包括如下四个方面的信息。

1）关于个人客户购买动机的信息

动机体现了个人客户购买产品的目的。即使是购买相同的产品，不同的个人客户动机也会存在差异。例如，两个 30 岁的年轻男性，拥有同样的职业、类似的家庭生活，两个人都去购买手机。一个是为自己购买，而另一个则是为女朋友购买。那么这两个人对手机的要求就会存在差异。

2）关于个人客户个性的信息

个性指的是一个人独特的心理特征，而这些特征能使一个人对他所处的环境产生相对稳定和持久的反应。一个人的个性通常体现为性格特征，例如内向、外向、自信、适应能力强、有进取心等。研究表明个性特征对个人客户选择产品或者服务有一定影响。

3）关于个人客户生活方式的信息

生活方式是一个人的生活模式，体现在个人的日常生活之中。学者们和许多调研公司致力于划分个人客户的生活方式。一些学者根据活动（工作、爱好、社会活动等）、兴趣（家庭、娱乐、时尚等）和观点（自我、社会问题、产品等）三个维度来区分不同的生活方式。另外，有些咨询公司侧重对生活方式的具体分类，其中最著名的是 SRI 咨询公司的价值和生活方式（VALS）分类。VALS 根据人们如何花费金钱和时间，以自我导向和资源这两个主要的维度将个人客户的生活方式划分为不同的类型。

4）关于个人客户信念和态度的信息

个人客户的信念和态度决定了他们对某些品牌或者产品的感觉，以及他们对产品的态度，并由此影响他们对产品和品牌的选择。例如，李宁公司曾经在 2001 年做过一次市场调研，发现消费者对李宁公司产品的定位为民族的、亲和的、体育的、荣誉的，这与李宁公司努力塑造的年轻时尚的品牌形象差异很大。这就需要李宁公司调整战略，以使公司的目标与客户的感知相一致。许多企业在力图弄清个人客户对产品、服务、品牌的态度是如何形成的，以便利用多种营销手段来改变这些信念和态度。

3．行为信息

此方面的信息涉及个人客户的购买频率、种类、金额、途径等。此类信息通常容易为企业所获取，并且能够分析出对企业有价值的资料。正如大家在本章开篇案例中所看到的，迪克超市依据其记录的客户购买超市商品的种类、数量、金额来预测客户未来需要的产品，进而为其提供专门的促销清单。

需要注意的是，在不同的行业中，企业需要记录的个人客户行为信息存在差异。例如，在超市中，需要记录的是个人客户的购买频率，购买商品的种类、数量以及金额；而在通信行业中，需要记录的则是客户通话的话费量、使用本地通话还是长途、付款记录、信用记录、注册行为等。

此外，行为信息只能适用于现有客户。对于潜在客户，由于消费行为还没有开始，当然无法记录其消费行为。同时，随着社交网络的应用，客户在社交媒体上的社交活动信息，如关注、点击、点赞、评论、转发、话题参与等，也成为一个很重要的识别客户的信息来源。

3.3.3　组织客户信息

企业需要收集的组织客户信息包括如下内容。

1. 基本信息

基本信息包括组织客户的名称、地址、域名、网址、电话、创立时间、所在行业、规模等，同时也包括组织客户的经营理念、销售或者服务区域、形象以及声誉等。这些基本信息对组织客户的购买行为和偏好有很大影响。例如，对处于同一行业的两家组织客户而言，规模以及实力的差异会导致他们对同一产品的不同需求。规模大、资金雄厚的客户，产品的品质以及服务是其选择产品或服务的主要影响因素；而规模小、缺乏资金的客户，价格是其选择产品的重要影响因素。

2. 业务状况

业务状况方面的信息主要关注组织客户目前的能力以及未来的发展趋势，涉及销售能力、销售业绩、发展潜力与优势、存在的问题等。这些信息的收集对于企业针对不同的组织客户制定不同的产品和服务销售计划有重要影响。对于那些目前具有较强的能力、良好的业绩，并且未来也有发展前途的组织客户而言，企业需要给予更多的关注，和他们建立良好的关系；而对于那些缺乏能力和发展后劲的组织客户，则需要慎重考虑。

3. 交易状况

交易状况方面的信息主要关注企业与组织客户在过去交易过程中的经历，这些信息涉及交易条件、组织客户的信用等级、与该客户关系的紧密程度、组织客户的合作意愿等内容。对于企业而言，如果组织客户在过去的交易中曾经发生信用问题，那么企业在与该组织客户再次交易时，就需要特别关注，以防范可能的风险。此外，企业与组织客户交易关系的紧密程度、组织客户的合作意愿也会影响其购买行为和意愿，那些与企业关系深厚并有着浓厚合作意愿的组织客户，更愿意从企业采购大量的产品。

4. 主要负责人信息

与个人客户信息不同，在组织客户的信息收集中，还需要注意其主要负责人信息的收集，主要包括组织客户高层管理者、采购经理等人员的信息。这些主要负责人的年龄、性格、兴趣等特征都会影响组织的购买行为。

3.4 收集客户信息

当企业明确了自身需要掌握的客户信息之后，第二步就是利用各种渠道和方法，收集相关的客户资料与数据。在收集信息阶段，需要明确两个方面的问题：第一，明确收集信息的途径；第二，明确收集信息的方法。

3.4.1 收集客户信息的途径

对企业而言，收集客户信息主要有两个途径：其一是直接渠道，其二是间接渠道。

1. 直接渠道

直接渠道意味着企业通过与客户的直接接触来获取所需要的客户信息与资料。此方面的途径如下。

（1）与客户直接交谈或者调研，了解客户的基本信息、行为习惯等方面的资料。当企业面临组织客户时，更需要主动与客户交流，以便于准确、详尽地掌握客户信息。这种与客户的直接交流主要体现在三个时段：客户关系建立前、建立中以及建立后。在客户关系建立前，企业主要是通过与客户交流弄清客户的基本状况及其主要的需求信息；在客户关系建立过程中，企业主要是进一步明确客户具体的需求信息以及需求信息是否发生变化；在客户关系建立之后，企业通过与客户交流来知晓客户对关系的评价和态度，以便决定下一步的行动。

（2）在营销活动中收集客户信息。例如，现在许多商场、超市、航空公司开展了贵宾卡或者会员卡活动，以此来记录客户的基本信息以及消费习惯。除此以外，还有不少企业利用博览会、展销会、洽谈会等了解客户信息。

（3）通过售后服务获得客户信息，即根据客户的维修记录以及抱怨来了解客户。例如，海尔根据客户的维修记录，开发了能够洗土豆的洗衣机，来满足特殊客户的需求，以增加客户对海尔的忠诚度。

（4）通过网站来收集客户信息。目前，随着电子商务的日益火爆，越来越多的公司开设了专门的网上商城来销售产品。当客户通过网站订购产品时，不可避免地要填写相关的客户信息，此时，企业就可以获得这些客户的基本信息，并通过追踪其购买频率、内容来了解其购买行为和偏好，掌握更多的客户资料。

（5）通过手机应用收集客户信息。包括显式收集和隐式收集两种信息收集方式。① 显式收集，手机 App 一般需要用户进行注册才能使用，这种方式能很好地收集用户客户信息。通过简单的注册步骤就能收集到用户客户的重要信息，如手机号、邮箱、用户姓名、教育经历、家庭情况等，而且用户客户注册完成后有时还需完善用户信息。② 隐式收集，即企业通过后端可观察到的客户浏览和购买信息来收集用户客户信息。例如，客户在移动商城App 里把商品加入购物车并下单，但还未付款等情况。

2. 间接渠道

间接渠道是指企业并不亲自收集客户信息，而是通过查询、购买等方式从其他机构或者组织那里获取所需要的客户信息。间接渠道主要包括以下几种。

（1）通过公开出版物获得客户信息。公开的出版物包括行业发展报告、统计年鉴、期刊、网络、报纸等。在这些公开出版物上，经常会发布有关客户的年龄、行为偏好等方面的信息。例如，CNNIC（China Internet Network Information Center，中国互联网络信息中心）每年都会发布有关中国互联网网民的统计数据，分析网民的年龄、性别、职业、上网时间、上网目的、网上购物情况等信息。这些对于从事 B2C 或者 C2C 电子商务的企业而言，无疑是非常有用的数据。

（2）购买专业咨询公司的报告。许多从事市场调查或者管理咨询业务的公司会定期收集特定客户的信息或者对特定的行业进行分析。例如，AC 尼尔森公司是一家从事市场调研的专业公司，每年都会定期发布有关客户、市场方面的调研报告。

（3）通过资源共享、渠道合作获取客户信息。可以通过与相关同行业中有大量客户数据的公司进行合作或交换的方式获取客户数据，这类行业包括通信公司、航空公司、金融机构、旅行社等。

直接渠道与间接渠道各有优劣。直接渠道能够让企业尽可能地贴近客户，从自身的需求出发，更多地了解客户的需求。但是，直接渠道的成本较间接渠道高。相反，间接渠道虽然成本较低，但是由于来自其他的组织或者机构，很有可能企业获得的数据并不完整或者不全面，不能完全满足企业的需求。因此，在实践中，不少企业会根据收集信息的目的和需求，来决定是采用直接渠道还是间接渠道，或者是二者同时采用。

3.4.2 收集客户信息的方法

企业通过直接渠道或者间接渠道收集客户信息时，可以使用多种方法，主要包括以下几种。

1. 人员访谈

人员访谈是指企业直接与客户对话，通过与客户交流来弄清客户的需求。人员访谈首先要求企业选择访谈对象。对企业而言，经常面对众多的客户，因此就要求企业从中挑选部分客户作为访谈的对象。

在实践中，面对组织客户，很多企业会定期与客户交流，了解客户需求等信息。作为一家大型的制造企业，海尔要求其销售员工定期拜访客户，了解客户的需求及其对海尔销售政策、服务等方面的意见和建议。面对个人客户，由于其数量众多，企业只能从中选择一些客户访谈，这些访谈经常发生在售后，主要是了解客户对企业产品或者品牌的态度。

2. 观察

观察法是指企业直接观察客户的行为，从中了解客户的需求。观察法可以用在客户日常的购买行为、营销活动中。观察法可以采用仪器观察。比如，在国外，许多超市在购物车上安装了能够记录客户在超市行走的仪器，通过记录客户在超市的行走路线以及在不同货架前停留时间的长短，获得有关客户购买习惯和偏好的数据。除了使用仪器，企业还可以安排人员直接观察客户的行为和习惯。

3．调查问卷

企业可以通过设计结构化或者开放式的问卷来了解客户的信息。调查问卷包括邮寄问卷、网上调研、电子邮件、电话调研、短信等多种方式。

在过去的调查问卷中，邮寄是经常采用的一种方式。其优点是可以向众多的客户发放问卷，同时在问卷中可以涉及多方面的问题，能够全面了解客户的信息。其缺点是难以保证问卷的回收率。

随着网络的兴起，网上调研也成为许多企业采用的一种方式。现在有许多专业从事问卷调研的网站，例如问卷星（www.wjx.cn），就是一家专门从事问卷调研的网站。网上调研的优势在于费用低廉，只需将问卷公布在网上，而无须印刷问卷。另外，调研获得的数据可以直接输入数据库之中，省却了数据录入这一环节。网上调研的缺点在于：首先，和邮寄问卷一样，难以保证高的回收率；其次，难以保证覆盖到企业所关心的客户，很多时候，企业所关心的客户并不一定会上网；最后，难以保证问卷调研所获数据的真实性。

电子邮件调研也是企业常用的一种方式，主要通过向目标客户发送附带问卷的电子邮件来收集客户信息。与网上调研一样，电子邮件的方式成本低廉，而且速度很快，并且企业可以事先选择发送电子邮件的对象，确保问卷调研的针对性。同样地，电子邮件调研也无法保证问卷的回收率。此外，通过电子邮件发送问卷需要企业事先清楚客户的电子邮件地址，否则就无法向目标客户发送问卷。

电话调研是指企业通过打电话来了解客户的信息。电话调研的优势在于能够及时回收客户信息，并且能针对客户的回答进行更为深入地访谈。相较邮寄问卷、网上调研等方式，电话调研的回收率较高。但是统计数据表明，大概有 1/3 的被调查者拒绝回答。此外，与邮寄问卷、网上调研、电子邮件等方式比较，电话调研的内容要简单很多，因为许多被访问客户不太愿意长时间接听电话。

短信调研是随着手机的普及而新兴起的一种调研方式。它通过直接向企业选定的客户群体发送短信的方式来了解客户的信息和态度。例如，国家大剧院就利用短信的方式，向在国家大剧院网站注册的会员发送短信，询问会员在歌剧、话剧、音乐剧、京剧中更喜欢哪一种。与电话调研类似，短信调研也只限于少数几个问题，否则客户就会拒绝参与调研。此外，短信调研还需要事先知晓客户的手机号码，否则就无法发送短信。

4．其他方法

除了上述三种方法，企业还可以利用其他途径来收集客户信息。例如，通过客户的投诉和建议来获得信息，通过组织客户俱乐部的形式来了解客户需求等。对于许多二手数据，则采用直接购买的方法来获得。

3.5　整合、管理客户信息

企业收集的客户信息一般包括原始信息、统计信息和交易信息。① 原始信息，即有关客户的基础性资料，具体包括个人或组织的资料、交易关系记录这两个方面的内容。② 统计信息，主要是通过客户调查或向咨询企业购买的二手资料，包括客户对企业的态度和评价，经营管理者的经营能力，员工素质，企业形象、声誉、财务状况以及履行合同的情况或存在的问题，与其他竞争者交易的情况，需求特征和潜力等。③ 交易信息，企业与客户进行交易的时间、地点、方式和费用开支、给予哪些优惠、提供产品和服务的记录、合作与支持行动、为争取和保持每个客户所做的其他努力和费用。

企业应当建立客户信息档案，对通过各种渠道收集的客户信息进行管理。客户信息档案主要包括纸质和电子两种形式：纸质形式包括客户名册、资料卡，电子形式则为客户管理信息系统软件——客户数据库系统。

1. 客户名册

客户名册是有关公司客户情况的综合记录，一般由客户登记卡和客户一览表组成。客户登记卡主要记载客户的基本信息，客户一览表则是根据登记卡信息简明地列出客户名称、地址、消费情况等内容的资料库。客户名册的主要优点是简便易行，容易保管和查找，能够清晰反映客户的基本情况。但也因为客户名册记录内容较简单，缺乏综合性、客观性和动态性，对于深层次的分析帮助较小。

2. 客户资料卡

客户资料卡通常分为潜在客户调查卡、现有客户调查卡和客户流失调查卡三类。潜在客户调查卡的内容主要包括潜在客户的基础资料；现有客户调查卡则是用于对进行交易的客户进行信息登记和管理，目前也有很多商家采用网上注册登记的形式进行；一旦客户在一段时间中止了购买行为，就需要将其划分为流失客户，并增加停止交易的原因分析。客户资料卡便于企业对用户进行区分管理。利用客户信息资料卡，企业可以了解客户的消费习惯及喜好，清楚地了解客户的交易情况及交易结果，进而为以后的营销行动提供有价值的资料。

3. 客户数据库

在过去，由于技术的限制，企业只能对掌握的信息进行简单的分析。现在，随着 IT 技术的发展，企业可以利用数据仓库来整合、管理信息，预测客户未来的行为。客户数据库是按一定的数据模型组织、描述和储存，可共享的数据集合，是数据库系统的重要组成部分。客户数据库的优点是使建立大规模客户资料成为可能，且资料信息易于更改、复制。

1）数据仓库体系的组成部分

（1）数据源。数据源是数据仓库系统的基础，是整个系统的数据源泉；也就是前面提到的企业收集和掌握的客户信息。

（2）数据的存储与管理。数据的存储与管理是整个数据仓库系统的核心与关键。数据仓库的组织管理方式决定了它有别于传统数据库。决定采用什么产品和技术来建立数据仓库的核心，需要从数据仓库的技术特点着手分析。针对现有各业务系统的数据，进行抽取、清理，并有效集成，按照主题进行组织。数据仓库按照数据的覆盖范围可以分为企业级数据仓库和部门级数据仓库（数据集市）。

（3）OLAP 服务器。OLAP 服务器对分析需要的数据进行有效集成，按多维模型予以组织，以便进行多角度、多层次的分析，并发现趋势。其具体实现可以分为 ROLAP、MOLAP 和 HOLAP。ROLAP 基本数据和聚合数据均存放在 RDBMS 之中；MOLAP 基本数据和聚合数据均存放于多维数据库中；HOLAP 基本数据存放于 RDBMS 中，聚合数据存放于多维数据库中。

（4）前端工具。前端工具主要包括各种报表工具、查询工具、数据分析工具、数据挖掘工具以及各种基于数据仓库或数据集市的应用开发工具。其中，数据分析工具主要针对OLAP 服务器，报表工具、数据挖掘工具主要针对数据仓库。

2）利用数据仓库整合、管理信息步骤

（1）信息的清洗、整理。企业从直接渠道和间接渠道、利用不同方法收集的信息并不能直接为企业所用，必须要对这些信息进行分类、整理。这是因为，首先，企业所收集的信息分散在企业各个不同部门。来自客户抱怨等方面的信息掌握在售后服务部门，关于客户态度等方面的信息可能在企业的营销部门，有关客户购买频率等行为方面的信息可能在销售部门。这些处于不同部门的信息降低了整个企业掌握信息的完整性。其次，来自不同渠道的信息并不是完全准确的，在很多时候，关于同一问题的信息可能截然相反。因此，企业必须要对掌握的信息进行筛选、整理，从中找到有价值的信息。

（2）客户信息录入。当企业完成了信息清洗之后，第二步就是将掌握的信息录入数据仓库。在录入信息的过程中，首先要对信息进行编码。良好的编码能够让企业员工更为方便地处理信息，同时也提高了数据的运算处理速度。其次，要保证录入信息的准确性。一方面，要对信息的来源进行检查，确保信息来源的可靠性和真实性。另一方面，要保证信息录入过程的准确性，即在录入的过程中没有发生偏差。显而易见，这是一个需要投入大量人力、物力的工作。确保信息录入准确性的简单办法包括：两次录入，然后比对两次录入是否存在差异，如存在差异，则表明在信息录入时发生了错误；设定取值范围，例如性别只能是 0 和 1，如果输入 2，则自动提示录入错误。

（3）客户信息的分析与整理。如果企业只是简单地把客户信息录入数据仓库，那么并不能发挥客户信息与数据仓库的作用。数据仓库的意义在于能够帮助企业更快、更好地分析客户信息，从中找到有价值的线索。这些作用主要体现在以下几点。

第一，数据仓库能帮助企业了解自身所有客户的基本信息。例如，了解个人客户的性别比例、年龄段、职业状况等基本信息。这能够让企业更清楚自己面对的到底是哪些类群的客户。

第二，数据仓库能够帮助企业分析客户行为。客户行为可以划分为两个方面：整体行为分析和群体行为分析。整体行为分析用来发现企业所有客户的行为规律，但仅有整体行为分析是不够的，企业的客户千差万别，众多的客户在行为上可以划分为不同的群体，这些群体有着明显的行为特征。对企业而言，不仅要了解客户整体行为，还必须要掌握客户群体乃至客户个人的信息，以便企业协调与客户的关系。

在了解客户行为的基础上，企业应当利用数据仓库了解客户的具体行为特征，具体如下。

（1）哪些人具有这样的行为？

（2）哪里的人具有这样的行为？

（3）具有这些行为的人能给企业带来多少利润？

（4）具有这样行为的人是否对本企业忠诚？

第三，数据仓库还能帮助企业分析客户行为规律。一般来说，行为规律分析至少应该包括以下功能。

（1）这些客户拥有企业的哪些产品？

（2）这些客户的购买高峰期是什么时候？

（3）这些客户通常的购买行为在哪里发生？

分析这些客户行为，能够为企业在确定市场活动的时间、地点、合作商等方面提供确凿的依据。

3.6 更新与处理客户信息

对于企业而言，通过直接、间接渠道收集信息是企业了解客户的重要途径。但是，企业并不是开展一次大规模的收集信息活动就能一劳永逸。对企业而言，及时更新客户信息与收集客户信息同等重要。在市场竞争激烈的今天，客户的需求和偏好在不断发生着变化，如果企业不能及时更新客户信息，采用过时的数据来分析客户特征，则不能确切了解客户的要求。一旦对客户特征把握不准确，就会给企业产品设计、客户沟通等策略带来严重干扰，使企业的投入不能取得预定成效。

在更新客户信息中，企业需要把握如下几个方面。

1．信息更新的及时性

客户的需求、行为习惯在不断发生变化，企业需要时刻关注客户的变化。及时更新信息需要企业各个部门的全力配合。例如，当有客户来反映售后服务问题时，售后服务部门应及时记录客户的维修信息，并将其汇总到企业的客户数据库之中；在企业的促销活动中，营销部门应及时记录并更新营销活动信息。

2．抓住关键信息

一方面，对于一个企业而言，它所拥有的资源是有限的。企业不可能每次都记录所有的客户信息。另一方面，客户信息包括许多方面，既包括基本信息，也包括行为、态度等方面的信息。客户不同方面特征的变化速度也是不同的。因此，在更新信息时，需要注意如下三个方面。

（1）哪些客户信息是经常发生变化的？

（2）在这些经常发生变化的信息中，哪些对客户关系的影响更大？

（3）如何能快速收集到这些信息？

3．及时分析信息

企业更新信息并不是让信息存储在数据库中，而是希望通过这些客户信息来认识、了解客户，弄清客户特征发生了什么样的变化。因此，对企业而言，及时录入新的客户信息是客户信息更新的第一步。更为关键的第二步是从时间序列的角度，分析客户信息的变化。在这一步的分析中，需要考虑如下三个方面。

（1）与过去相比，客户信息发生了哪些变化？在哪些方面发生了变化？

（2）这些变化对企业的利润有何影响？

（3）未来的变化趋势是什么？

4．及时淘汰无用资料

更新客户信息并不仅仅是在数据库中添加新的客户信息，同时还包括及时淘汰无用的数据信息。在某些行业，例如银行业、电信业，一些客户的账号长期不用，如果不予以及时清理，就会长期占用企业的资源，降低数据库的利用率。

3.7　客户画像

1. 客户画像的含义

客户画像，又称人群画像，是根据客户人口统计学信息、社交关系、偏好和消费者行为等信息从抽象图像中抽取出来的标签化画像。

客户画像的核心是对客户进行"标记"，可以根据客户的行为数据直接获取标记数据，也可以通过一系列算法或规则获取数据。客户画像在统计学方面的定义就是对客户的真实数据的数学建模与统计分析。客户画像可以分为单客户画像和群体客户画像。

（1）单客户画像。也称为狭义的客户画像，是通过获取某个客户的数据信息而给客户贴"标签"的行为。单客户画像是针对某一个客户的单独信息标签，可以较为准确地反映某个客户的画像特征。当客户信息发生改变时，重新获取客户信息并对客户信息进行更改，就可以更新客户画像，因此单客户画像具有针对性、准确性、动态性等特征。

（2）群体客户画像。指依据不同的企业需求以及不同的模型算法，通过计算客户标签之间的距离，利用聚类的方式将具有相同特征的客户化为一个族群，进而发现不同的客户需求。群体客户画像的构建通常采用的是客户隐性反馈数据，不同于客户的性别、年龄、受教育情况等自然属性数据。隐性反馈数据是指从客户的浏览记录、输入查询、点击行为及消费行为等方面挖掘出来的数据。与客户主动提出和填写不同，隐性反馈数据具有客观性的特征，能更准确地反映某一类客户的消费习惯及兴趣爱好。

王宪朋、余孟杰等学者将用户画像分为三层。第一层也是最底层，应为数据采集层，该层是构建用户画像的基础和必要条件。第二层为中间层，该层可以是抽象层，也可以是真实层，与数据底层和上层展示层做交互，实现用户画像的具体业务逻辑，负责展示业务特色。第三层为最上层，通过数据可视化工具或系统，对中间层已实现的数据结果、模型实现可视化展示。最终用形成的数据可视化结果解释用户画像。

2. 客户画像的价值

客户画像是帮助企业明确目标客户群的重要手段之一，当企业了解了自己的客户特征之后，接下来的任务就是如何将有类似画像特征人群的潜在客户变成自己的客户，也就是在营销上获得新客户的过程。所以，客户画像主要承载了两个业务目标：一是如何准确地了解现有客户；二是如何通过广告营销获取类似画像特征的新客户。

客户画像在金融、通信、医疗、网络营销等不同领域有着重要应用，主要包括分类统计、精准营销、个性化推荐和流失预警等方面的应用。

（1）分类统计。分为客户细分和数据统计，将客户更好地分类以及统计出相应数据，如某商品忠诚顾客的年龄分布情况、某商品的热销季节。企业也可以根据商品的销售数据进行关联规则分析，挖掘商品的内部联系。在购买后通过购买者的用户画像分析，企业还可以发现产品受众分析是否存在偏差，并完善产品质量，提升服务满意度。

（2）精准营销。它针对的是群体客户画像。找出客户画像中客户的共同点以及客户的需求点，针对不同群体的客户制定相应的营销策略，将产品服务与客户需求保持一致，有利于企业找到目标客户，实现精准的广告投放和促销活动。例如，电商企业可以通过用户画像为用户确定标签，以此来寻找自己的目标客户，并通过短信、手机 App 信息提醒、页面推送等方式向用户传送有针对性的广告，实现广告的精准投放。

（3）个性化推荐。又称精准推荐，主要针对单客户画像。针对客户需求越来越个性化的现状，企业可以根据客户画像来推测客户需求，从而改进产品和服务策略。客户也可以更加快速且准确地选择商品，这对企业和客户间的交流具有重要意义。推荐算法主要有两种：第一种是根据用户的以往记录确定用户的偏好，再根据这种偏好推荐产品；第二种是发现与当前用户画像相同或相似的用户购买的产品，并把这些产品推荐给当前用户。

（4）流失预警。新客户的不稳定性导致挽留一个老客户所带来的收益远远大于吸引一个新客户所创造的价值，因此通过客户流失画像可以找出流失概率较大的客户，获取这类客户的意见反馈，有利于商品质量的完善提升和解决客户的留存问题，完成流失预警。

3. 客户画像的流程

虽然不同企业所需要的客户画像各不相同，但其客户画像的构建流程有相似之处，可以分为以下三个步骤。

（1）战略解读。在客户画像构建之前，企业必须认清构建客户画像的必要性和目的性。根据目的和意义的不同，客户画像的结果会有很大区别，必须明确企业的真实需求和画像的预期结果，根据自身需求来构建能为企业盈利的客户画像。例如，需要研究客户流失问题，就要构建客户流失画像，找出易流失客户和忠诚客户；若研究对象为客户价值，就要构建客户价值画像，细分出两种或多种具有不同价值的客户。

（2）数据收集。客户画像构建的基础就是客户数据，数据的真实性和准确性就是画像有效性的保障。首先，根据战略目的，收集与画像相关的客户真实数据。其次，根据数据类型，对数据进行清洗，除去重复和有大量缺失值以及有明显错误的数据。最后，根据数据维度和相关性，进行降维和赋予权重等处理。

（3）分析建模。分析建模是客户画像构建的最后一步，也是形成客户画像的一步。利用第二步收集和处理好的客户数据，并通过相关软件分析处理，根据不同企业目的，细分客户群，建立和丰富客户画像，最后形成的画像就可以满足企业的需求应用。但是，客户的行为信息是在不断变化的，因此企业还需要不断地获取客户信息，完成客户画像的更新，并且验证客户画像的准确性。

4. 客户画像的应用案例 1——海尔大数据精准营销[①]

海尔集团通过对用户在互联网上的访问数据和集团内各 IT 系统的实名用户数据进行整合清洗后，从用户的姓名、电话、地址等三个方面进行匹配，形成单一的用户数据信息，然后根据所收集的数据，对用户从不同维度进行标签化识别，形成清楚的用户画像信息。

海尔的数据来源于多个渠道，大体可以分为五种。① 海尔通过产品销售获取的用户信息。这些数据伴随着产品的销售产生，因为销售方式的不同，用户数据也不尽相同，主要有订单数据、渠道数据、电商数据和门店数据。② 通过线上的"海尔梦享+会员俱乐部"产生的数据。这些数据包括会员在线上的注册信息、行为数据和交互数据等。③ 通过对智能产品数据的采集和分析生成的用户数据。海尔的产品（冰箱、电视、扫地机器人等一些

---

① 孙鲲鹏. 海尔 SCRM 大数据精准营销探索[J]. 中国工业评论，2016（07）：56-64.

列家电产品）已经全面向智能化发展，拥有独立的芯片和网络接口，用户使用这些产品产生的操作数据、偏好信息等会经由网络进入海尔的大数据系统，主要是用户和设备的交互数据。④ 通过海尔为客户提供服务时产生的数据。如海尔为客户提供售后服务或物流服务而产生相关数据。⑤ 海尔在生产产品过程中产生的数据。这些数据包括生产产品时的生产数据以及机器当时的状态数据等。

海尔集团根据相关数据，从下面四个维度进行用户识别，建立了初步的用户画像体系，并根据日常的活动和数据的不断增加和积累，不断地丰富和完善用户画像并维护用户画像信息。① 人口统计属性维度。人口属性主要是记录和识别用户的基础信息，如用户的性别、年龄、学历、地址等，这些是对用户个体进行基础的画像识别。② 用户行为偏好维度。用户行为偏好主要是对用户在网上的浏览、点击、访问、购买、商品选择等各维度进行的用户偏好行为的识别，通过这些行为识别，可以了解用户对产品的购买决策，可以对用户进行有针对性的产品和营销活动的推荐，提高用户体验和转化率。③ 用户购买偏好维度。用户购买偏好可以了解用户已经买了哪些产品，对什么品牌的产品、什么型号的产品、什么颜色的产品有倾向性，可以从产品功能点和外观的角度，有针对性地满足用户的需求。④ 用户价值维度。用户价值维度主要是分析和识别用户的购买能力和用户为公司或品牌的贡献度信息，通过用户价值维度的分析和识别，可以了解用户和公司当前所处的关系，是高价值用户还是低价值用户，是否有转化和提升的空间，并结合上面三个维度的识别，制定合适的营销活动策略、价格策略和产品策略，提高用户的转化，促成用户尽快决策。

以上维度再结合时间轴维度，如最近一个月、最近三个月、最近半年、最近一年，结合产品维度，如冰箱、洗衣机、空调、热水器、彩电、计算机、手机等，结合品牌维度，如海尔品牌、卡萨帝品牌、统帅品牌，结合地域维度、省市区县等，多个维度的交叉组合，形成了四大维度，200 多个明细，3000 多个标签值的用户画像标签体系，对用户进行了 360° 全方位的标签画像识别，让数据更加立体全面，生成全方位的用户画像，如图 3.5 和图 3.6 所示。

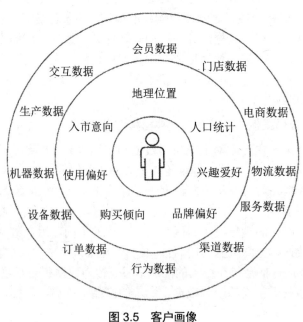

图 3.5 客户画像

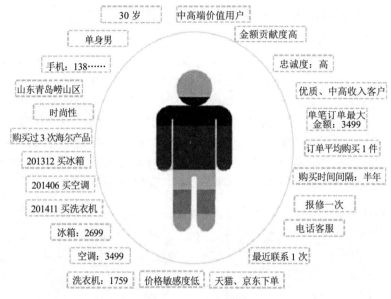

图 3.6　客户画像示例

　　海尔根据用户画像数据建立不同的分类，形成用户细分数据模型，通过网络交互捕捉的客户需求信息建立预测需求数据模型，根据用户在线上的活跃程度建立活跃度数据模型，如图 3.7 所示。这些数据模型形成了海尔的 SCRM（social customer relationship management，社会用户关系管理）系统，海尔用这个系统来指导营销。通过可以量化的数值对用户潜在的需求进行定义。这样经过精准整理后的数据可以提供多种用途和使用方法，比如通过用户社区热力图寻找用户的聚集区域，通过活跃指数寻找高互动用户，通过兴趣分类定义用户偏好，通过交互数据高频词寻找用户痛点，通过对设备的追踪提供预测性的需求数据。此外，海尔还会与社交网站、电商网站合作，将三方数据对接，筛选出高重合度用户，并通过社交网站和电商网站产生的数据丰富用户画像的维度，细化数据的精度。然后，通过广告精准投放，将需求信息准确送达用户。海尔的精准营销还体现在通过用户交互，使用交互定制的方式让用户主动融入营销中。用户的创意精确匹配了用户的需求，用户的选择解除了用户的痛点，让用户在不知不觉当中参与营销并成为营销的一部分。

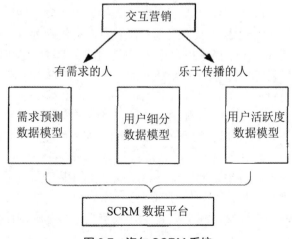

图 3.7　海尔 SCRM 系统

5．客户画像的应用案例 2——京东的大数据精准营销[①]

在京东的大数据精准营销架构中，首先对用户在网上留下的日志数据、交易相关数据和非交易相关数据进行用户数据收集，将其作为精准营销架构的底层。然后进行用户行为建模，如用户属性识别、用户兴趣建模、用户关系建模、用户生命周期、用户信用模型等。在这些用户行为建模之上，对用户进行画像，从而实现用户营销价值和用户风险等级评估，并将其作为底层数据供应给各营销系统。最后，得到用户画像后，采用 EDM、PUSH、优惠券等广告形式进行推广，实现精准营销。基于大数据平台上的精准营销，营销方式是跨平台、跨终端和跨渠道的，具有实时、实地、精准和互动的营销特点。大数据精准营销是个动态和循环的过程，在实施前、实施中和实施后不断地实现更精准的营销，如图 3.8 所示。

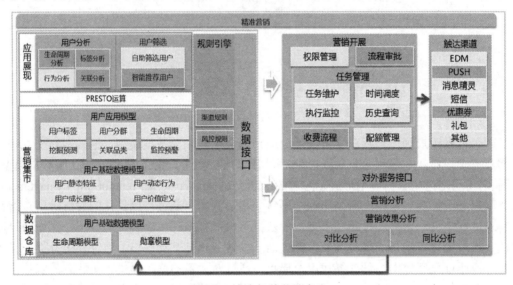

图 3.8 京东智能营销产品

其中，用户画像是大数据精准营销实现的最重要的基础和部分。用户画像是将海量的数据分析之后，用数据对用户个人进行描述，以此来作为销售或商品推荐的依据和预测，这也是把数据转换为商业价值的解决方案。用户长期的页面浏览、购物等行为形成了以 T 计量的多维度庞大数据，这些构成了用户画像的基础数据。用户画像的数据大致可以分为三大部分。① 基本人口属性，包含自然属性、社会属性，如年龄、性别、职业、收入、人生阶段等。② 行为偏好，这个数据主要来自用户浏览页面时的行为，可据此推断出用户的偏好，如个人的关注领域等。③ 用户的购买数据，包括购买的商品、单价、退货率以及评价反馈等。通过对用户的基本数据和行为偏好进行数据挖掘，贴以不同的标签，用这些标签来刻画用户的个性化特征。此外，还通过对同一标签的人群进行分析，或者对各种维度不同的业务场景中用户行为偏好特征进行聚合分析，将数据直接转换为用户形象。一个用户可能由 3000 多个标签来刻画，以实现商品和用户的匹配，预测并引导用户的行为，从而获取巨大的商机，如图 3.9 所示。

根据每个用户的偏好，打上不同的标签，形成丰富的用户标签库，并且每个标签的权重不同。根据时间的变化、用户行为偏好的变化（比如浏览美食、美妆、旅游、女性、教育等的类型和次数、购买次额变化），标签库会不断更新，用户画像也会处于动态的变化之

---

① 京东大数据平台部. 京东大数据技术白皮书[EB/OL]. [2023-01-31]. http://www.199it.com/archives/805075.html.

中。这些对最后的个性化推荐预测具有很重要的价值。从最初的对用户进行商品推荐，到该用户对推荐的产品成功购买、对产品进行评价反馈后，证明推荐有效、成功。得到检验后，再不断推荐给其他具有相同标签、群类的客户。此外，通过对大量用户的标签分布、比例进行协同过滤等数据挖掘分析，找出相似人群和潜在客户，以人找人。

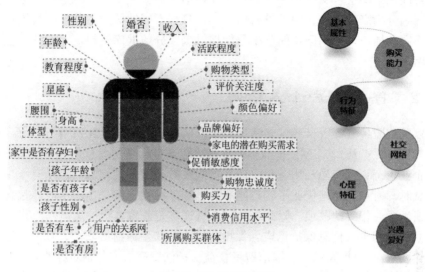

图 3.9 客户画像示例

3.8 客户信息安全

客户信息安全主要回答两个问题。其一，企业的客户信息是否有泄露？其二，在收集、更新客户信息的过程中，是否侵犯了客户隐私？

3.8.1 企业客户信息数据库的安全

对任何一个企业而言，所掌握的客户信息都是一笔重要的资产。这些客户信息不仅是企业制定客户关系管理策略的重要依据，同时也是企业制定营销战略乃至企业发展战略的重要基础。客户信息一旦泄露，将会对企业的发展造成不可估量的损失。因此，对企业而言，如何保护客户信息是一个极其重要的问题。

保护客户信息数据库不外泄，企业需要从如下几个方面入手。

1. 培养信息保密意识

这是有效保护企业客户信息的第一步，也是最关键的一步。从企业高层到普通员工，都需要重视客户信息，认识到客户信息是企业的宝贵资产。为了做到这一点，首先，企业高层必须对客户信息高度重视。其次，应培育相应的企业文化，让员工在工作中注意保护客户信息与资料。这需要企业注意运用多种手段和方式，从点滴中培养员工的保密意识。

2. 建立相应的制度体系

企业应当设定密码，以防止有人窃取相关的数据信息。此外，应在整个企业中建立相关的规章制度，规范员工访问和使用客户信息数据库的行为，并对滥用或者盗取客户信息数据库的行为进行惩罚。最后，企业还需要注意与员工签订保密协议。

3. 分级管理

分级管理包括两层含义：首先，需要对客户信息数据库中的信息进行区分，按照重要程度的不同划分为高度保密、中等机密、一般信息等不同的等级；其次，根据员工职位的不同进行不同的授权，不同职位的员工只能接触到部分数据库资料，而无法浏览整个客户信息数据库。

3.8.2　保护客户个人信息

美国以及欧盟各国都较早通过立法保护个人信息，我国也于 2021 年出台了《中华人民共和国个人信息保护法》。在网络时代，企业较之以前能够更容易接触到各类客户信息，同时大量的企业也意识到应当利用各种手段和方式及时获取各类信息。但是有不少企业在获取客户信息时却有意无意地侵犯了客户隐私。例如，在设计客户信息卡时，包含了许多与客户家庭或者职业相关的题项。除此之外，还有许多企业将客户信息泄露给其他公司。

通过立法加强个人信息保护已成为保护公民隐私和生命财产安全、规范网络健康有序发展的必然要求。《中华人民共和国消费者权益保护法》第二十九条对经营者收集、使用消费者个人信息进行了详细规定。2020 年 5 月 28 日，第十三届全国人大三次会议表决通过了《中华人民共和国民法典》，专设第四编第六章对隐私权和个人信息保护进行规定。随着国家立法的逐步完善，企业越来越需要注意对客户隐私和个人信息的保护。企业可以通过如下问题来检查是否存在侵犯客户隐私或者泄露客户个人信息的情况。

- 公司在收集客户信息时涉及的内容都是公司所必需的吗？
- 公司有没有采取有力措施保护客户个人信息？
- 公司有没有将客户信息泄露给其他公司？

本 章 小 结

1. 从广义的角度看，客户是指企业提供产品和服务的对象，即来自企业外部的与企业发生交互行为的组织或者个体。客户与消费者、顾客、用户等概念既有相似性，也有不同之处。客户不仅包括个人，也包括组织。按照客户购买目的的不同，客户可以划分为消费客户、中间客户以及公利客户。

2. 客户生命周期是指从一个客户开始对企业进行了解或者企业欲对某一客户进行开发开始，直到客户与企业的业务关系完全终止且与之相关的事宜完全处理完毕的这段时间，可分为潜在获取期、客户成长期、客户成熟期、客户衰退期、客户终止期五个阶段。

3. 客户识别就是通过一系列技术手段，根据大量的客户特征、需求信息等，找出哪些是企业的潜在客户、客户的需求是什么、哪些客户最有价值等，并以这些客户作为客户关系管理对象。

4. 客户识别的主要步骤包括定义客户信息，收集客户信息，整合、管理客户信息，更新客户信息，客户信息安全。

5. 个人客户信息包括基本信息、心理与态度信息、行为信息；组织客户信息包括基本信息、业务状况、交易状况、主要负责人信息。上述信息可通过人员访谈、观察、调查问卷等方法从直接渠道或者间接渠道获得。

6. 数据仓库是企业整合、管理客户信息的重要方式。数据仓库的基本框架包括数据源、数据的存储与管理、OLAP 服务器和前端工具四个组成部分。利用数据仓库管理客户信息，主要包括信息的清洗和整理、客户信息录入、客户信息的分析与整理等步骤。

7. 企业在更新客户信息时，需要着重关注以下几个方面：信息更新的及时性、抓住关键信息、及时分析信息、及时淘汰无用资料。

8. 客户画像，又称人群画像，是根据客户人口统计学信息、社交关系、偏好和消费者行为等信息从抽象图像中抽取出来的标签化画像。客户画像可以分为单客户画像和群体客户画像。

9. 客户画像主要承载了两个业务目标：一是如何准确地了解现有客户；二是如何通过广告营销获取类似画像特征的新客户。

10. 客户信息安全主要涉及两个问题：一是企业的客户信息是否有泄露；二是在收集、更新客户信息的过程中，是否侵犯了客户隐私。

复习与讨论

1. 简述客户的含义及类型。
2. 什么是客户生命周期？
3. 简述客户识别的内涵及重要性。
4. 客户识别包括哪些步骤？
5. 在收集客户信息的过程中，企业可以使用哪些方法？试比较这些方法的优缺点。
6. 根据《中华人民共和国个人信息保护法》，在线企业在收集客户信息时，需要注意哪些问题？

企 业 访 谈

医流巴巴的客户识别

第4章 客户区分

学习目标

（1）了解客户区分的意义；

（2）掌握客户价值区分的不同方法；

（3）了解计算客户终生价值的方法；

（4）厘清客户区分的步骤。

开篇案例

汇丰银行如何区分客户

汇丰集团是世界上最大的银行金融服务机构之一，其总部设在伦敦，在76个国家驻有10 000个办事处，雇有232 000名员工。汇丰银行在全球拥有超过1亿1千万的顾客，并且将这些客户分为五大类：个人金融服务、客户融资、商业银行业务、投资银行业务和市场个人银行业务。为方便起见，在这里将其简化为两类：个人客户和公司商务客户。

汇丰银行大部分重要的客户由汇丰银行设立的专门客户关系管理团队为其服务，因为这些重要客户可以说是"汇丰的上帝"。无论何时他们需要何种个性化的服务和帮助，客户关系经理都会在电话的另一头随时待命。如果他们寻求更专业的建议或者解决特定问题的方法，他们的客户关系经理可能会转而向其他人征求更完善的建议，或者将另外更合适的专业团队介绍给客户。无论是哪一种情况，汇丰的客户都不能享受一站式服务。有时，因为经费等其他原因，客户会在几天之后才得到答复。这会使他们对汇丰的VIP服务产生一种负面体验。即客户需要的一些信息，客户关系经理无法立即从自己的资源里获得，那么这其中可能会有1～2天的时间差，这会让客户认为银行的服务系统并不十分快捷有效。那么汇丰银行应该如何改进呢？当重要的客户寻求特别的银行信息或者专业的建议时，银行应该如何来满足他们？

以往对客户的区分通常是以收入、单位客户的产品数量需求、产生的硬件和软件服务的各种组合为分割依据，但这些分割也是有限度的。客户忠诚度和客户价值的因素是不予考虑在内的。作为一个特别重视以客户为中心的银行，汇丰懂得客户对他们来说何等重要，因此传统的客户金字塔模型不适合汇丰。

根据客户价值及其忠诚度，可以将客户区分为如下几种类型。

1. 顶级客户（高忠诚度，高价值）

该部分客户具有如下特征。

（1）他们在汇丰银行有许多活跃的账户，使用频率高、近期使用频繁。

（2）他们使用了汇丰银行一系列的产品和服务。

（3）愿意将产品推荐给其他人，并乐于提供反馈信息。

（4）为银行带来大量的现金流，为银行创造更多的收益。

2. 大中型客户（低忠诚度，高价值）

该部分客户特征如下。

（1）在汇丰银行有一些活跃的账户，但使用频率低、近期使用不频繁。

（2）他们使用了汇丰银行的一些产品和服务。

（3）具有较高的价格敏感性，并不乐意提供价格反馈信息。

（4）他们为汇丰银行带来大量现金流，并创造了较高的收益利润。

3. 大中型客户（高忠诚度，低价值）

该部分客户特征如下。

（1）他们在汇丰银行有许多活跃的账户，使用频率高、近期使用频繁。

（2）他们使用了汇丰银行的一些产品和服务。

（3）他们愿意把产品推荐给其他人，乐意提供反馈意见。

（4）他们仅和汇丰银行做小笔生意，不会创造更多的收益利润。

4. 小型客户（低忠诚度，低价值）

该部分客户特征如下。

（1）他们在汇丰银行有一些活跃的账户，使用频率低、近期使用不频繁。

（2）他们使用了一些汇丰银行的产品和服务。

（3）他们具有较高的价格敏感度，仅和汇丰银行做小笔生意，创造的收益不尽如人意。

5. 非活跃客户

该部分客户的特征为：在汇丰银行开设有账户，但是很少办理业务或进行交易活动。

6. 可能客户

该部分客户的特征为：目前没有在汇丰银行开设账户。

资料来源：叶开. 汇丰银行：核心客户管理典范[EB/OL]. [2010-03-17]. http://www.ccmw.net/article/64385.html.

4.1　客户区分的意义

1897 年，意大利经济学家帕累托发现在经济和社会生活中无处不在的二八法则，即 80%的结果源于 20%的原因。换言之，关键的少数和次要的多数。自从帕累托提出这一定律之后，该定律在经济和社会生活中得到了广泛应用。在企业管理中，二八法则意味着企业利润的 80% 来源于 20% 的客户，这一观点得到了许多数据的证实。例如，来自国外的统计数据表明：23% 的男子消耗了啤酒数量的 81%，16% 的家庭消费了蛋糕总量的 62%，17% 的家庭购买了 79% 的即溶咖啡。另一项研究发现，一个企业的客户群中，30% 的客户消耗了 50% 的利润，这些客户热衷于企业的各种促销计划，一旦发现无法获得任何优惠，就会选择其他提供优惠的企业。

传统上，人们信奉"客户是上帝，所有的客户都是同等重要的"。然而二八法则以及上述研究结果却告诉我们：客户天生是不同的！对企业而言，有些客户能够为企业创造巨额的销售额与利润，而有些客户不仅不为企业创造价值，还会大量消耗企业的资源。

对于企业而言，知道哪些客户能够给企业带来更多的价值，哪些客户无法给企业创造利润，这将有助于企业更为有效地安排其有限的资源。对于那些能够给企业带来更高回报率的客户，分配相对较多的时间、资源，付出更多的努力，以便于增强这些客户对企业的忠诚度，进而使得企业在激烈的市场竞争中占据有利的位置。

4.2　客户价值区分

4.2.1　客户价值的含义

20 世纪 90 年代以来，越来越多的企业开始重视以客户价值创造为核心的战略导向。企业普遍认为，增加客户价值是实现利润增长和提高企业总体价值的关键。但是对于客户价值的定义，国内外学者有着以下三种不同的理解，其差异主要体现在客户价值流向、方向性和所有者等方面。

1. 以客户为价值感受主体：客户让渡价值

这里的客户价值通常是指企业传递给客户的，即企业为客户创造价值，其受益者和所有者是客户。客户通常希望在购买过程中获取最大利益，这种对利益的感知便是从企业提供的产品与服务获得的，也就是客户的价值感知。

菲利普·科特勒（2014）认为，客户让渡价值是指客户对一项产品或服务进行评估得出的客户总利益与客户总成本之间的差额。其中，客户总利益（total customer value，TCV）是指客户购买的某项产品或服务获得的所有利益之和，它由四个部分构成。① 产品价值，由产品本身具有的功能、外观设计、质量等内在和外在属性产生的价值。② 服务价值，是指企业在销售实物产品或服务产品的过程中对客户提供的附加服务产生的价值，例如产品测试、产品说明以及产品安装等服务活动。③ 人员价值，是由企业人员的专业水平、经营理念、应变能力等因素产生的价值。④ 形象价值，是指企业及其产品或服务对社会公众形成的总体印象而产生的价值。客户总成本（total customer cost，TCC）是指客户为了购买某项产品或服务所消耗的各项货币成本和非货币成本之和。它包括以下几项。① 货币成本，是客户在购买产品或服务支付的货币金额。② 客户在购买产品或服务时消耗的时间。③ 精神和体力成本，客户购买产品和服务中消耗的精力。具体如图 4.1 所示。

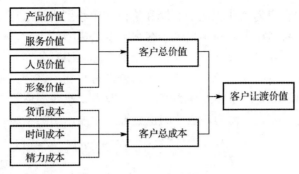

图 4.1　客户让渡价值

2. 以企业为价值感受主体

客户价值是客户为企业创造的价值，其受益者和所有者是企业。客户价值包括客户为企业带来的利润和销售额，以及客户为企业的生存和发展做出的贡献。对企业而言，客户价值体现在：因为购买企业产品或者服务而给企业带来的销售额和利润；降低企业的营销与服务成本；扩大企业的声誉等。根据客户价值是否能直接测度，客户价值可区分为财务价值和非财务价值。

1）财务价值

财务价值来源于客户与企业的直接交易，是可以通过财务报表体现，并能精确计算的。客户财务价值是交易收益与交易成本之差。客户在交易过程中给企业带来的交易收益是由购买的单价、数量、频率等因素决定的，而企业在与客户交易过程中花费的成本则体现为服务成本、沟通成本、营销成本、生产成本等。因此对企业而言，如果客户的交易量大、交易频率高、交易单价高，同时交易过程简单并无须太多营销努力，那么客户给企业带来的财物价值就高。

2）非财务价值

非财务价值是指与直接交易无关的价值，这些客户价值是难以精确测度的。例如，玫琳凯公司在销售产品时，并不主要依赖广告、零售商扩大市场，而是通过客户之间的口传来树立公司的声誉，并以此来扩大客户群体。这种良好的口碑一方面让更多的客户了解、购买玫琳凯的产品，同时也牢牢锁定了一大批忠诚的客户。除了口传，客户与公司员工之间的良好关系也会提高员工工作的积极性和满意程度，这也会推动企业的发展。

4.2.2　客户价值区分的方法

目前，计算并区分客户价值的方法主要包括 ABC、RFM 和 CLV 等三种分析法。

1. ABC 分析法

ABC 分析法又称帕累托分析法，也叫主次因素分析法，是项目管理中常用的一种方法。ABC 分类法的基本观点是：在企业的经营业绩中既然存在二八原则，那么就需要根据客户的贡献区分重要客户和次要客户。

美国营销学家泽丝曼尔（Valarie A. Zeithaml）等人认为，企业可以根据从客户获得的经济效益大小，把客户划分为不同的类别，并为不同类别的客户提供不同的服务，这样可明显提高企业的经济效益。据此，他们于 2002 年提出了客户金字塔模型（customer pyramid model，CPM）。根据客户为企业创造的利润和价值按由小到大的顺序逐步向上"垒"起来的，给企业创造最大利润和价值的客户位于客户金字塔模型的顶部，给企业创造最小利润和价值的客户位于客户金字塔模型的底部。在企业实际应用时，客户金字塔模型也可分为四个层级的客户类型，即重要客户、次要客户、普通客户和小客户。重要客户、次要客户一般又称为关键客户，他们是企业的核心客户，一般占企业客户总数的 20%，企业 80%的利润是由他们贡献的，因此，他们是企业的重点维护对象，如图 4.2 所示。

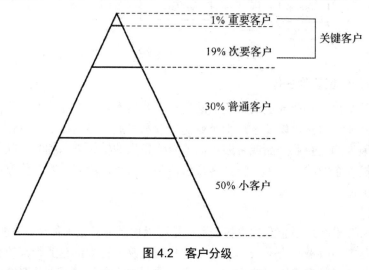

图 4.2　客户分级

（1）关键客户：其中，重要客户一般占客户总数的 1%，位于金字塔最高层，能给企业带来最大价值，往往是产品的重度用户，对企业高度忠诚，为企业创造了绝大部分利润，而企业只需要支付较低的服务成本，他们对价格也不敏感，还可以为企业带来新的客户；次要客户占 19%，他们是企业产品的大量或者中度使用者，他们对价格比较敏感，也没有重要客户那么高的忠诚度，往往会与多家同类型的企业保持长期业务关系。

（2）普通客户：一般占客户总数的 30%，包含的客户数量较多，但是他们的购买力、对企业的忠诚度、为企业带来的价值却远不如关键客户。

（3）小客户：一般占客户总数的 50%，是位于客户金字塔最底层的客户，他们的购买量不多、忠诚度也低，有时还会出现延期支付甚至不付款的情况，对企业的服务要求也高，消耗企业的资源，甚至会给企业声誉造成负面影响。

客户金字塔是一种数量金字塔，顶部客户数量最少，底部客户数量最多。而客户价值正相反，顶部价值最高，底部价值最低。客户数量金字塔和客户价值倒金字塔，体现了客户类型、数量分布和客户为企业创造利润能力之间的关系，如图 4.3 所示。

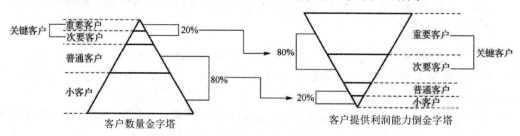

图 4.3　客户数量金字塔和提供利润能力金字塔对应关系示意图

2. RFM 分析法

RFM（recency frequency monetary）是衡量客户价值和客户创利能力的重要工具和手段。RFM 是根据客户购买间隔、购买频率和购买金额来计算客户价值的一种方法。有些学者用购买数量（amount purchased）来代替购买金额，因此 RFM 法又被称为 RFA 法。美国数据库营销研究所 Arthur Hughes 研究发现，上述三个要素构成了分析和预测客户未来购买行为的最重要的指标。

1）最近一次购买

最近一次购买（recency）是指客户上一次购买距离现在的时间，即客户上一次采购企业的产品或者服务是什么时候。从理论的角度来讲，离上一次购买距离越近的客户应该是比较好的客户，对提供的即时商品或服务最有可能产生反应。那么企业就可以将相关的营销信息（如邮购目录、促销海报、优惠服务等）有针对性地寄给这些客户，从而提高这些营销策略的有效性。

最近一次购买的功能不仅在于提高营销策略的有效性，营销人员的最近一次消费报告可以监督事业的健全度。优秀的营销人员会定期查看最近一次的消费分析，以掌握趋势。月报告如果显示上一次购买很近的客户（最近一次消费为一个月）人数增加，则表示该公司是个稳健成长的公司；反之，如上一次消费为一个月的客户越来越少，则是该公司迈向不健全之路的征兆。这也就是为什么 0~6 个月的顾客收到营销人员的沟通信息多于 31~36 个月的顾客。

最近一次购买报告是维系客户的一个重要指标。最近购买商品、服务或光顾商店的消费者，是最有可能再次购买商品的顾客。再则，要吸引一个几个月前上门购买的顾客，比吸引一个一年多以前来过的顾客要容易得多。营销人员如果接受这种强有力的营销哲学——与顾客建立长期的关系而不仅是卖东西，会让顾客保持这种光顾状态，并赢得他们的忠诚度。

最近一次购买并不是一个静态的因素，而是持续变化的。在顾客距上一次购买时间满一个月之后，在数据库里就成为最近一次消费为两个月的客户。而在同一天，最近一次消费为三个月前的客户产生了新的购买行为，那么他就成为最近一次消费为一天前的顾客，也就有可能在很短的期间内收到新的折价信息。

2）购买频率

购买频率（frequency）是客户在限定的期间内所购买的次数。我们可以说最常购买的顾客，也是满意度最高的顾客。如果相信品牌及商店忠诚度的话，最常购买的消费者，忠诚度也就最高。增加顾客购买的次数意味着从竞争对手处偷取市场占有率，由别人的手中赚取营业额。

3）购买金额

购买金额（monetary）是客户在一定的时间内购买企业产品的总额。对企业而言，在特定的一段时间内，如果客户的购买金额越高，表明客户为企业创造的价值就越多。

RFM 模型较为动态地展示了一个客户的全部轮廓，这对个性化的沟通和服务提供了依据，同时，如果与该客户打交道的时间足够长，也能够较为精确地判断该客户的长期价值（甚至是终身价值），通过改善三项指标的状况，从而为更多的营销决策提供支持。

RFM 非常适用于生产多种商品的企业，而且这些商品单价相对不高，如消费品、化妆品、小家电、录像带店、超市等；它也适合只有少数耐久商品的企业，但是这些商品中有一部分属于消耗品，如复印机、打印机、汽车维修等；RFM 对于加油站、旅行保险、运输、快递、快餐店、KTV、移动电话、信用卡、证券公司等也很适合。

RFM 可以用来提高客户的交易次数。业界常用的 DM（直接邮寄），常常一次寄发成千上万封邮购清单，这其实是很浪费钱的。根据统计（以一般邮购日用品而言），如果将所有 R（recency）的客户分为五级，最好的第五级回函率是第四级的三倍，因为这些客户刚完成交易不久，所以会更注意同一公司的产品信息。如果用 M（monetary）把客户分为五级，最好与次好的平均回复率几乎没有显著差异。

有些人会用客户绝对贡献金额来分析客户是否流失，但是绝对金额有时会曲解客户行为。因为每个商品价格可能不同，对不同产品的促销有不同的折扣，所以采用相对的分级（例如 R、F、M 都各分为五级）来比较消费者在级别区间的变动，则更可以显现出相对行为。企业用 R、F 的变化，可以推测客户消费的异动状况，根据客户流失的可能性，列出客户，再从 M（消费金额）的角度来分析，就可以把重点放在贡献度高且流失机会也高的客户身上，重点拜访或联系，以最有效的方式挽回更多的商机。

RFM 也不可以用过头，从而造成高交易的客户不断收到信函。每一个企业应该设计一个客户接触频率规则，如购买 3 天或 1 周内应该发出一个感谢的电话或 E-mail，并主动关心消费者是否有使用方面的问题，1 个月后发出使用是否满意的询问，3 个月后提供交叉销售的建议，并开始注意客户流失的可能性，不断地创造主动接触客户的机会。这样一来，客户再次购买的机会也会大幅提高。

下面以某网站运营数据为例，展示其客户区分的结果。该网站的 3 万条最近 3 周用户数据如图 4.4 所示，将登录次数、停留时间、下单数分别当作 R、F、M 使用，大致的分析步骤如下。

用户ID	第一周			第二周			第三周		
	登录次数	停留时间	下单数	登录次数	停留时间	下单数	登录次数	停留时间	下单数
100001	2	9	0	1	4	0	1	5	0
100002	13	14	2	1	22	3	3	9	0
100003	11	4	0	2	11	0	4	3	1
100004	3	19	1	1	1	0	1	1	0
100005	14	17	2	4	8	1	1	6	0
100006	7	3	0	4	10	0	1	10	0
100007	9	23	1	9	12	1	6	10	2
100008	7	15	2	6	9	1	4	11	0
100009	2	3	0	3	6	1	3	5	1
100010	4	15	2	1	7	1	2	5	1
100011	14	9	0	1	1	0	2	3	0
100012	3	9	0	1	1	0	1	2	0
100013	2	14	2	0	0	0	1	2	0
100014	2	26	0	1	11	1	1	3	0
100015	12	2	2	7	10	3	2	1	0
100016	3	2	1	2	3	2	1	1	2
100017	15	9	2	12	24	1	1	5	0
100018	8	10	0	10	5	1	1	5	0
100019	10	2	2	7	4	3	6	3	0
100020	1	2	2	1	3	3	1	2	0
100021	8	11	2	5	10	1	3	12	1

图 4.4　原始数据

（1）整理汇总原始数据，将 3 周数据进行汇总，如图 4.5 所示。

用户ID	登录次数	停留时间	下单数
100001	4	18	0
100002	17	45	5
100003	17	18	1
100004	5	21	1
100005	19	31	3
100006	12	23	0
100007	24	45	4
100008	17	35	3
100009	8	14	2
100010	7	27	4
100011	17	17	1

图 4.5　原始数据汇总表

（2）通过数据透视表观察整体数据的分布情况，对 R、F、M 数据进行客观区间划分，以便更精准映射数据模型上的价值，如图 4.6、图 4.7 和图 4.8 所示。

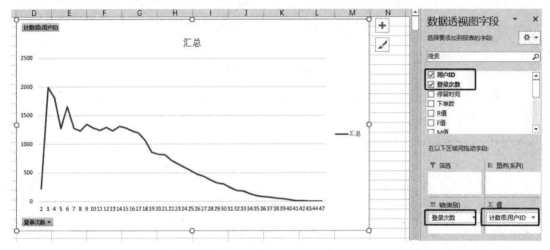

图 4.6　登录次数分布

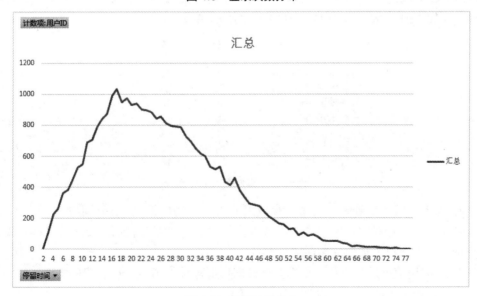

图 4.7　停留时间分布

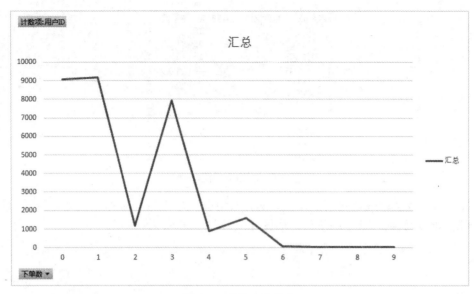

图 4.8　下单次数分布

　　根据上面登录次数、停留时间、下单数走势，将其划分为 4 个区间，并定义每个区间对应的值，如图 4.9 所示。

登录次数	停留时间	下单次数	分值
30-47	49-77	6-8	4
18-30	30-49	4-6	3
8-18	15-30	3-4	2
1-8	1-15	1-3	1

图 4.9　区间划分

　　（3）按照最近一次购买、购买频率、购买金额三者的相对重要性，将客户类型进行分类，如图 4.10 按照重要性顺序 M>R>F 进行分类的结果。

	R值	F值	M值
重要价值用户	高	高	高
重要保持用户	高	低	高
重要发展用户	低	高	高
重要挽留用户	低	低	高
一般价值用户	高	高	低
一般发展用户	高	低	低
一般保持用户	低	高	低
一般挽留用户	低	低	低

图 4.10　客户类型汇分类

　　（4）按照记分规则计算出每个客户数据的 R、F、M 值，然后分别与 R、F、M 的平均值或者中位数进行对比，比平均值或者中位数大的用"高"表示，反之用"低"表示，进而分析出每个客户的类型，如图 4.11 所示。

　　（5）最后用数据透视表进行汇总，这样即可清晰地知道每一层客户的情况，如图 4.12 所示。然后，根据不同的客户类型定制运营策略。

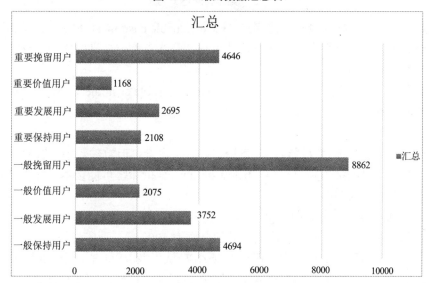

图 4.11 最终数据汇总表

汇总

用户类型	数值
重要挽留用户	4646
重要价值用户	1168
重要发展用户	2695
重要保持用户	2108
一般挽留用户	8862
一般价值用户	2075
一般发展用户	3752
一般保持用户	4694

图 4.12 客户分层表

3. CLV 分析法

如前所述，客户生命周期是指当一个客户开始对企业进行了解或企业欲对某一客户进行开发开始，直到客户与企业的业务关系完全终止且与之相关的事宜完全处理完毕的这段时间。在不同的客户生命周期阶段，客户为企业创造的价值是不同的。CLV 是指客户生命周期价值（customer lifetime value），指客户在与企业的整个生命周期内为企业创造的价值。广义的 CLV 指的是企业在与某客户保持买卖关系的全过程中从该客户处所获得的全部利润的现值。CLV 可分成两个部分：一是历史利润，即到目前为止客户为企业创造的利润总现值；二是未来利润，即客户在将来可能为企业带来的利润流的总现值。企业真正关注的是客户未来利润，因此狭义的 CLV 仅指客户未来利润。

从广义 CLV 的角度看，企业可以根据客户的当前价值和未来价值将客户区分为四种类型，如图 4.13 所示。

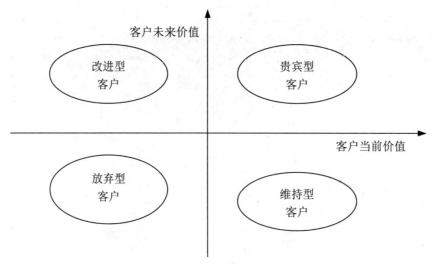

图 4.13　按照 CLV 区分客户

贵宾型客户：也被称为最有价值客户（most valuable customer，MVC），是指那些既具有很高的当前价值，也有很高的潜在价值的客户，是终身价值最高的客户。这些客户代表着企业当前业务的核心。

改进型客户：也被称为最具成长性客户（most growable customer，MGC），是指那些目前价值很低但是具有最高未实现潜在价值的客户，这些客户将来可能比现在更有利可图，是企业需要着重培养的客户。

维持型客户：也被称为普通客户，是指那些有一定价值但数额较小的客户。

放弃型客户：也被称为负值客户（below-zero），是指那些可能根本无法为企业带来足以平衡相关服务费用利润的客户。

CLV 分析法从客户生命周期的角度提出了区分客户的依据。例如，有 A 与 B 两个客户，假设在当前，A 客户每个月从企业购买产品的金额为 1000 元，频率为每个月 5 次；B 客户为 500 元，购买频率为每个月 3 次。那么根据 ABC 法以及 RFM 法，企业应当重点培养与 A 客户的关系。但是，如果我们知道 A 客户正在寻找其他供应商，并且打算在 3 个月后逐步减少与本企业的业务联系，而 B 企业则打算加大从本企业采购的金额与频率。那么，企业的策略就改为：与 A 客户加强沟通，尽量稳定该客户与本企业的关系；同时投入资源努力发展与 B 客户的关系。可见，与 ABC 法和 RFM 法相比，CLV 法不仅考虑了客户当前对企业的贡献，同时还考虑了客户未来对企业的贡献，能够更为全面地体现客户价值。

CLV 法应用的难度在于如何确定客户当前和未来价值，即确定客户生命周期价值。目前，常用的计算客户生命周期价值的方法包括 Dwyer 法、客户事件法和拟合法。

1）Dwyer 法

Dwyer 法是由 Dwyer 于 1989 年提出的一种方法，并且一直作为直销领域 CLP 的主要计算方法被广泛应用。该方法根据客户的流失性质（永久流失还是暂时流失）和历史流失率来计算客户的生命周期价值，具体的计算方法如下。

（1）计算客户的生命周期。对单个客户而言，其客户生命周期就是从潜在获取期一直到终止期。

企业客户群体生命周期的计算是建立在单个客户生命周期的基础之上的。企业不断地开拓业务，形成相应的客户群体支撑。两家同类企业也许总体的客户数量是相同的，但由于客户生命周期的不同，会使企业的效益大相径庭。企业客户群体的生命周期与单一客户生命周期不同的是，它计算出的是企业整个客户群体的平均生命周期，具体采用客户流失率来计算。企业客户流失率是指企业客户单位时间内流失的数量占总客户量的比率。假设企业目前有 100 个客户，每年可能会流失 20 名，那么企业客户流失率为 20%，则 5 年的时间，企业将流失 100 名客户，即自客户开始与企业发生业务到其流失，平均需要 5 年的时间，那么客户群体的生命周期为 5 年。

若两家企业均有 100 名客户，一家的流失率是 20%，另一家的流失率是 10%，那么相应的客户生命周期分别为 5 年和 10 年。虽然他们在客户数量上是相等的，但若要保持住目前的客户数量不变，前一家企业每年要开发 20 个新客户，第二家企业只需开发 10 个新客户。根据客户生命周期的特点可知，第一家企业的客户成本将远远大于第二家企业。由此可以看出，企业客户群体生命周期将直接影响企业的经济利益。

（2）计算客户为企业带来的总体利润。客户生命周期利润指客户在生命周期内给企业带来的净利润，即客户为企业带来的现金流量的净增加量。

① 基本利润。客户与企业发生每一笔业务交易，一般情况下，企业均存在一个基本的利润，即客户给企业带来的当笔业务收入大于其成本的基本部分，称之为基本利润。

② 人均客户的收入增长幅度或关联销售为企业带来的利润。当客户成为企业的忠诚客户后，在企业推出新产品或服务时，这些忠诚客户几乎不需要投入便可接受，同时由于企业提供的服务不是针对某个单一客户，所以在客户与企业发生交易时，客户亦有可能对企业的其他服务发生兴趣而产生"额外"的交易，这使得企业的收入增加，这一部分我们称之为关联销售贡献。

③ 成本节约。当客户成为企业的忠诚客户后，由于是忠诚客户，因此不需要企业在业务交易时进行过多的交易上的成本开支（如熟悉流程、资信评估、信用担保等）。这节约的成本，亦可看成长期客户对企业的贡献。

④ 推荐价值。忠诚客户之所以忠诚是由于企业为其提供的服务价值，使之满意。客户对企业提供的服务价值认可，自然会将自己的价值感受推荐给与之相关的人。客户的推荐不仅给企业带来了新的客户收入，同时也节约了企业的成本。

（3）计算企业为客户支付的成本。由客户的生命周期可知，客户在不同的生命周期给企业的贡献和成本亦不相同，具体包括以下几方面。

① 获取成本。企业要获取一个客户需要投入大量的成本，潜在客户期、开发期、成长期、成熟期，甚至终止期均会给企业带来一定的成本。它们分别为：企业为吸引客户且使之满意而进行投资的开发成本（包括相关营销费用、广告支出等），企业用来加强现有关系支出的发展成本（了解客户需求，提高购买率、满意度等），企业用来延长客户关系时间、降低客户不满意程度、重新激活客户支出的维系成本。

② 价格优惠。企业对忠诚客户提供的服务价值与普通客户相比是有一定分别的，主要体现在价格优惠或年终总体返利（商业客户）上。让忠诚客户得到额外的附加价值，这些对企业来说是一笔开支。

③ 推荐破坏成本。企业的客户多种多样，其中可能会有一些不满意的客户，他们往往会将自己不愉快的经历告诉别人。据专家统计分析，一个不满意的客户可能会告诉 20 个

人，而这 20 个人均不会主动与企业发生交易。由此给企业带来一定的损失，被称为推荐破坏成本。

（4）计算客户生命周期利润。将客户为企业带来的毛利润减去企业为开发、发展、维系等方面的投入，即可得到客户生命周期利润。

（5）计算客户生命周期价值。客户终生价值就是指客户在其整个生命周期过程中，为企业所做贡献的总和。由于客户在客户生命周期的不同时间内，对企业所做的贡献亦有所不同，同时由于时间价值的存在，所以计算客户终生价值时，必须要对客户在不同时期的贡献进行贴现，计算出客户终生价值的现值。

单个客户终生价值计算，可分成以下四个步骤。

第一步：确定客户生命周期。

第二步：计算客户生命周期内每年给企业带来的利润净额。

第三步：对客户生命周期内每年的利润净额进行贴现。

第四步：求和。

设客户的生命周期为 T，在 t 年中给企业所带来的贡献为 Q_t，在客户身上的投入为 C_t，银行的贴现率为 i，那么该客户的终生价值现值 V_k 表示为：

$$V_k = \sum_{t=0}^{T} \left[(Q_t - C_t) \times (1+i)^{-t} \right]$$

由于 Q_t 表示客户在 t 年内给企业带来的贡献总收入，当开发新客户时，由于客户还没有跟企业发生业务，对客户的净现值就比较难以计算，这时可以采用客户可能与企业之间发生的业务交易量占客户年业务总购进的比例来推算出来，或者以客户每次购进业务的比例来推算。

设客户 A 每次发生业务购进交易量为 P_{At}，每次在自己企业的购进比例为 K_{At}，每次购进业务为公司贡献率为 M_{At}，每年客户发生的购货频次是 N_{At}，那么该客户的价值现值可表示为：

$$V_k = \sum_{t=0}^{T} \left[P_{At} \times N_{At} \times K_{At} \times M_{At} \times (1+i)^{-t} \right]$$

企业客户群体终生价值的计算与企业单个客户终生价值的计算相似，不同的是需先计算出客户群体的平均生命周期和客户群体的生命周期平均利润，可分为以下四步。

第一步：计算出企业客户群体流失率。

第二步：计算客户群体平均生命周期。

第三步：计算客户群体年平均利润。

第四步：利用求后付年金现值法求出客户群体终生价值现值。

严格地讲，客户群体终生价值的计算，应该先算出企业每个客户终生价值，然后求和。但基于商业企业的特点，客户数量较多，分别计算难度较大，为简便起见，做了一个假设，即企业老客户的流失与开发的新客户相等，且其业务量会保持相对的稳定。具体可用公式表示为：

$$V_q = \sum_{t=0}^{T} \left[(Q_{q \cdot t} - C_{q \cdot t}) \times (1+i)^{-t} \right]$$

由于客户群体的年利润贡献采取平均利润计算，且假设每年相等，所以上式可表示为：

$$V_q = (Q_{q \cdot t} - C_{q \cdot t}) \times PVIFA_{i \cdot T}$$

注：上述两个公式中，$Q_{q \cdot t}$ 表示客户群体年贡献收入，$C_{q \cdot t}$ 表示客户群体年支出成本，$PVIFA_{i \cdot T}$ 为年金现值系数，其他项与单个客户终生价值公式相似。

从上述计算过程可见，Dwyer 法考虑了客户的流失率、客户为企业创造的利润、企业为客户支付的成本以及贴现率，能够较为准确地反映 CLV。但是，Dwyer 法也存在不足，正如上述计算过程所显示的，该方法只能计算某一个客户或者某一组客户的生命周期价值，其计算的前提是企业依据某些规则，对客户进行分组，而后计算各个组别的客户生命周期价值。

2）客户事件法

客户事件法是利用"客户事件"的概念来预测 CLV 的一种方法，是一般营销领域目前比较有代表性的方法，一些咨询公司甚至推出了基于这种方法的 CLV 预测软件。这种方法的基本要点是：针对每一个客户，预测一系列客户相关事件（产品购买、产品使用、营销活动、坏账等）发生的时间，并向每个事件分摊收益和成本，从而为每位客户建立一个详细的利润和费用预测表。每个客户 CLV 预测的精度取决于事件预测的精度和事件收益与成本分摊的准确性。客户事件预测可认为是为每个客户建立了一个盈亏账号。客户事件集越详细，与事件相关的收益和成本分摊得越精确，CLP 的预测精度就越高。客户事件法的不足在于预测依据的基础数据不确定性大，预测过程中需要预测者进行大量的主观判断，预测过程和预测结果因人而异，预测精度取决于预测者的水平，客观性差。

3）拟合法

拟合法是陈明亮（2003）提出的一种基于客户利润变化规律的 CLP 预测方法。拟合法的基本原理是：根据客户历史利润与已知的典型客户利润曲线的拟合情况，预测客户未来利润随时间变化的趋势，即未来客户利润模式（曲线），然后根据描述客户未来利润模式的数学函数预测 CLP。拟合法可以预测每一位客户的 CLP，预测依据的是客观的历史交易数据，预测过程不需要预测者太多的主观判断，较好地克服了前两种方法的缺陷。

4.2.3　三种方法的比较

上述三种方法在区分客户价值方面各有优劣。

ABC 分析法着重对客户以往贡献度的分析，简单明了。其缺陷在于只考虑了客户以往为企业带来的销售额或者利润，而没有考虑到客户未来为企业创造的价值。此外，对许多企业而言，其面临的客户不仅包括经销商等组织客户，同时还包括许多个人客户。例如，宝洁公司面临的客户既包括沃尔玛、家乐福等零售企业，也包括数千万的个人客户。显然，企业能了解这些组织客户为企业带来的销售额或者利润，但是难以估算个人为企业创造的销售额与利润。即使面对组织客户，许多企业也只能了解一些大型的客户，而难以估计偏远地区的小型零售商为企业创造的销售额和利润。

RFM 则强调以客户的行为来区分客户，易于操作，但是忽视了企业为客户投入的资源和成本。例如，相同的两个客户 A 与 B，他们最近一次购买时间、购买频率、购买金额都相同。但是企业为了维持与 A 客户的关系，在 A 客户身上花费的成本为 10 000 元，而 B 客户只需要企业花费 5000 元。显而易见，B 客户为企业带来的价值更高。

CLV 分析法从客户生命周期的角度分析了客户在与企业的整个关系周期中为企业创造的价值，不仅考虑了客户当前为企业创造的价值，同时还考虑了客户未来为企业创造的价值。因此在三种方法中，CLV 分析法最为精确地刻画了客户价值。但是 CLV 分析法非常依赖主观判断，因为客户未来为企业创造的价值取决于当前的主观判断。此外，与 ABC 分析法一样，对很多既面临组织客户，又面临个人客户的企业而言，要想弄清不同的客户为企业创造的价值是一件非常难的事情。

上述三种方法的比较如表 4.1 所示。

表 4.1　三种区分客户价值方法的比较

	应用的难易程度	操 作 成 本	判断客户价值的准确性
ABC 分析法	中等	中等	中等
RFM 分析法	容易	低	低
CLV 分析法	难	高	高

4.3　客户与企业关系区分

如第 3 章所述，客户与企业的关系经历了一个不断发展、变化的过程，那么可以按照客户与企业所处关系的不同，将客户划分为如下几类。

1. 非客户

非客户与企业没有直接的交易关系，指与企业的产品或者服务无关或对企业有敌意、不可能购买企业的产品或者服务的群体。例如，由于民族、宗教信仰的差异，穆斯林不会购买任何猪肉制品。那么对于生产、销售猪肉制品的企业而言，穆斯林就不属于他们的客户范畴。

2. 潜在客户

潜在客户与企业同样没有直接的联系，但是他们属于对企业的产品或服务有需求或欲望，并有购买动机和购买能力，但是还没有发生购买行为的人群。例如，许多年轻白领希望能购买汽车作为代步工具，在没有购买汽车之前，他们都属于潜在客户。企业在选择潜在客户时，必须遵守 MAN 法则，即选择具有购买能力（money）、购买决定权（authority）及购买需求（need）的客户。

3. 目标客户

目标客户是指经过企业筛选后确定的力图开发为现实客户的人群。例如，劳斯莱斯就把社会名流作为自己的目标客户。

潜在客户与目标客户之间的区别在于：潜在客户是购买者主动瞄上企业，而目标客户则是企业盯上尚未有购买行为的客户，但有时目标客户和潜在客户是重叠的。

4. 现实客户

现实客户为企业产品或者服务的现实购买者。根据客户购买次数与频率的不同，现实客户可以细分为初次购买者、重复购买者和忠实客户三类。其中，初次购买者是指第一次购买产品或者服务的客户群体；重复购买者是指有多次购买经历的客户；忠实客户则是指在较长的时间内多次重复购买产品或者服务的客户。

在上述三种现实客户类型中，忠实客户与企业保持关系的时间最长，此类客户用于企业产品、服务的预算较多，同时对企业有好感，愿意向其他人推荐企业的产品和服务。重复购买客户在行为上表现为多次购买企业产品和服务，同时由于次数多，花费在企业产品和服务上的金额也较大，但是在情感上并没有形成足够的依赖和认同感。初次购买客户则是刚开始接触企业产品和服务的客户，无论在购买次数、数量方面，还是在企业情感方面，都不及重复购买客户和忠实客户。

5. 流失客户

流失客户是指曾经是企业的客户，但是出于种种原因，不再购买企业产品或者服务的客户。

上述五类客户是可以相互转化的，图 4.14 分析了他们之间的相互关系。

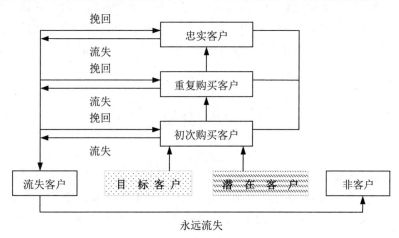

图 4.14　不同类型客户间的相互关系

4.4　客户区分过程

客户区分在企业实施客户关系管理的过程中是一个重要的环节。图 4.15 表示了企业区分客户的具体步骤。

1. 步骤一：确定区分客户的基础

在这一步骤中，需要选定区分客户的依据。前面探讨了从价值、客户与企业关系区分客户的方法。在企业具体区分客户的过程中，需要明确依据哪种标准来区分客户：是仅仅使用一种标准，还是组合应用不同的标准。如开篇案例中所示，汇丰银行综合应用了不同的区分标准将客户分为不同的类别。

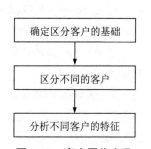

图 4.15　客户区分步骤

2. 步骤二：区分不同的客户

在这一步骤中，根据选定的标准，将客户区分为不同的类别。在此步骤中，需要注意的是如何确定客户类别的多少。确定区分客户标准只是将客户分类的第一步，即使根据同样的标准，不同企业得出的客户类别也存在较大的差异。例如，同样是根据 RFM 分析法，由于不同企业打分的标准不同，所得出的客户类别也大相径庭。在企业确定具体客户类别的时候，需要注意适度原则。过于宽泛的客户区分固然能够节约时间和成本，但会混淆不同客户的特征，难以为后续的营销活动提供有力的支撑；太过细致的客户区分虽然能够识别不同的客户群体，但是企业会付出较高的成本，同时企业在后续的营销活动中也需要大量的资源以满足不同类别客户的需求。

3. 步骤三：分析不同客户的特征

在将客户细分为不同的类别之后，就需要分析不同类别客户的特征。在这一步骤中，企业需要结合之前所掌握的客户信息。

在分析不同客户特征的过程中，需要着重注意以下两个方面。第一，同一类别内客户的共同特征，抓住此类别客户的关键共性。第二，分析不同类别客户之间的差异，了解不同类别客户之间的关键差异有哪些，造成这些关键差异的原因是什么。

本 章 小 结

1. 客户价值是指客户为企业带来的利润、销售额以及客户为企业的生存和发展做出的贡献。客户价值主要包括财务价值和非财务价值。财务价值来源于客户与企业的直接交易，体现为交易收益与交易成本之差；非财务价值是指与直接交易无关的、难以精确测度的价值。

2. 客户生命周期价值是指客户在企业的整个生命周期内为企业创造的价值，包括当前价值和未来价值。常用的计算客户生命周期价值的方法包括 Dwyer 法、客户事件法和拟合法。

3. 客户价值区分的方法包括 ABC 法、RFM 分析法、CLV 分析法。ABC 法根据客户为企业创造的价值，将客户区分为重要客户、次要客户、普通客户和小客户等不同的类别。RFM 分析法是根据客户购买间隔、购买频率和购买金额来计算客户价值，进而区分客户的方法。CLV 分析法是根据客户生命周期价值来区分客户价值的方法。

4. 企业根据客户的当前价值和未来价值将客户区分为四种类型，即贵宾型客户、改进型客户、维持型客户、放弃型客户。

5. 根据客户与企业的关系，可以将客户划分为非客户、潜在客户、目标客户、现实客户和流失客户。其中根据客户购买次数与频率的不同，现实客户可以细分为初次购买者、重复购买者和忠实客户三类。

6. 客户区分的步骤包括：确定区分客户的基础、区分不同的客户、分析不同客户的特征。

复习与讨论

1. 什么是客户区分?
2. 客户区分有哪些方法? 这些方法各有哪些优缺点?
3. 如何计算客户生命周期价值?
4. 客户区分包括哪些步骤?
5. 选择一家熟悉的超市或商店, 运用本章所学知识, 区分该超市或商店的客户。

企 业 访 谈

医流巴巴的客户区分

第5章 客户互动

戴尔公司：倾听客户声音

1998 年年末，美国《商业周刊》评出了本年度 100 名叱咤全球的巨人企业，戴尔公司（Dell）被评为第一名。它不仅战胜了 IBM、康柏、惠普等巨型企业，就连号称软件之王的微软公司也屈居其后。

一、戴尔公司的发展历程

迈克尔·戴尔 19 岁的时候决定从德克萨斯大学退学，这位年轻的一年级大学生不想去做医生、律师或工程师，而是想成为一名企业家，创办一家计算机公司，用他自己的话说是要"与 IBM 公司竞争"。

戴尔在童年的时候就萌发了创业的思想。12 岁时，他举办了一次邮票拍卖会，赚了1000 美元。高中毕业前，戴尔通过卖报纸获得了 18 000 美元的收入，他用这笔钱买了一辆宝马车。戴尔认为，他的退学决定是正确的。在闯入商海的第一年，他的公司营业额就超过了 600 万美元，这些钱全部是从出售计算机中赚来的。

戴尔出售计算机的方式有些特别，他没有在大街上租赁铺面，而是通过电话直接将计算机卖给客户。有人戏称，戴尔是在家里从事销售工作，他身穿睡衣就可以将计算机卖出去。事实上，戴尔开创了直接面对消费者的商业模式，这就是直销。过去，顾客购买计算机主要通过经销商。而戴尔则提出了一个大胆的想法，即消费者可以通过电话购买计算机。

戴尔在上大学时就在宿舍里用零部件给同学组装计算机，他由此体会到用户渴盼低成本计算机的心理。他想，为什么不能开辟一条直接的供货渠道呢？即客户打电话过来，销售者将计算机用邮包寄出去。当时还没有哪一家厂商用这种方式推销产品。戴尔却认为，直接销售对厂商来说可以减少管理费用，获得更多的利润，对客户来说可以提供更便捷、更实惠的选择。戴尔直言："远离顾客无异于自取灭亡。还有许多这样的人——他们以为他们的顾客就是经销商！我现在还对此大惑不解。"结果证明，直接销售使戴尔公司声名大噪，戴尔的营业额以火箭般的速度上升。1984 年，戴尔公司的营业额为 600 万美元，3 年后增加到 6900 万美元，而到了 1991 年，这一数字已达到了 5.46 亿美元。1995 年，戴尔占据了全球 3%的市场份额，1996 年上升到 4%。虽然戴尔的利润赶不上据市场头把交椅的康柏公司，但据国际数据公司统计，戴尔的增长率几乎是康柏的两倍。1996 年，戴尔的股票价格翻了 5 倍，营业额达到 53 亿美元，1997 年更是创下了 120 亿美元的纪录。截至 2022 年 10 月，戴尔有 133 000 名员工。在全球 33 个国家设有办事处，其产品和服务范围覆盖 170 个国家和地区。

1996 年，32 岁的迈克尔·戴尔被《商业周刊》评为全球 25 位最佳企业家之一。在 1999 年 7 月 5 日出版的《福布斯》杂志中，戴尔以 165 亿美元的净资产名列全球第七大富豪（第一名是比尔·盖茨，其净资产达到 900 亿美元）。目前，戴尔的资产以平均每天 1000 万美元的速度增长。

二、网上直销

通过开拓性的"直线订购模式"，戴尔公司和大型跨国公司、政府部门、教育机构、中小型企业以及个人消费者建立了直接联系，戴尔公司不仅通过免费直拨电话向他们销售计算机，还为他们提供技术咨询，并于次日到现场服务。

1993 年，戴尔曾试图恢复传统的销售方式，但很快就发现自己"撞到了墙上"，消费者并不认可，戴尔计算机销售额迅速下降，戴尔公司的股票也从 1 月的 49 美元降到了 7 月的 16 美元。戴尔很快认识到了自己的错误，并及时加以更正，回到直销的路子上来。

之后，随着互联网络的兴起，戴尔将兴趣转到网络直销上来，这一次他又成功了。戴尔在线商店于 1996 年 7 月开业，每天销售 600 万美元的 PC 和辅助设备。戴尔网址（www.dell.com）包括 42 个国家的站点，每周有 200 多万人浏览，通过这一网址，客户可以了解报价，比较产品，开展订购，获得技术支持。实践证明，Internet 直销是一个强有力的促销手段，戴尔称 80%通过网站购买计算机的人都是新客户。

戴尔不是第一家、也不是唯一一家从事网上销售的公司，其他一些高技术公司，例如 Cisco 公司，在这方面的尝试也很成功，但是戴尔成功的故事更为精彩，因为互联网与戴尔的直销模式配合得天衣无缝，戴尔直接从用户手中收取订单，然后再根据他们的要求组装计算机。这种与客户的直接接触加强了反馈功能，戴尔可以生产出客户需要的任何产品，而且不会造成积压。而其他大多数厂商，无论是康柏、IBM 还是苹果，都通过传统渠道销售计算机，他们常常由于对市场判断有误而造成产品大量积压。

戴尔只有 12 天的库存，这使公司能对新的技术、顾客需求的转变以及价格的波动做出快速反映。根据接到客户订单再生产的原理，戴尔甚至还设计出了没有仓库的工厂。戴尔本人提出："如果我们不给仓库留地方，就不会有库存。"对戴尔的这种做法，外界给予高度评价。美国著名管理学家迈克尔·哈默写道："这样的效率有助于使国家经济免受周期性的繁荣和萧条的影响。如果企业在经济繁荣时期不再生产过剩，那么当需求降低时，企业就不至于被迫减少产量，解雇工人。"目前，很多计算机厂商向戴尔学习，把市场和技术信息放到网上，与客户建立直接的联系。与电话订购方式相比，网上销售有更多的优越性。顾客不再需要打电话给公司，而只要接上互联网即可。戴尔提供了有关技术支持、产品和定价信息的联机服务，因此可以用更少的雇员与更多的客户打交道，此举节省了大笔开支，包括巨额的电话账单。之后，戴尔公司进一步扩大其网络业务，甚至还提出了一个更为宏大的战略，即在全球范围内，让所有的顾客在网上进行一切交易。

三、倾听客户的声音

为了能够直接倾听客户的声音，戴尔公司创造了一种形式，这就是每周在全公司范围内举办"关心客户会"。戴尔说："我们每周五开这种会。无论你在世界的哪个地方，只要你在星期五走进戴尔的某个公司，你都会看到这种会议。会议的名称可能不尽一致，但目的都是一样的。"

在"关心客户会"上，市场营销、生产和人力资源等部门的员工坐在一起，讨论"我们的表现是否使客户满意"。会议需要明确客户想要的产品和服务，并且找出满足他们要求的方法。有时，会场还会通过扬声器接通一位客户的电话，请他提出意见、希望和见解，发表不满，然后大家一起讨论。有这样一个例子：很多人给戴尔公司打电话，问是否出售一种小型的、高性能的笔记本式计算机，戴尔当时并不生产这种计算机，但他们发现大量客户存在对这种产品的需求，于是马上投产，推出一种主频 100 兆的笔记本式计算机。该公司是率先推出这种笔记本式计算机的公司之一。

"关心客户会"的议程还包括查找出最近出现的失误：哪个部门或环节出现了问题？出问题的原因是什么？谁来负责解决？解决问题的最后期限是哪天？

戴尔本人每个星期都要花几个小时的时间阅读公告板，寻找客户对产品性能和可靠性的评论。"这有点像一种在线专题讨论组，客户们在这里讨论他们喜欢和不喜欢什么，讨论不同的品牌和性能，某家公司超过另一家公司的原因，以及市场的真实情况。我发现这些讨论对了解我们的消费者在想什么极有帮助。"戴尔这样评论道。

为了生产更好的、更符合客户需求的产品，企业内部的工程师还会采取十分传统的方法获取反馈——亲自给主要的大客户送去初级模型。不过，他们在构思项目的初期也会通过公司一个名为 IdeaStorm 的网站来征求大家的意见，在那里了解到大众的关注点。每个人都能登录该站点提出建议，还能对别人的观点进行投票。"你可以登录 IdeaStorm 网站，输入与你正在做的工作有关的任何关键词，就能看到人们发表的评论。"迈克尔·戴尔说。戴尔公司通过集思广益进行产品设计的一个例子，就是它的新款 Latitude 笔记本式计算机，此产品颇受欢迎。戴尔公司的工程师们采纳了 IdeaStorm 用户的意见，加入了夜光键盘设计和名为 eSATA 的高速连接技术，电池的寿命更长，另外还有丰富的产品颜色可供选择。

戴尔认为，作为公司领导者，光看统计数字还不够。他解释说："总的统计数字肯定很重要，我们像其他公司一样，对客户进行有组织的调查。但我们还以自己的方式走出去，获取来自各个方面的不寻常的反馈。这是窥视客户思想的另一个窗口。"戴尔经常抽出一定的时间，到办公楼走动。遇到销售人员，戴尔就向他们了解需求情况，了解客户提出的意见、是否喜欢戴尔的产品等。在工厂，戴尔与工人交谈，向他们解释公司的战略和发展方向。戴尔每星期都要和任选出来的大约 25 名员工一起吃一次盒饭，向他们强调客户至上的准则，倾听他们的意见和建议。

"我们现在是并将永远是一家与客户保持直接联系的个人计算机制造商，"戴尔说，"我们成功的关键在于维持这种联系，始终把倾听客户的声音并做出反应作为公司的立足之本。"

资料来源：符标榜. 戴尔公司：以最直接的方式面对客户[J]. 中国外资，2002（5）：56-57.

5.1 客户互动概述

5.1.1 客户互动的内涵

互动，译自英文 interactive，《牛津词典》中指至少两个人或物一起活动或相互合作或相互影响和作用。作为计算机专用词汇时，指交互式的、人机对话的。在现代人的生活中，人们经常可以看到这个词的应用，如良性互动、产业互动等。个人计算机的广泛应用、信息时代的来临亦赋予该词新的应用，如互动教学、互动媒体。在本书中，客户互动是指企业与客户之间进行信息的交流与互换，是企业与客户之间建立互相联系的纽带和桥梁。

客户互动会对企业的客户关系管理产生重要影响，主要体现在如下几个方面。

首先，企业通过与客户的互动将自己的产品介绍给客户，扩大客户群体。例如，加多宝公司在推出红罐王老吉时，就通过电视台、饭店等渠道宣传，将"怕上火 就喝王老吉"的理念传递给公司未来的客户，由此开辟了新的饮料市场。

其次，企业通过与客户的互动来了解客户的需求。企业所提供的产品和服务都必须能够满足客户的需求，否则企业就难以在市场上立足。因此现代市场营销都认为客户需求是企业开发新产品的起点。企业通过与客户之间的沟通和交流，不断更新客户需求信息，才能生产符合客户期望的产品。

最后，企业与客户之间的互动是提高客户满意、维系客户的重要途径。根据美国营销协会（AMA）的研究，不满意的客户中有三分之一是因为产品或者服务本身存在问题，而其余三分之二的问题都来自企业与客户之间的沟通不畅。因此，企业与客户之间加强互动与交流，才能建立良好的客户关系。

5.1.2 客户互动的内容

客户互动的内容包括许多方面，总体而言，客户互动的内容包括信息、情感、意见或建议。

1. 信息

这不仅包括企业的信息，同时也包括了客户的信息。对企业而言，信息包括企业的文化、经营理念与政策、产品或者服务信息等。例如，在生活中，我们能见到各种类型的广告，这些广告中包括了许多有关产品或者服务的资料。还有一些公司在广告中并不涉及公司的产品或者服务，而是传递公司的经营理念和价值观。例如，BP 公司在其广告中宣传立足开发新型能源的战略方向。当面对经销商等组织客户时，企业还告知这些客户有关公司回款、发货等方面的政策与制度。

客户向企业传递的信息主要是其需求信息。例如，经销商在向上游供应商订货时，会告知其需要的数量、规格、型号等；客户向公司反映的有关产品、服务的使用体验或改进意见和建议等。

2. 情感

企业与客户拉近情感距离。例如，许多公司要求其营销人员定期拜访其组织客户，并在年终举行客户答谢会，通过双方的交流，来拉近彼此间的距离。再如，不少汽车企业组织了俱乐部，这些汽车俱乐部的成员会定期组织自驾游等活动，这些活动的目的并不在于继续向这些客户销售汽车，而是期望通过这些活动拉近企业与客户之间的距离，让客户与企业建立如同朋友般深厚的情谊。

3. 意见或建议

这里的意见或建议既包括企业主动向客户征求对其产品或者服务的意见及建议，同时也包括客户向企业反映有关产品或者服务的意见、投诉和建议。

需要注意的是，上述三个方面的内容并不是完全独立的，在企业与客户互动时，很有可能涉及不止一个方面的内容。例如，公司在年终举行客户答谢会时，一方面是公司与客户之间拉近情感距离，同时也是公司向客户征求意见、客户反馈意见的时机，此外，公司还有可能在答谢会上向客户介绍公司的新产品或者新政策。

5.1.3　客户互动的类型

根据不同的分类标准，客户互动包括了很多类型。

1. 按照互动的发起者分类

1）由企业发起的互动

由企业发起的互动包括：企业向客户邮寄商品目录、在各种媒体上播放广告、组织各种营销活动、组织客户俱乐部等。

2）由客户发起的互动

向企业下订单、反馈对产品或者品牌的体验感受、对产品或者服务提出意见和建议。

2. 按照互动的距离分类

1）面对面互动

面对面互动是指客户与企业的员工进行面对面的接触与交流，主要包括如下两种形式。

其一，客户直接到企业的办公场所与相关员工进行接触与交流，这些相关人员包括企业的前台接待人员、大堂经理等。例如，客户去理发店理发、去银行办理业务等都属于此类互动。工作场所互动是最原始的交流方式之一，也是许多企业与客户进行互动经常采用的形式之一，尤其对银行、饭店、旅馆等服务性企业而言更是主要的互动方式。

其二，企业员工主动去客户的公司、住址拜访客户。例如，企业的营销人员拜访经销商、大客户等。此外，保险、银行等企业都要求营销人员主动上门拜访客户，一方面向客户推荐公司的产品，另一方面了解客户的需求，为公司下一步的营销计划做准备。

除上述两种方式之外，现在许多企业在第三地开展互动。例如，许多汽车厂家组建了车友会，房地产公司组建业主会，在企业办公场所、客户公司或者住址之外的地方举行活动。

在面对面互动中，一线员工的素质与表现极为重要，他们的形象以及言语，都会对客户产生重要影响。

2）间接人员互动

这种互动方式是指企业的员工虽然与客户直接交流，但并不碰面。在此类互动方式中，电话是典型代表。许多公司设立了热线电话或者维修电话，接受客户的投诉，这是传统的间接人员互动。随着通信技术的发展，许多公司也设立了客户服务中心或者电话中心，通过电话来直接与客户交流，向客户宣传公司的产品或者服务，或者帮助客户办理各种业务。例如，保险公司通过电话中心向可能的客户推荐公司的产品；银行开通电话银行，方便客户办理转账、挂失等业务；证券公司可以让顾客通过电话向经纪人发出买入、卖出的要求；航空公司让顾客通过电话订票等。

3）非人员互动

非人员互动不涉及人员之间的交流，在整个互动过程中，并不会出现客户或者企业员工的声音，更没有企业员工与客户之间的面谈。在非人员接触中，邮件是一种古老的方式。企业通过邮寄商品目录、产品介绍等方式向客户推荐他们的产品。客户也可以通过信件的方式表达他们对产品或者服务的意见和建议。随着技术的发展，又陆续出现了自动取款机、自动售货机等，这些都是非人员互动的例子。在互联网出现之后，电子邮件、公司网站、网上社区等都成为新兴的非人员互动方式。例如，生产计算机路由器和主机开关的思科公司，开设了"思科联系在线"网站，通过这个网站，客户可以更方便地接收思科公司的产品和系统信息。

3. 按照互动的频度分类

一般来说，企业愿意与高贡献价值客户保持更高频度的接触，与贡献价值较低的客户保持相对较低的接触，或者直接让低贡献客户自主完成服务。客户互动可以分为三种类型：高接触、低接触和技术接触。

1）高接触互动

高接触通常是人员密集型接触，一般应用于重要的商业关系管理上。在高接触模式下，主要互动是以人员为基础通过面对面或电话联系的方式发起的，如保险合约到期续保的定期沟通或者针对重要客户的忠诚奖励回馈。对于保险公司、金融服务公司、教育培训公司等需要客户在产品和服务上支付上千甚至上万元的公司来说，高接触模式是最佳的互动策略。如果企业的客户需要支付的合同金额较高，即使客户数量庞大，也需要采用高接触的方式。这一模式的关键挑战在于如何在获得最大收益的情况下平衡高接触的相关成本。典型的高接触场景有大客户的月度评审会议，客户每年定期的身体检查，大额的贷款申请信用审核，车险保单的续签，信托、私募类的理财等。

2）低接触互动

低接触是高接触和技术接触的混合模式。对于战略意义或者财务价值不大的客户，高接触模式成本过高，此时企业往往采用电话接触和自助服务为主、人员接触为辅的低接触模式。大多数传统零售公司拥有大量线下客户群体，他们不具备网络零售商的先进技术能力，适合采用低接触模式。决定采用高接触还是低接触模式的是客户支付的合同价值而非客户数量的多少。低接触模式适用于大多数非技术公司和零售型企业。典型的低接触场景有用户自主查询交易账单和记录、现场自动的点餐服务、门店的扫码移动支付、问题申诉反馈电话热线等。

3）技术接触互动

技术接触是以数字化为主要特征的接触方式。对于大多数企业而言，技术接触模式可能是最复杂、也是最具有规模化潜力的模式。互联网技术的发展降低了用户连接服务的门槛，在提升接触效率的同时降低销售成本。对于大多数 B2C 网络公司而言，数字化接触不仅是必需的，而且几乎是唯一可行的选择。对于新兴的以 SaaS、PaaS 等模式提供云服务的公司，数字化接触已经成为面向中、小企业的主要接触方式。在技术接触模式下，接触的时间、方式和内容对于接触的成功与否尤为重要。典型的技术接触场景包括客户关注企业的微信公众号，参加网络在线研讨会，收到手机应用的提醒推送等。

除了以上三种分类，企业与客户之间的互动类型还可以根据不同的标准加以区分。例如，按照参与的互动方是人工还是机器，可以分为人工互动和机器互动；按照互动的方式可以分为个人互动和媒体支持互动；按照互动双方的同步性可以分为同步互动和异步互动等。

5.2　客户互动的渠道

企业与客户的互动过程中，可以利用多种渠道。按照互动渠道中是否涉及企业员工与客户的直接沟通，可以将互动渠道划分为人员互动渠道和非人员互动渠道。

1. 人员互动渠道

人员互动渠道涉及企业员工与客户之间的直接交流与沟通，这种交流与沟通可能是面对面交谈，也可能借助某些工具，如电话、邮件或直接在网上交谈。

1）面对面

这种方式需要员工与客户之间的直接交流。其优势在于员工与客户之间可以进行生动的交流，可以根据双方的需求来进行安排。同时，面对面交流不仅涉及声音，还涉及形体、环境等方面的信息，内容丰富。其劣势在于成本很高，同时面谈的结果在很大程度上会受到员工以及客户自身特征的影响。一般而言，这种渠道适合企业员工与客户之间对一般信息或深度问题的咨询、交流。

2）信函

信函交流的优势在于其形式比较正式，同时由于是书面传递的，可以包含较多的内容，对相关信息可以进行充分地介绍、解释和交流。其劣势在于邮件相对比较生硬，偏大众化，同时企业与客户之间的互动性不强。

3）电话

电话交流的优势在于非常快速，能够实现实时交流，企业与客户之间也能进行很好地交流。其劣势在于只传递声音信息，内容较为单一，同时无法进行深入的交流，只限于一般信息的咨询和沟通。

4）数字化渠道

随着时代的发展，数字通信渠道和移动技术为营销人员参与客户互动提供了新的途径。企业可以通过电子邮件、网站、应用程序和其他数字平台联系客户，客户可以随时随地通过计算机、智能手机和平板计算机接触这些平台，并发布投诉、请求或评论。

（1）电子邮件。电子邮件的优势在于传递迅速，同时可以在邮件中包含较多的内容。因此，在向客户传递更具体、更详细的信息方面更具有效率。

（2）官方网站。网站的优势在于可以非常快速地与客户进行交流和沟通。例如，思科就通过其网站改进了它的销售流程，在其网站设立了网上销售代表，让客户可以更为便捷地了解思科的产品，也能让客户更为方便地接收思科公司的产品和系统信息。因此，网站的优势在于具有快速互动的能力，节省企业成本。

（3）社交媒体。如今，社交媒体已成为企业推广品牌和与客户互动的首选。传统社交渠道留给客户一个电子邮件或电话号码，而社交媒体则充分参与到客户生活的方方面面，它可以作为一个人性化的客户服务工具，帮助提高效率。很多企业使用社交媒体作为与客户沟通互动的工具，其主要优势在于可以为客户提供优秀的客服渠道并且创造消费者真正需要的产品。星巴克、戴尔和宝洁都采取社交媒体作为沟通工具，听取用户的意见和反馈，并借此创造更好的产品。

表 5.1 归纳了面对面交流、信函、电话以及三类数字化渠道在互动能力方面比较的结果。从表中可以看出，各种不同的渠道在成本、速度、传递信息的丰富性以及互动性方面存在显著的差距。

表 5.1 不同渠道互动能力的比较

互动渠道	成　本	速　度	传递信息的丰富性	互　动　性
面对面交流	高	稍慢	很丰富	强
信函	中	慢	丰富	弱
电话	高	很快	不丰富	较强
电子邮件	低	快	丰富	较弱
官方网站	低	快	丰富	较弱
社交媒体	低	很快	丰富	强

2. 非人员互动渠道

非人员互动渠道是指那些不需要通过企业与客户之间的接触和反馈就可以传递信息的渠道，主要包括媒体、环境、事件和智能服务机器人。

1）媒体

媒体主要包括报纸、杂志、直接邮寄、广播、电视、广告牌等。企业选择媒体渠道一般处于如下三种目的。第一，告知客户有关企业产品的信息，比如新推出的产品，产品价格的变化等。第二，说服潜在客户购买，主要是通过强调产品的独特性，来说服客户购买。第三，鼓励现有客户更多地购买，例如可口可乐已经家喻户晓，但在电视中依然会见到它的广告，其目的主要在于提醒、推动客户更多地购买可口可乐。

2）环境

环境能够加强客户对企业的了解，并制造好的印象和氛围。例如，快餐店希望客户塑造一种温馨、愉悦的感觉，因此快餐店一般都喜欢采用暖色调，并且布置暖色的灯光。

3）事件

事件是企业为了向客户传递信息而设计的一系列活动，如新闻发布会、盛大的开幕式、公众参观等。

4）智能服务机器人

智能服务机器人是在非结构环境下为人类提供必要服务的多种高技术集成的智能化装备。例如，在银行厅堂服务中，智能服务机器人在发现客人进入网点时，能够主动运动至客户合适位置，以个性化的迎宾话术、表情和姿态迎接客户，并以伴随方式与客户开展互动，领会客户意图，根据设定策略，为客户提供多类型机器人协同服务。

5.3 客户互动设计

从企业的角度看，一般按照图 5.1 所示的步骤进行设计与客户的互动。第一步，需要确定客户互动的对象，即确定跟哪些客户互动；第二步是明确企业希望达到的目标；第三步是设计互动的内容，即完成说什么的工作；第四步是计算企业在互动中的费用开支；第五步是确定互动的渠道以及频率；第六步是评估互动的效果。

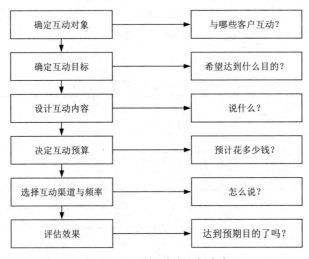

图 5.1 互动设计步骤与内容

5.3.1 确定互动对象

毫无疑问，客户互动中企业互动的对象是客户。但是企业面临的客户包含多种类型，这些不同类型的客户具有各自不同的需求。例如，同样是购买计算机，组织客户购买，会希望获得更好的安装、配送以及售后服务，对价格并不是很敏感；而个人客户购买则对配送没有要求，更期望在保证一定质量的情况下有更低的价格。

根据客户生命周期的不同发展阶段，客户对企业具有不同的期望，这种期望既包括客户对企业的基本要求，同时也包括更高的潜在期望。表 5.2 列出了处于客户生命周期不同阶段客户的基本期望和潜在期望。从表中可以看出，处于潜在获取期、成长期和成熟期的客户，对企业的基本期望和潜在期望都存在显著差异。随着客户生命周期由潜在获取期进入成熟期，客户对企业的期望也在不断提高。

表 5.2 客户生命周期不同阶段客户的基本期望和潜在期望

客户关系生命周期阶段	基 本 期 望	潜 在 期 望
潜在获取期	优质的有形产品，配套的附加产品	更大的物质利益，企业的关心
客户成长期	潜在获取期提供的一切价值	受到企业非同一般的重视
客户成熟期	成长期提供的一切价值，企业和自己得到的价值对等	成为企业的一部分，自我对企业的重要价值得到认同

可见，这些不同类型的客户具有各不相同的需求和行为特征，因此，企业需要确定跟哪些客户互动，因为这将在很大程度上决定企业互动内容的设计、费用、互动渠道的选择等。

5.3.2　确定互动目标

在明确互动对象之后，企业就需要考虑与客户互动的目标。一般而言，企业与客户互动的目标包括如下两个方面。

1．加深与现有客户的联系

企业与现有客户的联系包括两个方面。一个是经济联系，主要是客户从企业采购商品或者服务的金额以及数量。另一个是情感联系，主要体现为客户对企业的信任、企业对客户的关怀。在设定互动目标时，上述两个方面并不冲突，企业可以期望客户不仅增加采购量，同时也增进相互间的感情。当然，企业也可以只关注其中的某一个方面。

2．吸引潜在的客户

潜在客户是指那些有希望成为企业产品或者服务购买者的客户。潜在客户包括两个部分，一个是同一市场中所有企业都面临的未来可能的购买者，另一个则是企业竞争对手的客户。吸引潜在客户意味着企业希望扩大自身的客户群体。相比较而言，吸引竞争对手的客户更为艰难，因为这需要企业付出更多的努力。

吸引潜在客户包括不同的方面，可以进一步细分为：扩大企业在潜在客户中的知名度，增强潜在客户对企业产品或者服务的认同感，鼓励潜在客户购买等。

企业在设定互动目标时，需要注意如下几个方面。

1）互动目标的具体性

互动的目标必须是具体的，而不是空泛的。比如，在吸引潜在客户、提升企业知名度时，不能将目标简单地确定为"在全国范围内扩大公司知名度"，而应当确定为"将公司的知名度提升 50%"。一个空洞的目标将让企业的员工无所适从，从而降低企业与客户互动的效果。

2）互动目标的可实现性

企业在指定互动目标时，需要考虑自身的资源和实力，设定的目标应当是可以并且能够实现的，而不是好高骛远的。例如，对于许多中小企业而言，将互动目标设定为"吸引行业领导者 20% 的客户"，这一目标就显得过高，难以实现。

3）实现互动目标的时间期限

当企业设定互动目标之后，就需要制定实现目标的时间。目标的实现不能无限期拖延，要便于企业检查互动目标实现的状况。

4）互动目标的多样性

企业设定互动目标时，可以设立多个目标。例如，企业在吸引潜在客户购买时，还可以提升产品或者品牌的知名度，增加客户对企业的好感，提升现有客户的重复购买率等。设立多个互动目标时，需要注意这些目标是相互联系的、相互兼容的，而不是相互矛盾的。

5.3.3 设计互动内容

企业与客户之间的互动涉及产品或者服务信息、情感、建议等方面。在企业确定互动内容时，需要考虑如下几个方面。

1. 主题

对企业而言，需要设计一个能够实现互动目标的主题或者诉求，这将关系到互动目标能否实现。在设计互动内容时，企业首先需要考虑互动目标客户的需求与行为特征。换言之，企业首先需要清楚目标客户有哪些要求、他们希望获得什么样的信息。企业必须在弄清互动目标客户需求的基础上，设计相应的主题。

2. 结构

在内容结构方面，需要关注以下两点。第一，最重要的信息是放在最后还是开始。如果放在开始，优势是让客户在第一时间明白，留下深刻的印象，但有可能会造成虎头蛇尾。如果放在最后，可以起到总结的效果，但有可能被客户忽略。第二，是否需要给客户一个明确的结论。换言之，企业是否需要在互动的时候，就告知客户关于产品或者服务的结论，例如"我们的产品在性能上比竞争对手高20%"。如果告知客户，优势在于让客户清晰知道产品的特点，劣势在于可能会引起客户的反感。因此，目前许多企业认为不应当告诉客户结论，而是通过互动的内容，让客户自己判断，这样可以增强客户对企业的信任。

3. 格式

企业同样需要为客户互动设计适宜的格式。在设计格式时，需要考虑不同互动渠道的特点。如果是利用印刷广告或者商品目录的方式，则需要注意使用的纸张、标题、图片等，以便引起人们的注意。如果是通过广播，则需要注意词语、背景音乐以及人的声音。如果企业通过派遣员工与客户直接面对面接触的方式，那么就需要注意互动的时间、地点，员工需要注意穿着、神态、语气以及措辞等。

5.3.4 确定互动预算

企业在确定互动预算时，有多种方法可以选择。例如，根据企业目前的状况，将所有可能的资源都用于客户互动。还可以根据企业的销售额或者利润，确定一个固定的比例，据此来设定用于客户互动的资金。除了上述两种方法，还可以根据竞争对手用于客户互动的资源，来确定本企业用于互动的费用。

除了上述办法，比较符合企业实际的方法是根据客户互动目标来确定预算。这种预算方法的步骤是：首先，将互动目标进行细分，确定具体的目标；其次，分析达到这一目标所需要完成的任务；最后，估计完成这些任务所需要花费的成本。这些成本的总和即为企业互动预算。该方法的优势在于能够让企业清楚知道所花费的资源与取得的成果之间的关系。

5.3.5 确定互动渠道与频率

企业与客户的互动渠道有很多种类型，在具体的互动过程中，企业不可能选择所有的渠道，只能选择其中的某些渠道进行互动。同时，企业必须确定在选定的不同渠道中与客户互动的频率。因此，在这一步骤中，企业需要弄清如下两个问题。

1. 选择哪些渠道

在确定具体的渠道时，企业首先需要弄清客户期望通过什么途径与企业互动。这是企业选择互动渠道首先需要考虑的因素。因为如果企业选择的渠道并不符合客户的预期，那么当企业选择这些渠道时，就会遇到客户的抵制，无法实现预期的目标。

其次，分析不同渠道的优势和劣势，根据客户的期望和企业的目标确定合适的渠道。正如前文所述，不同渠道各有优点和缺点。因此，需要综合考虑客户需求、企业互动目标、渠道特征来最终确定选择哪些渠道进行互动。

最后，企业需要注意不同类型渠道的组合使用。在日新月异的市场上，单纯依靠一种互动渠道已经难以实现既定目标，因此企业需要综合运用多种渠道，通过"组合拳"来实现目标。那么，在选择渠道类型时，就需要注意不同渠道的组合方式。是各种渠道平均使用，还是以某一种渠道为主，其他渠道为辅？这些都是企业需要考虑和决策的内容。

2. 何时与客户互动

这一问题包括两个小问题，其一是企业在什么时间与客户互动，其二是企业间隔多长时间与客户互动。回答上述两个问题的起点，依然是客户需求。例如，有些企业通过电视广告与客户互动时，并没有考虑到客户的期望，而是希望借助高密度的广告来迅速增加客户对企业产品的认知。这种方式尽管能够让客户加深对企业产品的熟悉程度，但同时也会降低客户对企业产品的良好印象。在考虑客户需求的同时，也需要顾及企业的互动目标。在综合考虑的基础上，确定合适的时间与频率。

5.3.6 评估互动效果

当企业完成一个阶段的客户互动之后，就需要对客户互动的结果进行评价。在对互动效果的评价中，必须结合互动目标，主要回答以下几个问题。

（1）互动效果是否实现了既定的目标？

（2）在与客户的互动过程中，存在哪些问题需要改进？

（3）在与客户的互动过程中，发现了哪些新问题或者新现象？

5.4 客户投诉

客户反馈意味着由客户发起与企业互动，包括反馈对产品或者品牌的体验感受、对产品或者服务提出意见和建议等。本节将重点阐述客户投诉。

5.4.1 客户投诉的价值和原因

对企业而言，客户投诉并不是一件悲伤的事情，而是一件令人高兴的事情。有统计数据表明，在大约 27 位客户中，只有 1 位客户会向企业投诉，其余的 26 位客户并不会向企业表达他们的不满，而是会在适当的时候悄悄终止与企业的关系。因此，对企业而言，客户抱怨具有如下两个方面的价值。

其一，通过客户抱怨，企业可以了解自身的产品或者服务存在哪些问题，进而找到改进的办法。例如，海尔曾经推出了可以洗地瓜的洗衣机。这款洗衣机的研发就是因为经常有客户抱怨洗衣机的出水管被堵住。售后服务人员在上门维修时，偶然发现出水管被堵住的原因是客户经常用洗衣机洗地瓜。于是，维修人员把这一情况报告了公司，海尔据此开发了可以洗地瓜的洗衣机。又如，松下公司创业初始，松下幸之助听到客户抱怨现在的插座都是单孔的，使用起来很不方便，他得到启发，便组织力量开发出了可以同时插几个电器的三通插座，得到好评。

其二，如果企业能够妥善处理投诉，将会使客户感到满意。有统计数据显示，70%～90%的投诉客户在对投诉解决方式满意的前提下会继续维持与企业的交易关系；如果投诉客户对投诉解决方案表示不满，这一比例将会下降到 20%～50%。

客户投诉的原因无外乎两种：一种是企业的原因，另外一种则是客户自身的原因。由企业的原因导致的客户投诉包括：产品或者服务质量的问题，服务人员、服务环境等问题。由客户自身的原因引起的投诉包括：客户使用不当、客户期望过高等。

在上述两类原因中，由企业引起的客户投诉占据了客户投诉中的大部分。

5.4.2 客户投诉处理过程

处理客户投诉，一般按照如图 5.2 所示的步骤进行。

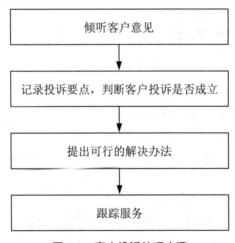

图 5.2　客户投诉处理步骤

1. 倾听客户意见

在处理客户投诉的过程中，第一步是倾听客户的意见，让客户能够充分表达心中的不满。有许多企业员工在处理客户投诉时，往往还没有弄清楚客户抱怨的内容是什么，就开始与客户争吵，或者挑剔客户的错误，强调企业并没有错误。这种处理客户投诉的方式不仅不能解决投诉问题，相反还会让客户更加不满，让客户与企业的矛盾升级，有可能形成无法挽回的后果。

2．记录投诉要点，判断客户投诉是否成立

客户投诉有可能并不是企业本身的失误，而是由客户自身的原因造成的。那么，企业在弄清客户投诉的原因之后，就需要对客户投诉进行分析，看看是不是确实由企业原因造成。

3．提出可行的解决办法

若企业证实客户投诉是由企业的原因造成的，就需要提出切实可行的解决办法。许多企业在处理客户投诉时，一味推诿，或者不愿意承担责任，都将给企业造成巨大的损失。

4．跟踪服务

当企业切实解决了客户投诉之后，还需要跟踪服务，以明确客户是否满意投诉解决方案。如果客户还有不满，企业仍然需要继续改进。

本 章 小 结

1．客户互动是指企业与客户之间进行信息的交流与互换，是企业与客户之间建立互相联系的纽带和桥梁。

2．客户互动会对企业的客户关系管理产生重要影响。首先，企业通过与客户的互动将自己的产品介绍给客户，扩大客户群体。其次，企业通过与客户的互动来了解客户的需求。最后，企业与客户之间的互动是提高客户满意、维系客户的重要途径。

3．按照互动的发起者，客户互动包括由企业发起的互动、由客户发起的互动两类。按照互动的距离，客户互动包括面对面互动、间接人员互动、非人员互动三类。按照互动的频度，客户互动包括高接触互动、低接触互动和技术接触互动。

4．按照互动渠道中是否涉及企业员工与客户的直接沟通，可以将互动渠道划分为人员互动渠道和非人员互动渠道。人员互动渠道涉及企业员工与客户之间的直接交流与沟通，这种交流与沟通可能是面对面交谈，也可能借助某些工具，包括信函、电话和数字化渠道。非人员互动渠道是指那些不需要通过企业与客户之间的接触和反馈就可以传递信息的渠道，主要包括媒体、环境、事件和智能服务机器人。

5．企业的客户互动包括如下六个步骤。第一步，需要确定客户互动的对象，即确定跟哪些客户互动；第二步是明确企业希望达到的目标；第三步是设计互动的内容，即完成说什么的工作；第四步是计算企业在互动中的费用开支；第五步是确定互动的渠道以及频率；第六步是评估互动的效果。

6．客户投诉对企业的价值体现在如下两个方面。其一，通过客户抱怨，企业可以了解自身的产品或者服务存在哪些问题，进而找到改进的办法。其二，如果企业能够妥善处理投诉，将会使客户感到满意。客户投诉的原因来自企业和客户自身两方面，其中由企业原因导致的投诉占多数。

7．客户投诉的处理过程包括：倾听客户意见；记录投诉要点，判断投诉是否成立；提出可行的解决办法；跟踪服务。

复习与讨论

1. 什么是客户互动？
2. 客户互动渠道有哪些方法？这些渠道各有哪些优缺点？
3. 如何设计与客户互动？
4. 什么是客户投诉？如何处理客户投诉？
5. 回忆给自己留下深刻印象的一次投诉经历，分析企业处理此次投诉的过程。

企 业 访 谈

医流巴巴的客户互动

第6章　客户个性化

（1）理解客户需求和定制营销的含义；

（2）弄清客户个性化的过程；

（3）了解识别客户需求的手段；

（4）掌握定制营销的类型和实现方式；

（5）理解个性化营销中个人信息保护的重要性。

开篇案例

青岛红领的 C2M 模式

2014 年 5 月，服装行业有一个品牌的影响力突然爆发。紧接着 5 月、8 月，中央电视台新闻联播节目两次报道该品牌的 C2M 个性化定制模式，这个服装品牌叫红领。简单来看，红领的 C2M 定制模式是完全为用户量身定做西装，用户如果知道自己的量体数据，甚至可以自己在互联网上下单。红领将订单交由自助改造的大规模定制生产线，7 天完成生产，然后交由 UPS 全球航运，两周之内交付用户。

1. 红领 C2M 模式的实施过程

第一步，量体和网络下单。红领定制主题用户大多来自欧洲和北美，这类用户一般对自己的量体数据比较了解，他们多习惯到红领网站上去选择参数直接下单。而国内的用户大多还需要亲身量体，用户可以自己到红领加盟门店量体，也可以约定时间请量体师傅上门量体，得到量体数据后再在线下单。如果是用户自助下单，他可以在线选择定制西装的各种细节，例如对面料、款式、肩型、里料、扣子等几十项细则进行个性化选择。

第二步，人工核对下单。个性化订单首先进入红领的订单系统，这个系统可自动进行排单处理，接着进行版型匹配和工序拆分。制作这个订单需要的布料、辅料、人手也会由系统计算出。在红领，员工上班后，首先会进行订单细节的人工核对，这时的订单还未进入生产。核对细节的红领员工非常像一般的白领职员，他们每人面对一台计算机，工作台上干净整洁，每件衣服要核对的数据超过 50 项，如果有问题可及时调整，如果无误则进入下一流程。

第三步，制作电子标签。核对完订单细节后，红领员工会点击按钮，由系统制作生成一张 RFID 射频卡。这张射频卡记录了用户订单所有信息的详细数据，除了用户自助录入的数据，还包括红领订单系统自动生成的各种生产数据。卡的表面贴有一个不干胶，上面打印有用户姓名、单号、款式、线型等基本数据。这张射频卡会跟随一套定制服装生产的全过程。在生产的每个环节上，红领的员工刷这个卡获取自己的工序所需要的数据，也记入新的数据，直到400多个环节全部完成。当一套定制服装准备装箱航运时，这张卡才被取下回收，而用户和服装生产的数据将被永久记录在红领生产服务器里。

第四步，自动裁剪布料。完成版型匹配的订单正式进入生产系统，首先是由物料部门裁剪布料。这个部门的员工只需要将布料放到计算机控制的裁床上，由智能系统自己计算出最节省布料的裁剪方案，再把裁好的布料与电子标签挂到一个吊挂上，然后进入后续生产工序。

第五步，工人在线生产。吊挂系统是服装生产的流水线，与电气制造流水线不同的是，吊挂流水线是在生产车间的上方，服装半成品就夹在每一个吊挂夹子下。吊挂系统下面是工人的工作台，工人完成当前工序的工作，将吊挂推进到下一环节。每个环节的吊挂，非常像荷叶边折叠的窗帘。正常开动中的吊挂流水线上，根据工序复杂程度和工人熟练程度的不同，有的工序上累积了几个待加工的吊挂，有的只有一个，还有的没有吊挂。在红领的服装定制车间，除了有智能化的吊挂系统，每个员工工作台上都有一台计算机。有的计算机只是一个显示屏幕，有的计算机跟数字缝纫机集成在一起，这些计算机都与红领的生产服务器相连。所有员工接到一个新吊挂后，先拿吊挂上的电子卡在计算机上扫描，计算机屏幕只列出这位员工当前工作需要的数据。

第六步，个性化加工。在用户所有的定制细节中，往往还会有一些个性化的小工序，例如在袖口、衣领或内衬胸口处绣上用户指定的个性化文字或图案。红领的智能生产系统会直接控制数字刺绣机完成布料刺绣工作。

第七步，25个环节的质检。当所有的生产工序环节完成后，服装进入具有25个环节的质检程序。质检员工将衣服穿在3D衣架上，对照计算机屏幕，逐一查验显示数据。发现问题，立即处理。

第八步，成品上挂等待交付。质检完成后的服装作为成品上挂，等待UPS空中航运，最终交付给用户。用户从下单到拿到定制服装，不超过两周。现在红领的定制生产过程为7天，这个过程还可以压缩到5天。

2. 红领大规模定制模式的特点

与大规模制造的成衣生产线相比，红领的大规模定制模式有以下特点。

第一，省掉中间环节。用户直接与红领打交道，不需要与代理销售沟通。

第二，服饰产品更贴身。商城里的成衣，虽然能做到大体尺寸相差不大，但总会有一点点的不如意，例如袖子长点儿、短点儿，肩膀肥点儿、瘦点儿。要使消费者满意，只有量身定做。

第三，零库存不压货。红领的模式，首先没有库存风险，每一个进入生产线的订单都已经有买主，而且已经有了部分用户的付款。每一件定制的服装都可以计算利润。

第四，积累用户数据。用户在红领定做的服装数据会永久地储存下来，用户再次订做时，很多数据都可以重用。这些数据表面看反映了用户的身材尺寸，但长期来看就是用户的喜好和行为习惯。

第五，超高的行业壁垒。红领的这套智能生产系统是一条完全对传统服装生产线进行再造的智能系统。这套系统已经不仅仅是一个工单系统，它甚至超越了生产型企业ERP的范畴，将用户数据、生产数据、库存数据、各种模型有机地整合起来。现在他们将这套系统命名为"酷特"。这套系统才是红领模式的核心价值，对于这种核心竞争力，一般同行是模仿不了的。

资料来源：佚名. 青岛红领的 C2M 模式[EB/OL]. [2023-01-31]. https://zhuanlan.zhihu.com/p/32598969.

6.1　客户个性化过程

在 IDIC 模型中，客户识别、客户区分、与客户互动都是为了能够更好地满足客户的需求，以便与客户建立长期紧密的关系。本章将具体阐述企业如何针对不同的客户提供不同的产品与服务，图 6.1 列出了客户个性化的过程。

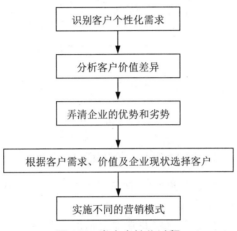

图 6.1　客户个性化过程

1. 识别客户个性化需求

需求是指客户有能力实现的、对某一产品或者服务的渴求。随着人们消费水平的提高和网络技术特别是 Internet 在人们日常生活中的广泛应用，人们的生活方式发生了深刻的变化，越来越追求个人心理上的满足，喜欢个性化的产品，崇尚个性化消费，由此带来了客户需求的个性化。因此，企业不仅需要了解客户普遍的、共同的需求，更重要的是需要掌握不同客户的个性化需求。

2. 分析客户价值差异

正如第 4 章所述，不同客户能够给企业带来的价值存在很大的差异。企业应当能够区分高价值客户和低价值客户。

3. 弄清企业的优势和劣势

基于资源的理论，不同企业所拥有的资源千差万别，并且所拥有的资源都是有限的，因此企业无法满足所有客户的需求，而只能满足某一部分客户的需求。企业在试图满足客户需求之前，就必须弄清楚自身所拥有的优势和劣势，扬长避短。

在这一步骤中，企业需要厘清以下问题。

（1）公司今年的销量、销售额、利润是多少？

（2）公司今年的成本支出有哪些？

（3）不同的客户占用了哪些资源？

（4）公司的资金、人力、技术、物质资源现状如何？

（5）与竞争对手相比，公司资源在哪些方面有优势，哪些方面是劣势？

（6）与竞争对手相比，外部环境变化对公司有哪些影响？

（7）公司未来面临的机会和威胁各是什么？

4. 根据客户需求、价值及企业现状选择客户

面对多样化的客户，企业需要综合考虑客户需求、价值及自身的状况，来决定为客户提供哪种产品和服务，图6.2列出了可能的选择模式。

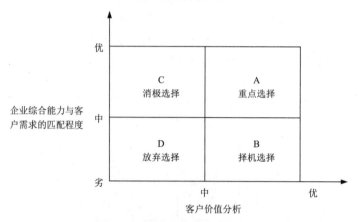

图6.2 企业对客户的选择模式

那些能够为企业带来高价值、企业的资源和能力能够满足其需求的客户，是企业重点选择和维持的客户，即方框A。

在很多时候，企业明白有些客户是非常有价值的，能够为企业带来丰厚的利润，但是由于自身资源、能力的限制，企业难以在现阶段为这些客户提供他们所希望的产品或者服务。那么，这些客户是企业在未来恰当的时机加以选择的客户，即方框B。

那些企业很容易满足其需求，但是不能为企业带来高价值的客户属于方框C。对于此类客户，企业有两种选择：一是不对其投入大量的资源，维持目前的状态；二是针对这些客户的需求，开展相应的营销活动，将这些客户转变成能够为企业带来高价值的客户。

对那些企业现有的资源和能力难以满足其需求，同时又不能为企业创造高价值的客户，则不应当将其列入企业的客户群体，即方框D。

5. 实施不同的营销模式

企业在将客户区分为不同的群体之后，结合客户的特征，可以设计和制定与客户互动的策略以及生产相应的产品和服务。在企业选定的、希望满足其需求的客户群体之中，依然存在需求和价值的差异。那么，企业可以根据客户价值及需求差异大小，实施不同的营销模式。图6.3列出了基于客户价值和需求差异的不同营销模式。

显而易见，对于那些无法为企业带来丰厚的利益、但是又具有个性化需求的客户而言，企业不应将其作为目标客户群体，需要放弃这部分群体，即方框A。

对于那些具有相似需求而又无法为企业带来高额回报的客户而言，企业可以采取大众市场营销方式，即方框B。所谓大众市场营销方式是指：由于该客户群体的需求无差异，因此可以用同一种产品来满足这些客户群体的需求。例如，可口可乐公司曾经在很长一段时间内只向市场提供一种可乐，满足不同人群的需求。

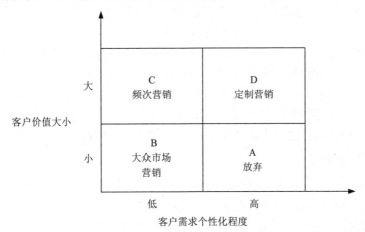

图 6.3　企业营销模式选择

对有相似需求、能够给企业带来高价值的客户群体而言，企业可以采取频次营销的方式，即方框 C。所谓频次营销或频率营销，是指企业采用一定的手段鼓励客户多次购买本企业的产品，以提升销量。例如，现在很多超市、百货公司、银行、航空公司实施了会员卡、贵宾卡、俱乐部制度，只要客户的消费金额达到一定程度，就可以获得相应的奖励。执行较好的俱乐部和频次营销计划产生了辉煌成果，比如，当西尔斯公司发现许多顾客正走到它的竞争对手那里去的时候，便开始实施最佳顾客活动。这项活动把那些频繁到西尔斯购物，还有那些每年来这家商店花一大笔钱的顾客定为最佳顾客。大约有 720 万顾客符合这项标准，而零售商们估计他们每人的价值是那些一般新主顾的 6 倍还多。最佳顾客得到了特殊的优惠，比如，商家保证在 24 小时内对服务要求做出反应。这项活动使西尔斯公司的顾客保留率提高了 11%，并且使这些最佳顾客的购物消费增加了 9%。

对能够为企业创造高价值、但是有不同需求的客户，企业应当实施定制营销的方式，即方框 D。所谓定制营销是指企业根据每一个客户的不同需求，单独设计、生产产品并迅捷交货的营销方式。

6.2　客户需求个性化

6.2.1　客户需求的含义与特征

1. 客户需求的含义

在市场营销学中，需要、需求是两个非常相近的概念。需要是指人们感到缺乏的一种状态，如生理需要，社会需要及自我实现的需要等。欲望是由需要派生出的一种形式，它受社会文化和人们个性的限制。需求是有支付能力的欲望。

不同的客户需求存在很大差异，主要体现在如下几个方面。

（1）相同的消费可能是出于不同的需求。例如，同样是需要购买口香糖。对零售商而言，购买口香糖的目的是为了继续销售，那么他的需求是希望供货及时、价格低廉。对客户而言，购买口香糖的目的是自己消费。

（2）需求相同，但是需要用不同的产品来满足。比如，当口渴时，有些人喜欢喝纯净水，有些人喜欢喝果汁，还有些人喜欢喝碳酸饮料。

企业希望客户能够尽可能多地购买自己的产品或者服务，而客户的购买行为是由其需求所决定的。为了让客户能够更多地购买公司已有以及新增产品或服务，公司需要改变或者引导客户行为，而这一切的基础，都在于企业对客户需求的洞悉，不仅要知道客户的需求是什么，还要明白不同客户之间需求的差异在哪里。这样，企业才能有的放矢，根据客户的不同需求，设计相应的客户沟通策略，引导和改变客户的行为。

2. 客户需求的特征

客户的需求特征表现在如下几个方面。

（1）需求内容（what）：客户需要什么？

（2）需求时间（when）：客户在什么时间需要？

（3）需求地点（where）：客户在哪里需要？

（4）需求原因（why）：客户为什么需要？

（5）需求批量（how many）：客户需要多少？

（6）需求价格（what price）：客户能接受的价位是什么？

（7）支付方式（how to pay）：客户希望以何种方式支付？

（8）需求频率（frequency）：客户多长时间会购买一次？

人的需求有很多种，不仅有衣食温饱的生理需求，还有安全、交际、展示自我以及发展自我的精神需求。人们的需求层次随着社会的进步和生活水平的提高而提高。手工业时代，作坊里的工匠按人们的要求单件定制产品，产品是差异化的，但是效率很低、成本高昂，即使一双靴子，顾客也要耐心地等上很久，绝大多数的顾客需求得不到满足。随着工业革命的发生，机器大工业的出现，特别是亨利·福特发明了装配线后，大规模生产应运而生，企业运用学习曲线、规模生产使效率提高、成本降低。在大规模生产模式下，企业为了回收固定成本，其产品品种和加工工艺很少变化，生产的产品千篇一律。随着网络经济的发展，企业的经营走向全球化，产品种类日益丰富，产品数量供过于求，产品质量趋于同质，人们的共性需求基本得到满足，需求呈现出越来越多的差异。人们越来越追求个人心理上的满足，喜欢个性化的产品，崇尚个性化消费，这便是客户的个性化需求。

需要注意，客户需求是一个动态变化过程，在不同的时间或者情景下，客户的需求存在显著的差异。例如，同一个客户，当他因公出差时，他希望有更好的舱位，航空公司能够为他提供更舒适的空中服务，而价格可能并不是他最关注的；而当他因为家庭旅行而乘坐飞机时，他可能不太在意舱位，价格才是他选择航班的关键因素之一。

6.2.2　区分客户需求的方法

区分客户需求的基础在于了解客户需求。在生活中，我们能看到的是客户的行为，而难以发现行为之下掩藏的客户需求。企业可以通过许多方法了解客户需求，如目的—手段链、市场调查等。

1. 目的—手段链

目的—手段链是发现客户需求的重要方法。该方法的目的在于识别客户购买特定产品或服务与他所追求利益和价值之间的关系，如图 6.4 所示。其具体方法是通过不断询问的方式来了解客户的动机与需求。在目的—手段链方法中，首先要确认企业的产品或者服务的核心特征是什么，即从产品或者服务涉及的各种特征找到对客户而言最重要的特征。对产品或服务而言，特征包括具体的属性和抽象的属性，其中具体的属性是指在产品中直接体现的属性，例如薯片的口味是奶酪味的；抽象的属性指不是由产品直接体现的、而是隐藏在产品之中的属性，例如薯片是高热量的。在界定了产品或者服务的核心特征之后，就需要弄清这些特征能够给客户带来什么利益。产品或者服务带给客户的利益不仅包括功能利益，也包括心理利益。其中功能利益是产品所能满足的客户某一方面的具体需求，而心理利益则是该产品带给客户心理上的愉悦感。最后，要理解客户为什么认为这些利益是重要的，弄清企业所提供产品或者服务对客户而言能带来什么价值。

图 6.4　目的—手段链分析

例如，客户购买口香糖，能看到的特征是带有薄荷香味，这是产品的核心特征。薄荷味的口香糖给客户带来的利益是能使客户口气清新，这是客户追求的利益所在。而隐藏在利益之下的，是客户希望能够在社交场合充满自信，不会因为口气问题而遭遇尴尬局面。企业很容易观察到客户所追求的利益，但要能抓住利益之下隐藏的价值，则不是一件容易的事情。这需要企业深入了解客户。

2. 市场调查

市场调查是发现客户需求的另一个重要方法。世界知名的日化企业——宝洁公司将市场调查作为其开发新产品、建立品牌的重要手段。宝洁公司建立了一支专业调查队伍，他们的足迹遍及全国。调查人员深入普通百姓家庭，与消费者同吃、同住，观察他们的生活习惯，看他们如何洗衣服、如何刷牙、如何洗头、如何给孩子换尿布。除此之外，宝洁公司还利用定量样本研究、定性效果分析、举办消费者座谈会、入户访问、商店调查等方法来了解客户需求。宝洁公司认为所有问题的关键在于能否从深层次上了解客户。数十年来，宝洁公司一直坚持使用上述方法深度了解、分析客户行为，进而发现客户需求，在此基础上推出适合客户需求的产品，从而在世界范围获得了巨大的成功。

6.3　定 制 营 销

6.3.1　定制营销概述

定制营销（customization marketing），也称为一对一营销、个体营销、个别化营销，是指把每一位客户视为一个潜在的细分市场，并根据每一位客户的特定要求，单独设计、生产产品并迅捷交货的营销方式。它的核心目标是以客户愿意支付的价格并以能获得一定利润的成本高效率地进行产品定制。科特勒将定制营销称为21世纪市场营销最新领域之一。

定制营销的概念是与规模定制（mass customize）联系在一起的，规模定制是定制营销思想得以成功应用的基础。规模定制这一概念是由斯坦·戴维斯（Stan Davis）于1987年提出的，斯坦·戴维斯在其《完美未来》（*Future Perfect*）一书中认为规模定制是以类似于标准化、大规模生产的成本和时间，提供客户特定需求的产品和服务。1993年B.约瑟夫·派恩（B. Joseph Pine）在《大规模定制：企业竞争的新前沿》一书中写道：大规模定制的核心是产品品种的多样化和定制化急剧增加，而不相应增加成本；满足个性化定制产品的大规模生产，其最大优点是提供战略优势和经济价值。由此可见，规模定制是一种集企业、客户、供应商、员工和环境于一体，在系统思想指导下用整体优化的观点，充分利用企业已有的各种资源，运用标准技术、现代设计方法、信息技术和先进制造技术，根据客户的个性化需求，以大批量生产的低成本、高质量和高效率提供定制产品和服务的生产方式。

对企业而言，定制营销的优势在于能够按照客户的需求设计、生产产品或者服务，能够最大程度满足客户的需求，从而得以增强企业与客户之间的联系，建立紧密的客户关系。同时，在大规模定制的情境下，企业的生产运营受客户需求驱动，以客户订单为依据来安排定制产品的生产、采购，使企业库存最小化，从而降低了企业成本。规模定制能够把大规模生产模式的低成本与按照客户需求生产很好地结合起来，实现满足客户个性化需求和降低成本的双重目标。除此之外，规模定制还降低了企业新产品开发的风险。因为在规模定制情境下，企业能够深入了解客户的需求，这为企业研发新产品奠定了基础，增加了新产品成功的概率。

6.3.2　定制类型

琼·佩恩（Joe Pine）和詹姆斯·H.基尔默（James H. Gilmore）认为并非所有的定制都是等同的，他们提出了四种定制方式。

1. 适应性定制

适应性定制是指企业提供标准产品，而客户可以根据自身的不同需要对其加以变化。例如，在宜家家居，客户挑选购买了家具之后可以根据自己的需要对所买家具进行不同的组合。又如，客户在商店购买衣服之后，可以根据自己的需要对服装进行修改，比如将衣服的长度改成自己想要的长度等。

2. 化妆式定制

化妆式定制是指对不同客户提供不同产品，但这种不同的产品并不是一开始就为客户量身定制的，而是在销售过程中，根据客户的需求对产品进行一些装饰或者修饰，以便满足客户的个性化需求。例如，汽车生产厂家根据客户的需求，在车体上喷涂公司名称、广告等。Lillian Vernon鼓励购买者用一个小孩的名字来将自己的背包和睡袋个性化。在许多金银饰品店，可以根据客户的需求，在戒指或者其他首饰上刻上客户的名字。

3. 合作式定制

合作式定制是指完全按照客户的需求生产产品或者提供服务。在合作式定制中，企业首先需要和客户进行深入的交流和沟通，以便确定客户的需求，然后根据客户的需求，为客户定制产品或者服务。例如，在家用电器行业，海尔根据国美、苏宁的需求专门为其生产专供产品，以满足国美、苏宁的特殊需求。在物流服务行业，DHL 与影像企业爱克发（AGFA）的合作中，DHL 为爱克发公司的影像产品提供特殊的环境，如对温度和湿度的严格控制、在仓库内设置专用工作间用于仪器的校准等。DHL 在中国上海区域转运中心1.8 万平方米的仓库中常设 500 余个爱克发公司专用库存单元，占据其全部物流成本的 1/6。

4．透明式定制

透明式定制是指企业为不同的客户提供定制产品或者服务，但没有告诉客户。例如，泰国东方饭店记录客户以往的偏好，当客户再次光顾时，饭店会根据客户的偏好来安排房间、提供客户喜欢的早餐等个性化服务。在迪克超市，客户会收到根据其以往消费习惯和偏好而制定的促销传单。亚马逊、当当等电子商务企业也会根据客户的浏览偏好以及购买偏好来展示不同的网页。

在上述四种定制类型中，适应性定制和化妆式定制的优势在于企业实施的成本较低，同时这两种方式为客户提供了获得其想要物品的途径。但是，在适应性定制和化妆式定制中，企业并没有记录为客户提供的个性化产品或者服务，也没有记录客户的行为、偏好等信息。因此，当客户再次要求个性化产品或者服务时，企业需要重新确认。此外，在适应性定制和化妆式定制中，客户与企业的关系相对松散，这两种定制方式容易被竞争对手所模仿，并不能为企业树立真正的竞争优势。

在合作式定制和透明式定制中，企业需要认真记录、研究客户的需求，才能为客户提供其想要的产品或者服务，因此需要企业投入较多的资源和努力。在合作式定制和透明式定制中，企业在很多情况下会基于对客户需求的预测，采取提前行动，这使得客户能够从企业那里获得别的竞争对手所不能提供的产品或者服务。这样，有助于企业与客户建立更为紧密的关系，从而为企业树立持久的、不易模仿的竞争优势。

不同定制类型间的特点比较如表 6.1 所示。

表 6.1　不同定制类型间的特点比较

定 制 类 型	实 施 成 本	易被模仿性	客户关系紧密程度	创建竞争优势
适应性定制	低	高	低	低
化妆式定制	较低	较高	低	低
合作式定制	高	低	高	高
透明式定制	较高	较低	高	高

6.3.3　定制实现方式

企业可以通过多种方式来实现定制营销。一般而言，企业可以通过如下方式实现定制。

1．产品多样化

客户需求的个性化主要体现为需求的不确定性、多样性和快变性三个主要特征。首先，需求的不确定性意味着客户购买倾向和购买行为的不规则，这使得企业无法按照以往的模式预测客户未来的消费趋势。其次，客户需求的多样化最终表现为对产品或产品功能需求的多样化。例如，不同客户对西装的尺寸、版型、面料、颜色、花纹、扣子样式等都有不同要求。最后，客户需求的快变性在时间上表现为需求变化速度的加快，这导致了产品生命周期的缩短。以硬盘驱动器生产为例：主机驱动器等高端产品的生命周期从 24 个月缩短为 12 个月；台式机使用的驱动器产品生命周期更短，每 9 个月就有新一代产品推出；个人终端机的产品生命周期已被缩短为 6 个月左右。

考虑到客户需求个性化的上述三个特征，企业可以通过产品多样化的方式来满足个性化的客户需求。产品多样化意味着企业不再只生产几种产品，而是在考虑客户可能需求的基础上，小批量、多品种生产，甚至采用按需定制的方式来满足客户的个性化需求。

例如，为了实现按需定制生产方式，双驰联手中国科学院耗费 4 年时间潜心研发设计"识足鸟脚型足压步态扫描仪"，基于采用国内领先的柔性压力传感技术和 3D 实感机器视觉、三维扫描技术，该扫描仪可在 15 秒内获取 54 项足部特征及健康数据，包括足长、足宽、足高、足底压力、步态特征等。同时，还可对客户的身体重心、骨盆状态等进行多方面的健康检测。通过大数据分析和云计算系统，设备会为用户挑选出尺码、功能最合适的鞋款。通过准确获取用户的定制信息，按照用户的个人喜好，除了定制鞋子的尺码、颜色、图案、签名等，该设备还可以基于大数据分析推荐具有针对性的运动健康建议，为顾客提供全方位的健康解决方案。

2. 模块化生产

从理论的角度看，企业可以通过无限扩展产品线及产品组合来满足客户的个性化需求，但由于企业的资源是有限的，无法无限制地生产不同种类的产品。同时，当产品批量越来越小、各批次产品差异较大时，意味着企业必须不断调整生产设备，毫无疑问，这会大大增加企业的成本，削弱企业在市场上的竞争力。

考虑到产品多样化存在的局限性，20 世纪 90 年代之后，模块化生产逐步被认为是一种可行的实现大规模定制的方式。所谓模块，是指可组成系统的、具有某种确定独立功能的半自律性的子系统，可以通过标准化的界面结构，与其他功能的半自律性子系统按照一定的规则相互联系而构成更加复杂的系统。模块化是指把一个复杂系统或过程根据系统规则分解为能够独立设计的半自律性子系统的过程，或者是按照某种联系规则，将可进行独立设计的子系统统一起来构成更加复杂的系统或过程。通过模块化，一个复杂的系统可以被分解为一系列相互独立的、具有特定功能价值的模块，并且，在遵循统一的界面规则的前提下，各模块进行半自律性独立动作，同类模块之间可进行替代，从而可根据需要组成不同的复杂系统。在模块化生产过程中，模块化设计，即如何将复杂的产品划分为不同的模块是模块化生产的前提。应用模块化技术，复杂的产品被分解为 个个功能模块，利用模块的相似性可减少产品结构和制造结构的变化，最终借助模块的选择和模块间的组合得以实现产品的多样性，同时还能控制产品成本。

在传统生产模式下，市场需求的多品种、小批量的特点给企业造成很大压力，企业在增加柔性的同时，往往不得不接受成本上升的事实。但在模块化生产方式下，企业只需在统一的产品界面标准上安插不同的产品模块就能实现目的，不仅成本低，而且最大程度地实现了顾客价值，提升了企业竞争力。

3. 标准产品+定制服务

在定制营销的过程中，不仅产品是可以定制的，服务也可以定制。对很多同时提供产品和服务的企业而言，如何提升个性化的服务则是企业需要考虑的问题。对服务的定制主要体现在服务的时间、内容和方式上。

例如，麦德龙将自己的目标客户定位为专业顾客，如酒店、餐馆、酒吧、咖啡馆、餐饮店、饮食服务店、食堂、一般或者专门食品和非食品零售商、服务提供商、自由职业者、大宗客户、政府部门及机构等。麦德龙在为客户提供种类繁多的商品的同时，还为他们提供许多个性化服务，比如专门成立"客户顾问组"，向客户（特别是中小企业）提供特色咨询服务；同时与主要客户进行沟通，向他们提出采购建议，帮助客户尽量降低采购成本。

4．与其他公司合作

企业除了利用自身的资源满足客户的个性化需求，还可以通过增强与其他公司的合作，为客户提供个性化的产品和服务。这种企业之间的合作一方面可以实现不同公司资源的协同利用，实现 1+1>2 的效果；同时也可以满足客户多方面的需求，为客户提供更为丰富的产品和服务。目前，越来越多的公司已经开始联手，打造能够符合客户特定需求的产品。

例如，耐克和苹果是两家处于不同行业的企业，但是他们都服务于追求时尚的青年群体。在此基础上，耐克和苹果携手推出了 Nike+iPod 炫酷运动装备，由标有"Nike+"标志的耐克运动鞋、Sport Kit 和 iPod nano 三个部分组成。穿上标有"Nike+"标志的耐克跑步鞋，跑步者只要将 Sport Kit 里的传感器插入左鞋鞋垫下的特制储藏袋中，然后将接收器插入 iPod nano，就可以完成跑鞋与 nano 的自动连接。跑步过程中，跑步者可以从 nano 的屏幕上清晰地看到自己的步幅、时间、热量消耗值等数据，跑步结束的时候，nano 屏幕上会显示这次跑步的关键数据，同时也可以从耳机里听到。这样，通过两家企业的协同合作，在各大耐克体验中心掀起了一股掌控跑步新节奏的体验热潮，极大地推动了两家公司产品的销售。

6.3.4　个性化营销中的隐私保护

当今社会，互联网逐步构建起万物互联的数字经济模式，而要将供应商的海量产品和服务与消费者形形色色的需求链接起来，仅靠随机的推荐与营销无异于大海捞针。于是，很多应用对用户的浏览足迹和偏好进行收集、分析和预测，甚至在开启应用时请求获取位置、开启麦克风等权限以求获取用户的更多信息，增强推荐的精准性，获取营销的更大成功。

对于应用的使用者来说，进行个性化推荐与营销也并非洪水猛兽。数字经济之所以能快速发展就在于数字技术在经济中的应用给消费者带来了便利。许多时候，App 的个性化推荐正中用户下怀，为用户节约了寻找心仪产品的精力和时间成本。

很显然，收集与分析用户信息，进行个性化推荐与营销是数字经济发展的必然产物，合理地应用此功能可以实现销售和推广企业产品、提升用户体验和平台吸引力的多重效果。

但需要注意的是，用户虽然在某种意义上需要"被倾听"、被理解，但也应该绝对保有拒绝"被窃听""被监控"的权利。App 在进行智能推荐的同时，必须尊重和保护用户的隐私。

首先，重视用户的隐私保护是数字企业的责任义务与竞争优势。在收集信息的范围上，企业对于用户个人信息的收集应该严格遵循《中华人民共和国网络安全法》规定的"合法、正当、必要"的原则。在收集信息的实践中，应用要尊重用户的知情、同意权，用清晰明了的语言事先告知用户该应用所有个人信息的收集、使用和多平台共享规则，不能因用户不同意提供某一项隐私信息而拒绝进行基本功能服务。在处理个人数据时，应采取匿名、脱敏、加密等必要技术措施，对相关数据的分类、画像、打标签工作应该尽量采用技术系统操作，避免员工个人操作造成用户隐私的泄露。在提供推荐服务时，更要尊重用户拒绝提供个人隐私、拒绝接受个性化推荐的权利，将选择权交给用户，把关闭该功能的过程设计得易于操作。

其次，重视用户的隐私保护是数字经济行业协会维护行业信誉的必要条件。数字经济行业协会可以制定消费者信息保护的企业准入标准，提高数字企业对消费者信息保护的重视，以获得用户青睐，而不是建立"数据垄断"。此外，数字经济行业协会要主动开发相关技术工具，帮助消费者在智能算法中保持独立自主，或者在消费者隐私受到侵害时提供有效帮助，为消费者维权提供救助之门。数字经济行业协会应该成为沟通消费者和数字公司的桥梁，一方面可以向消费者讲解和普及数字企业个性化推荐的脱敏化、标签化等技术知识，使个性化推荐机制更加透明，消除消费者的恐惧心理；另一方面可以定期召开消费者、有关部门、企业等方面的沟通会议，反映消费者的隐私保护诉求，讲解政府的政策和要求，制定相关企业的隐私保护公约。

最后，重视个人隐私保护是政府建立网络空间信任体系、促进数字经济持续健康发展的关键。平衡数字经济繁荣发展和保障个人信息安全，需要立法、行政管理和司法裁判的多方配合。《中华人民共和国个人信息保护法》的实施使隐私保护有全面细致的法律依据；行政上要提高对企业滥用个人信息的罚款额度，以起到震慑作用；司法上要对隐私侵犯的刑事案件严肃判决，绝不纵容姑息。

本 章 小 结

1. 客户个性化过程包括如下几个步骤：识别客户个性化需求；分析客户价值差异；弄清企业的优势和劣势；根据客户需求、价值及企业现状选择客户；实施不同的营销模式。

2. 客户需求是指有支付能力的欲望。不同客户之间的需求存在很大差异，客户需求特征包括需求内容、时间、地点、原因、批量、价格、频率及支付方式。客户需求包括不同的层次，也是一个动态变化过程。

3. 了解客户需求的方式包括目的—手段链和市场调查。目的—手段链的目的在于识别客户购买特定产品或服务与其所追求的利益和价值之间的关系，具体方法是通过不断询问的方式来了解客户的动机与需求。

4. 定制营销是指把每一位客户视为一个潜在的细分市场，并根据每一位客户的特定要求，单独设计、生产产品并迅捷交货的营销方式。它的核心目标是以客户愿意支付的价格并以能获得一定利润的成本高效率地进行产品定制。规模定制是定制营销思想得以成功应用的基础。

5. 定制类型包括适应性定制、化妆式定制、合作式定制和透明式定制。实现定制的方式包括：产品多样化，模块化生产，标准产品+定制服务，与其他公司合作。

6. 企业在通过 App 等手段进行个性化智能推荐营销活动时，必须切实尊重和保护用户的隐私。

复习与讨论

1. 客户个性化包括哪些步骤?
2. 什么是客户需求? 客户需求的特征有哪些?
3. 如何区分客户需求?
4. 什么是定制营销? 定制营销的方式有哪些?
5. 如何实现定制营销?
6. 收集有关客户个性化的案例, 分析、比较其成功与失败之处。

企 业 访 谈

医流巴巴的客户个性化

第7章 客户关系测评与维护

（1）掌握客户满意、客户忠诚的含义和重要性；
（2）熟悉客户满意度影响因素与调查方法；
（3）熟悉常见的客户满意指数模型；
（4）掌握提高客户满意度的策略；
（5）掌握客户忠诚的类型及其特征；
（6）掌握客户忠诚的测量方法；
（7）掌握影响客户忠诚的因素；
（8）理解客户满意与客户忠诚间的关系；
（9）掌握实现客户忠诚的策略。

小米公司的客户关系维护

一、公司发展历程

2010年4月，小米科技注册成立，总部位于被称为"中国硅谷"的北京中关村银谷大厦。在雷军的"专注、极致、口碑、快"和"参与感"等互联网思维的影响下，小米实现了爆发式的增长。

小米公司的创立无疑是成功的，而这一巨大的成功与其建立的品牌粉丝社群，推动企业的人格化，利用品牌的粉丝效应进行推广是分不开的。在以用户满意为中心、用户的广泛参与为途径和培养用户与品牌的情感联系的指导思想下，尽可能满足其目标客户群，即手机发烧友的需求，是小米维护良好的客户关系的重要手段。

二、小米的客户关系维护——社群营销

1. 以用户满意为核心

以客户为中心是客户关系管理的核心理念，也是任何公司希望从良好的客户关系中获益所必须贯彻的一条基本原则。对小米而言，想要在尽量留住老用户的同时积极开拓新用户，就必须提高用户的满意度，提高产品和服务的质量。小米公司成立时打出"为发烧而生"的口号，体现出品牌追求极致的高要求。竭尽所能地认识和了解客户，从而理解他们的需求，并努力帮助客户，这对于与客户的良性互动而言至关重要。以 MIUI 论坛为代表

的虚拟社区的建立成为客户主要的反馈和沟通渠道，MIUI 团队成员被要求每天至少 15 分钟 "泡"在相应的板块，接受用户反馈的意见和建议，同时为用户答疑解惑。小米也很善于在与用户的互动中发现用户需求，并尽力改进以满足用户的需要。正是在这种理念的指导下，才产生了"无网络下传输数据，实现一键换机"等特色功能。安卓中国在 2017 年 "3·15"期间发起了一项在线手机品牌满意度调查：在对超过 1350 个手机品牌的调查中，小米手机的满意度位列第三，仅次于一加和苹果，排名相对靠前。

2. 以用户参与为途径

用户参与不仅能让企业在开展营销的过程中拉近与客户的距离，还可以提升用户对企业的满意度。小米公司在社群运营的过程中十分重视与社群成员的互动：借助论坛的帮助成功开发了前 100 名支持者，随后在自有的论坛版块下与发烧友就感兴趣的问题展开讨论，使之参与到小米的生产研发中来。根据小米论坛 2017 年 2 月 28 日午间的数据，当日小米论坛签到数超过 500 万次，而其官方微博发布的"我心澎湃——小米松果芯片发布会"系列话题活动则被阅读了 1.2 亿次，讨论数达到了 9.9 万条。除线上活动外，这种独特的参与式营销也在线下社群中得到运用：以小米同城会、爆米花活动为代表的线下活动，开创了 "线上组织，线下开展，线上反馈"的模式。通过定期地将"米粉"聚集起来，举办各种文艺表演、竞猜活动，将线下社群打造成小米粉丝聚会的场所。每一期聚会结束后都会将实况发布在小米官方论坛以吸引更多粉丝的讨论，激发他们参与活动的兴趣。通过一系列的线下活动，社群成员找到了自己的"组织"，也增强了对社群文化的理解和品牌的认同感。

3. 以情感联系为纽带

情感纽带是一种亲密的人际关系，大多存在于亲人、朋友之间，不过和一个团队或集体的长时间相处也可以建立情感纽带，情感纽带相比普通的好感更加突出一种互动的过程。从长期来看，客户忠诚的实现需要建立正向的情感纽带联系。客户可能会具备一种正面的"品牌影响"，这就意味着该品牌对客户而言具有亲和力，进而产生情感依附性。消费者之所以选择一种商品，不单单是因为看重商品的外观、价格和品质等因素，他们更注重商品带给人的感受，以及该商品所突显的消费者身份、品位和个性。即商品在带来使用价值的同时也能够实现消费者的情感需求和文化价值，这就要求企业在实施社群营销的过程中能够依据客户定位来采取精准和适当的策略，以建立与客户的情感联系。小米与用户建立情感联系的手段，首先体现在公司领导人的形象塑造上。小米 CEO 雷军自己就是手机爱好者，自称在 2016 年用过 14 部手机。这表明他与忠实粉丝一样：爱玩手机，追求技术的进步。凭借此举，小米成功地拉近了与年轻用户的距离。类似的策略还体现在小米手机青春版发布前夕，以雷军为首的公司高层亲自上阵，拍摄微电影《我们的 150 克青春》。这一营销手段不仅在主要目标用户学生群体中产生了共鸣，也唤起了很多手机用户对自己年轻时代的记忆。小米公司通过社群互动开展推广活动，和用户建立情感上的连接。这种方式一方面让早期用户对公司产生了归属感和认同感；另一方面则吸引了大量潜在用户，将其转化为社群成员，使得公司获得了大量潜在消费者，增强了自身在市场上的竞争力。

三、结论

社群营销在企业营销活动中的地位日益突出。通过小米社区、微博等社会化媒体平台，小米建立了一个各司其职、相互协同的社群营销矩阵，最大程度地利用口碑效应来为自己进行宣传和推广。此外，品牌社群能够充分地激发顾客的创造性，吸纳顾客参与。一方面增进了社群成员的归属感和认同感；另一方面有利于改进产品和服务，最终能够提高顾客的满意度，培养忠实的品牌粉丝。

资料来源：王虎. 小米公司的社群营销研究[D/OL]. 合肥：江西财经大学，2017. [2018-02-16]. https://kns.cnki.net/kcms/detail/detail.aspx?dbcode=CMFD&filename=1017188117.nh.

7.1　客户关系测评与维护概述

企业获取客户只是完成了客户关系管理的第一步，如果企业不能有效维持与客户的关系，那么获取的客户依然会流失，企业仍需要花费高昂的成本去获取新客户。研究表明，吸引一个新客户所需要花费的成本是维持一个老客户所需成本的 5 倍，老客户宣传的效果是广告所带来效果的 10 倍。

著名的快递公司联邦快递认为，虽然一个客户一个月只带来 1500 美元的收入，但是如果能有效维持与该客户的关系，假设在未来 10 年内该客户一直选择联邦快递的公司，那么这个客户可以为公司带来 1500×12×10=180 000 美元的收入。如果考虑口碑效应，一个满意的、愿意和公司建立长期稳定关系的客户会给公司带来更多的收益。

哈佛大学的萨塞和雷奇汉发现，如果客户流失率降低 5%，那么企业的利润将会有大幅度增长，两者间的关系如表 7.1 所示。

表 7.1　客户流失率降低与企业利润增长之间的关系

行　业	客户流失率降低 5%时利润收入的增长/%
邮购	20
汽车维修连锁店	30
软件	35
保险经纪	50
信用卡	125

由此可见，企业必须有效测度和维护其客户关系，以便能够尽可能地维持与客户的友好关系，增加企业利润。在测度和维护客户关系时，主要关注如下三个方面：客户满意、客户忠诚以及客户流失。其中，客户满意与客户忠诚代表了客户对企业的积极情感，而客户流失则代表了客户对企业的消极情感。对于企业而言，增强客户满意和忠诚可以牢牢抓住现有客户；而降低客户流失率，则可以及时挽回部分客户。上述两个方面都能够有效提高客户关系质量。

7.2　客户满意的含义及测度

7.2.1　客户满意的含义

美国学者卡多佐（Cardozo）在 1965 年将客户满意（customer satisfaction，CS）的观点引入市场营销领域。而后，随着市场竞争的日趋激烈，客户满意日益受到学术界和企业界的重视。从 20 世纪七八十年代开始，美国将客户满意作为现代企业经营活动中的一种重要的理念和手段，随后其他发达国家也开始重视客户满意。尽管对客户满意的研究已经持续了四五十年，但是迄今为止，并未取得一致的意见。彼得森（Peterson）和威尔逊（Wilson）曾经说：客户满意研究的最大特点可能就在于缺少定义。

菲利普·科特勒（Philip Kotler）将客户满意定义为：一个人通过对一种产品的感知效果与他/她的期望相比所形成的愉悦或失望的感觉状态。该定义表明，满意水平是感知效果和期望之间的差异函数。如果感知效果低于期望值，客户就不会满意；如果感知效果高于期望值，客户就会高度满意。霍华德和莱斯（Howard，Rheth，1976）认为，满意是付出成本与预期使用产品获得效益的比较结果。沃茨和米勒（Wirtz，Miller，1977）认为，客户满意度是客户对产品或服务预期的绩效与感知的绩效进行比较而产生的。而卡多特和杰金斯·伍德尼夫特（Cadotte，Jerkins Woodnift，1987）认为，客户会将先前的购买经验与购买后的实际感知做比较，用以评价满意的程度。

随着在线业务的迅速发展，对在线客户满意度的研究越来越受到重视。在线环境下，由于产品、服务使用者和购买者都是客户本身，所以信息系统在线体验与产品服务购买相结合产生的总体满意水平形成了在线客户满意度。故顾客在互联网环境下对累积购买过程体验与产品使用体验的心理状态反映构成了在线客户满意度。

综上所述，虽然学者们对于客户满意的定义存在不同的观点，但是都倾向于以下几点。① 客户满意是一种心理活动，是客户在使用产品或者服务之后的一种感觉。② 客户满意是一个相对值，是实际体验与期望值之间的差。③ 客户满意具有个体性。由于客户满意与客户的期望有关，而不同客户的期望是千差万别的，因此对同一产品或者服务，不同客户的满意是不同的。④ 客户满意具有道德性。客户的满意行为是建立在道德、法律和社会责任的基础之上的，有悖于道德、法律和社会责任的满意行为不是客户满意的本质。于是，本书将客户满意定义为：客户满意是客户的一种心理活动，是客户通过对一个产品或者服务的可感知的效果与其期望值相比较之后形成的感觉状态。

7.2.2　客户满意的重要性

客户满意对企业的客户关系管理而言至关重要。有数据表明，平均每个满意的客户会将其满意的经历告诉 12 个人，而这 12 个人中在没有其他因素干扰的情况下，有超过 10 个人表示有购买意愿。可见，客户满意不仅对企业的客户关系管理战略具有重要影响，对企业未来的发展也具有举足轻重的作用。具体而言，客户满意对企业客户关系管理战略的重要性体现在如下几个方面。

1. 客户满意有助于提高企业的利润率

满意的客户比不满意的客户有更高的品牌忠诚度，更有可能再次购买企业的产品或者服务，这种重复的购买行为将会增加企业的销售额。此外，满意的客户通常愿意为产品或者服务支付更高的价格，对价格上涨也有更高的容忍度。这样，企业就有机会制定更高的价格水平。

2. 客户满意是抵御竞争对手的有效手段

在日趋激烈的市场竞争中，客户对产品或服务能满足或者超出他们预期的要求越来越高。如果竞争对手能更好地满足客户需求，让客户更满意，那么客户很有可能会转投竞争对手。只有能让客户满意的企业才能建立长久的竞争优势，有效抵御竞争对手。

3. 客户满意有助于降低企业的成本

这主要表现在两个方面。其一，客户满意有助于降低交易成本。满意的客户在其购买过程中，基于以往的经历，会对所购买的产品和服务有一定的了解，这有助于降低企业的交易成本；同时，满意的客户购买的数量或者金额通常比一般客户大，这也会降低企业的交易成本。其二，客户满意有助于企业降低沟通成本。正如上文所述，满意的客户会向周边的朋友推荐产品或者服务，而这些人当中有很大一部分会购买企业的产品或服务，这将有助于企业扩大其客户群体，降低企业用于广告等方面的沟通成本。

7.2.3　影响客户满意度的因素衡量

客户满意度代表客户需求被满足的程度。根据客户满意的相关定义，客户满意度可以用如下公式来表示。

$$c=b/a$$

式中：c——客户满意度；

b——客户对产品或服务所感知的实际体验；

a——客户对产品或服务的期望值。

如果 b 小于 a，即客户实际体验的效果小于期望值，那么客户就会感到不满意；当 b 恰好等于 a，即客户实际体验的效果等于期望值，那么客户就会感到满意；而当 b 大于 a，即客户实际体验的效果超过期望值时，客户就会感到非常满意。

可见，客户满意度是由客户期望和实际体验共同决定的，因此对客户满意度的衡量也需要从客户期望的角度出发。客户对企业产品或者服务的期望包括很多方面，不同的学者从不同的角度提出了测度关于客户满意度影响因素的观点。

巴诺斯借鉴马斯洛的需求层次理论，将企业提供给客户的产品或者服务分为五个层次。其中，最底层的是核心产品或者服务，代表公司所提供的基本的产品或服务。第二层是为核心产品提供的服务和支持系统，如运输系统、服务的便利性、员工的水平、信息沟通等。第三层是技术表现，主要是指企业能否按照预期设想将核心产品和支持服务做好。第四层是企业与客户的互动情况。第五层是情感因素，企业在与客户的互动中不仅需要考虑基本因素，同时还要考虑企业传递给客户的微妙信息，这些信息将使客户对企业产生正面或者负面的情绪。

服务营销专家帕拉苏拉曼、泽瑟莫和贝里（Parasuraman、Zeithaml，Berry）着重关注客户对服务满意的评价，他们认为客户对服务的满意来自他们对服务质量的感知，有五个方面的因素会影响客户对服务的满意程度，具体如下。① 可靠性，包括服务的可靠度及一致性，即能可靠且正确地提供为客户承诺的服务。② 有形性，是指实体的服务设施、服务人员的仪表外观及提供服务的工具和作业设备等。③ 响应性，是指服务人员对客户的要求与问题能快速服务及处理，还包括为客户服务的意愿和敏捷程度。④ 安全性，指服务人员具有执行服务所需的专业知识和技能，并能获得客户信赖。⑤ 关怀性，这是指企业能特别注意与关心客户个别性的需求。

美国学者杜卡认为尽管不同行业的市场存在很大差异，但具有一定的同质性，一般而言，客户满意度由如下三个方面构成。① 与产品有关的指标，如产品的质量、价格、设计、包装等。② 与服务有关的指标，如保修期、送货服务、售后服务等。③ 与购买有关的指标，如购买过程中客户与企业之间的互动等。

目前，在线购物迅速发展，有学者提出适用于在线购物环境的客户服务满意度影响因素，认为有以下三个因素会影响在线客户的服务满意度。① 信息质量，包括内容准确性（商家所描述的产品信息与客户的实际感受是否一致）、内容时效性（信息更新换代的速度）、信息展示形式、内容完整性（是否能提供客户想了解的所有产品参数信息）。② 系统质量，包括隐私和安全性、设计简洁程度、导航清晰程度、使用便捷程度、网页连贯性。③ 服务质量，包括灵活性（灵活的付款方式和送货方式）、订单送达的及时性、订单送达的准确性、产品接收条件（客户收到产品后是否完好）、响应速度（客户咨询、下单、反馈问题时商家的响应快慢）、政策或程序的公平性、感性投入（赔偿和道歉）。

尽管上述学者所处的角度不同，关注的对象也不尽相同，但是在这些学者的观点中，都包含了三个方面的评价指标影响因素。

1. 核心产品（服务）

核心产品（服务）是最基本的利益和价值考察。在竞争性的市场上，如果企业核心产品或者服务出了差错，那么就永远不会出现满意的客户。核心产品（服务）方面的测度指标主要包括产品的品质、性能、设计、外观和可靠性等方面。在竞争性的市场上，不同企业所提供的核心产品（服务）之间的相似性越来越高，由此优秀的核心产品（服务）成为企业获得成功的基础，而不是独特的不同于竞争对手的长期优势。

2. 服务支持

服务支持主要考察企业对客户需求的反应速度和反应质量。主要包括如下指标。① 服务的可靠性，即企业能够按照约定在规定时间内完成相应的服务。② 及时性，即企业会迅速对客户的需求做出反应，例如快速处理客户投诉等。③ 方便性，即客户可以很方便地与企业取得联系，接受服务等待的时间不长等。当企业无法通过核心产品（服务）树立独特竞争优势时，可以通过服务支持来获取更高的客户满意度。

3. 企业与客户的情感

企业与客户的情感的指标主要考察客户对于企业的情感，这种情感可能是正面的，也可能是负面的。这些情感来自企业与客户的互动，主要包括以下两点。① 企业员工对待客户的礼貌程度，如企业员工的仪表。② 员工与客户之间的沟通，如员工是否能耐心倾听客户的陈述、帮助客户解决问题，员工是否根据客户的需求提供独特的关怀等。

由于不同企业的具体情况不同，我们无法给出一个适合不同企业的具体指标体系，而只能从宏观的角度提出从哪些方面测度客户满意度。企业可以根据自身的实际情况来选择合适的指标。

7.2.4 客户满意度调查方法

1. 客户直接评分

企业服务人员在服务结束时，可以通过电子设备或评价表让客户对服务进行评价。比如，在线购物过程中，商家客服会请求客户在咨询结束后对客服进行服务评分，电子商务平台会要求客户在收到商品后对商品、物流服务做出评价。

2. 客户交流和访谈

有些餐厅会在客户用餐结束时，直接询问客户是否满意，并邀请客户填写意见反馈表。

还有一些公司会主动针对客户进行访谈，以了解他们的满意程度。

3. 客户观察

有些企业会选择通过深入客户家庭，观察客户对产品的使用情况，来看客户是否满意。例如，宝洁公司在中国推出洗衣类产品之后，曾经走访城镇及农村家庭，了解人们用后感受，进而改进产品。生产男士剃须产品的吉列公司，会鼓励公司的男性员工到公司来清洁胡须，通过观察男性员工如何使用剃须刀，以及询问使用吉列剃须刀后的感受，来了解客户的感受和喜好。

4. 问卷调查

有些企业会专门针对客户满意度展开调查。这些企业通常会按照市场调查的步骤，设计专门的调查问卷，从产品、服务等方面调查客户的期望和感受，明确客户的满意度状况，并找到提升客户满意度的策略。对于企业而言，设计一份客户满意度调查表的前提是：清楚地知道客户看重哪些方面，也就是弄清客户期望的内容，这样才可以设计相应的调查问卷。在问卷设计的过程中，也需要注意避免带有暗示性的词语，这样才可以保证获得的结果是可靠的。

5. "神秘顾客"

有一些企业认为，不管是客户直接评价，还是与客户访谈或开展问卷调查，都不一定能够真实反映客户的态度，于是他们邀请"神秘顾客"，来实地观察员工的服务状态以及客户的反应。所谓"神秘顾客"，是指由经过严格训练的调查员，在特定的时间内扮演成普通顾客，对事先设计的一系列问题进行逐一评估或者评定的一种调查方式。采用"神秘顾客"的企业认为，由于被评估的对象事先并不知道自己要被评估，也不能识别"神秘顾客"的身份，因此可以反映真实情况。

7.2.5 客户满意指数模型

1. 瑞典 SCSB 模型

瑞典客户满意度模型，简称瑞典 SCSB 模型（Sweden customer satisfaction barometer），是最早建立的全国性顾客满意指数模式。在这个模型中，客户满意度是由感知价值和预期期望来共同决定的，而客户满意度则会影响客户抱怨和客户忠诚，如图 7.1 所示。其中，客户的感知价值是指客户所能感知到的利益与其在获取产品或服务时所付出的成本进行权衡后对产品或服务效用的总体评价。它是主观认知，一般情况下，主要体现在四个方面：对总成本的感知、对总价值的感知、对质量与价格之比的感知、对质量与价值之比的感知。

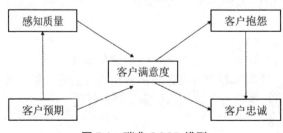

图 7.1 瑞典 SCSB 模型

2. 美国 ACSI 模型

在瑞典提出 SCSB 模型之后，德国、加拿大等二十多个国家和地区先后建立了全国或地区性的客户满意指数模型。美国的客户满意度指数模型（American customer satisfaction index，ACSI）是建立在瑞典客户满意度指数模型基础之上的。在瑞典，客户满意度指数模型提出以后，一些学者提出质疑：SCSB 模型中提出，价值感知会影响客户满意度，那么价值因素和质量因素相比，哪方面更重要？此外，客户对质量的感知是有差异的，是否应当将感知质量加入模型之中？因此，ACSI 模型对 SCSB 模型进行了修订，在模型中加入了感知质量这一变量，如图 7.2 所示。感知质量是指客户在使用产品或服务后对其质量的实际感受，包括对产品顾客化即符合个人特定需求程度的感受、产品可靠性的感受和对产品质量总体的感受。在 ASCI 模型中，感知质量会影响客户的感知价值，而客户预期则会影响其感知质量；客户的感知价值会影响客户抱怨和客户忠诚。ASCI 模型不仅可以用来总结顾客以往消费经历的满意程度，还可以通过客户的购买态度预测企业长期的经营业绩。除此以外，ASCI 模型还有一个重要优势：可以实现跨行业的比较，同时还可以进行纵向跨时间段的比较。因此，ASCI 已经成为美国经济的晴雨表，可以帮助监控宏观经济的运行状况。

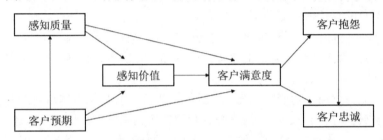

图 7.2 美国 ACSI 模型

3. CCSI 模型

在许多国家陆续推出客户满意度指数模型以后，我国也开始推出顾客满意度指数（China customer satisfaction index，CCSI）。CCSI 是在参照和借鉴美国用户满意度指数方法（ACSI）的基础上，根据中国国情和特点而建立的具有我国特色的质量评测方法。CCSI 以用户作为质量评价主体，以用户需求作为质量评价标准，按照消费行为学和营销学的研究结论，通过构建一套由预期质量、感知产品质量、感知服务质量、感知价值、用户满意度、用户抱怨和用户忠诚度七个主要指标组成的严格的模型，计算出消费者对产品使用的满意度指数。CCSI 于 2015 年首次推出并于每年向全社会发布最新调查结果，这一评价结果是中国消费风向标，为中国消费者做出明智的品牌选择提供了极具价值的指导。同时，CCSI 的研究成果对于帮助企业建立与完善顾客满意评价体系有着重要的价值。

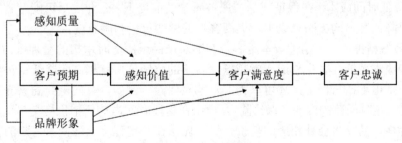

图 7.3 CCSI 模型

7.2.6 提高客户满意度的策略

1. 把握客户预期

客户满意是一个相对值，是实际体验与期望值之间的差。如果客户期望过高，一旦其感知到的价值没有达到自己的期望，那么客户就会感到失望，进而导致不满。可见，过高的客户期望会增大企业的服务成本。但是，如果客户期望过低，可能会没有兴趣购买企业的产品或服务。因此，客户期望过高或过低对企业而言都是不利的，企业必须正确把握并引导客户期望。

2. 让客户感知价值超越客户预期

企业如果能够正确把握客户期望，所提供的产品或服务能使客户感知到的价值超出预期，就能够使客户感到惊喜。企业若想提高客户的感知价值，就需要使客户获得的总价值大于客户付出的总成本。因此，提高客户的感知价值可以从两个方面来考虑：一是增加客户的总价值，二是降低客户的总成本。

1）增加客户的总价值

（1）提升产品价值。提升产品价值的措施包括：永远要将产品质量放在第一位，如果产品质量不过关，就无法满足客户的基本需求；私人化定制，为客户提供定制的产品或服务；塑造良好的品牌形象。

（2）提升服务价值。随着购买力水平的不断提高，客户越来越重视企业的服务质量，企业为客户提供优质的服务已经成为提高客户感知价值和满意度的重要因素之一。这就要求企业在服务内容、服务质量、服务水平等方面不断提高，从而提升客户的感知价值，进而不断提高客户满意度。

（3）提升人员价值。对于客户而言，在购物过程中接触最多的便是企业的一线员工，一线员工的形象在很大程度上代表了企业的形象，因此，提升企业人员的价值对于提高客户的感知价值及客户的满意度都具有重要意义。企业可以通过培训来提高员工的业务水平、为客户服务的娴熟程度和准确性，从而提高客户的感知水平，进而提高客户满意度。

（4）提升形象价值。企业是产品与服务的提供者，其规模、品牌、公众舆论等内部或外部的表现都会影响客户对它的判断。企业形象好，会形成对企业有利的社会舆论，为企业的经营发展创造一个良好的氛围，同时也能提升客户对企业的感知价值，从而提高客户对企业的满意度。因此，企业应高度重视自身形象的塑造。

2）降低客户的总成本

（1）降低货币成本。企业定价应依据市场形势、竞争程度和客户的接受能力来考虑。

（2）降低时间成本。在保证产品与服务质量的前提下，企业应尽可能节省客户的购物时间，从而降低客户购买的总成本，提高客户的感知价值和满意度。

（3）降低精神成本。精神成本是客户在购买产品或服务时承担的精神压力。在相同情况下，精神成本越低，客户总成本就越低，客户的感知价值就越高。降低精神成本最常见的做法就是推出承诺与保证，还可以为客户购买保险。例如，有些电商商家开展促销活动时，会推出一定时间范围内的"保价险"，承诺在这段时间内该促销价格是最低价，若出现了更低的价格，商家将会补相应的差价，这一做法在一定程度上降低了客户的精神成本，减少了客户的后顾之忧。

（4）降低体力成本。体力成本是指客户在购买某一产品或服务时在体力方面的付出。在客户总价值和其他成本一定的情况下，体力成本越小，客户为购买产品或服务所付出的总成本就越低，客户的满意度就会越高。

3．峰终定律

在一段时间内，并不是每个时刻的体验都会同样程度地影响最后的满意程度，感受最深的那一刻，会给客户留下最深的印象，对最终的满意程度有较大的影响。这个时刻，被称为"峰值"。除了最深的印象，还有一个时刻会对最终的满意有较大影响，那就是体验结束的时刻。2002 年，诺贝尔经济学奖得主丹尼尔·卡恩曼（Danny Kahneman）总结了人们对体验的记忆，发现对一项事物的体验之后，所能记住的就只是高峰时刻的体验，以及结束时候的体验，而在过程中体验好与坏的比重、体验好与坏的时间长短，对记忆差不多没有影响。这个定律被称为"峰终定律"（peak-end rule）。在实践中，已经有不少企业开始有意识地运用这个定律。例如，在宜家的出口处有一个摊位，会售卖 1 元钱的冰激凌和 7 元钱的热狗套餐，套餐中的饮料还可以无限续杯。这些产品的价格明显低于同行的价格，并且味道也不错。这是因为宜家运用了"峰终定律"。对宜家而言，它不能掌控客户在宜家中体验最深的时刻，但是可以掌控客户最后离开时候的感受，于是通过低价优质的产品，力图提升客户的体验，最终提升客户的满意度。

7.3　客户忠诚及其影响因素

7.3.1　客户忠诚的含义与类型

1．客户忠诚的含义

"忠诚"一词源自古代臣民对皇室无条件的服从与归顺，后来被学者引入市场营销领域。Jacoby 和 Chestnut 回顾了三百多篇与忠诚相关的文献，发现迄今为止对忠诚的定义有五十余个。这些对忠诚的定义包含两种不同的思路：一种是从行为的角度，将客户忠诚定义为客户对产品或者服务所承诺的一种重复购买的行为；另一种基于态度的观点，把客户忠诚定义为对产品或者服务的一种偏好和依赖。从目前不同学者对客户忠诚的定义看，客户忠诚包含如下三个方面的特征。

1）行为特征

客户忠诚一般意味着客户对企业所提供的产品或者服务的重复购买。这种重复性的购买行为可能来自客户对于企业的偏好和喜爱，也可能是出于习惯，还有可能是因为企业所举办的促销活动。

2）心理特征

客户忠诚经常体现为客户对企业所提供的产品或者服务的高度依赖。这种依赖来源于客户之前在购买产品或者服务过程中形成的满意，进而形成的对产品或者服务的信任。

3）时间特征

客户忠诚具有时间特征，它体现为客户在一段时间内不断关注、购买企业的产品或者服务，也体现为客户在企业网站上花费的时间。

2. 客户忠诚的类型

不同的学者从不同的角度将客户忠诚划分为不同的类型。

1）根据客户重复购买行为产生的原因划分

美国凯瑟琳·辛德尔博士根据客户重复购买行为的原因，将客户忠诚划分为以下七种类型：垄断忠诚、惰性忠诚、潜在忠诚、方便忠诚、价格忠诚、激励忠诚和超值忠诚。

（1）垄断忠诚是因为市场上只有一个供应商，或者由于政府的原因而只允许有一个供应商。此时，该供应商就形成了产品或者服务的垄断，客户别无选择，只能选择该供应商提供的产品或服务。

（2）惰性忠诚也称为习惯忠诚，是指客户由于惰性方面的原因而不愿意去寻找新的企业。

（3）潜在忠诚是指客户希望能够不断地购买企业的产品或者再次享受服务，但由于企业的一些内部规定或者其他因素限制了这些客户的购买行为。

（4）方便忠诚是指客户出于供应商地理位置等因素考虑，总是在该处购买。但是一旦出现更为方便的供应商或者更为满意的目标，这种忠诚就会随之减弱，甚至消失。

（5）价格忠诚是指客户对价格十分敏感，产生重复购买的原因在于该供应商所提供的产品的价格符合其期望。价格忠诚的客户倾向于能提供最低价格的供应商，价格是决定其购买行为的关键因素。

（6）激励忠诚是指在企业提供奖励计划时，客户会经常购买。具有激励忠诚的客户重复购买产品或者服务的原因在于企业所提供的奖励，因此一旦企业不再提供奖励，这些客户就会转向其他提供奖励的企业。

（7）超值忠诚是指客户在了解、消费企业产品或者服务的过程中与企业有了某种感情上的联系，或者对企业有了总的趋于正面的评价而表现出来的忠诚。具有超值忠诚的客户不仅在行为上体现为不断重复购买，同时在心理上也对企业的产品或者服务有高度的认同感。

根据客户对企业产品或者服务的依恋程度及客户重复购买的频率，在上述七种类型的客户忠诚中，超值忠诚属于高依恋度、高重复购买行为；垄断忠诚、惰性忠诚、方便忠诚、价格忠诚和激励忠诚是低依恋度、高重复购买行为；潜在忠诚则是高依恋度、低重复购买行为。

2）根据客户对产品或服务的需求、对于品牌的态度和满意度分类

全球著名的战略咨询公司——麦肯锡根据客户对产品或服务的需求、对于品牌的态度和满意度，将客户忠诚度由高到低划分为六种类型：感情型忠诚、惯性型忠诚、理智型忠诚、生活方式改变型、理智型、不满意型。

（1）感情型忠诚客户：此类客户喜欢公司的产品或服务，认为该公司提供的产品或者服务符合自己的品位、风格。

（2）惯性型忠诚客户：固定的消费习惯带来的客户忠诚。

（3）理智型忠诚客户：经常重新对品牌进行选择，反复推敲消费决策。

（4）生活方式改变型客户：客户自身需求的改变，导致消费习惯和方向改变。

（5）理智型客户：通过理性的标准选择新的品牌，经常反复比较消费。

（6）不满意型客户：因为曾经的不满意购买经历而对品牌重新考虑。

　　以上的客户类型中，前三种是企业的忠诚客户，后三种则是正准备转向其他企业的产品或者服务的客户。

7.3.2　客户忠诚的重要性

1．使企业的收入增长并获得溢价收益

　　忠诚客户因为对企业的信任和偏爱，会重复购买企业的产品或服务，还会放心地增加购买量，或者增加购买频率。同时，忠诚客户还会对企业的其他产品连带地产生信任，当产生对该类产品的需求时，会很自然地想到购买该品牌的产品，从而增加企业的销售量，为企业带来更高的利润。

　　此外，忠诚客户会很自然地对该企业推出的新产品或新服务产生信任，并且非常愿意尝试，因此他们往往是企业新产品或新服务的早期购买者和体验者，从而助推企业新产品或新服务的上市。

　　另外，忠诚客户对价格的敏感度较低、承受力较强，一般比新客户更愿意以较高价格购买企业的产品或服务。由于他们信任企业，所以购买贵重产品或者服务的可能性也较大，因而忠诚客户可使企业获得溢价收益。

2．节省开发成本、交易成本和服务成本

　　客户忠诚能节省企业的客户开发成本。由于新客户没有体验过企业的产品或服务，对企业还处在认识和观察阶段，因而不敢放心购买，那么开发新客户的成本在很长一段时间会超出新客户创造的利润贡献。比起开发新客户，留住老客户的成本要相对便宜很多。

　　交易成本主要包括搜寻成本、谈判成本和履约成本，支出的形式包括金钱、时间和精力的支出。由于忠诚客户比新客户更了解和信任企业，所以可使企业大大降低交易成本。

　　客户忠诚也能在一定程度上降低服务成本。首先，服务老客户的成本比服务新客户的成本要低很多。老客户因为对产品或者服务了如指掌，因此不用花费企业太多的服务成本。其次，由于企业了解和熟悉老客户，所以可以更好、更顺利地为老客户提供服务。

3．获得良好的口碑效应

　　忠诚客户是企业及其产品或服务的有利宣传者，他们会自己将对产品或服务的良好感觉介绍给周围的人，甚至积极鼓动身边人购买，从而帮助企业增加新客户。

7.3.3　客户忠诚的衡量

　　现有研究对客户忠诚的衡量并没有取得一致意见，有些学者认为可以通过客户保持度和客户占有率来衡量。其中，客户保持度是指企业和客户关系维系时间的长短。与客户保持度相关的概念是客户保持率，即在一段时间内达到特定购买次数的客户百分比。客户占有率，也称为客户钱夹份额。一家公司的客户占有率，也就是指客户将预算花在这家公司上的百分比。例如，某公司获得了 100%或者全部客户，换言之，客户把他所有的预算都花在了该公司的产品或者服务上；而当这家公司的竞争者获得客户预算的一定百分比时，相对地就是该公司丧失了那部分的客户占有率。

　　另外一些学者则认为仅通过客户保持度和客户占有率来衡量客户忠诚过于简单，他们

认为应当利用更为全面的指标来衡量。他们认为应当根据客户重复购买的次数、客户挑选时间的长短、客户对价格的敏感程度、客户对竞争品牌的态度、客户对产品质量的承受能力、客户购买费用的多少等几个方面来衡量。还有一些学者在上述指标的基础上增加了客户对企业的感情、推荐潜在客户等指标。

综合不同学者的观点，本书认为对客户忠诚可以从时间、行为和情感几个方面来衡量。

1. 时间维度

客户忠诚具有时间特征，它体现为客户在一段时间内不断关注、购买企业的产品或者服务。如果客户与企业只有一次交易记录，自然不能认为该客户的忠诚度很高。因此，客户与企业交易关系的持续时间是测度客户忠诚的指标之一。

2. 行为特征

1）客户重复购买率

客户重复购买率是指客户在一段时间内购买企业产品或者服务的次数。在确定的时间内，客户购买公司产品或者服务的次数越多，越能说明客户偏爱该产品或者服务，反之则相反。

需要注意的是，在衡量客户重复购买率这一指标时，首先需要确定在多长的时间内衡量客户购买次数。对时间的确定需要根据产品的用途、性能和结构等因素来合理确定。例如，对于汽车、家具、家电等耐用消费品而言，客户购买的时间间隔一般都在 3 年以上，如果以 1 年来衡量客户的重复购买率，显然是不合适的；对于银行、饭店以及许多快速消费品而言，其衡量客户重复购买率的时间则应以月计算较为合适。

其次，在衡量客户重复购买的产品或者服务时，不能仅仅局限于同一类产品或者服务，而应当从企业经营的产品品种的角度考虑。如果客户没有重复购买同一种产品，却购买企业不同种类或者品牌的产品，那么也应当认为该客户具有较高的重复购买率。

2）客户挑选时间的长短

有关消费者行为的研究表明：客户购买产品都会经历挑选这一过程。挑选意味着客户花费时间来了解企业产品，同时也包括客户比较不同企业产品的过程。如果客户对企业的忠诚度较低，那么客户就会花费较长的时间来收集信息，比较不同企业提供的产品，最后才决定是否购买。相反，如果客户信任企业的产品，那么用于挑选的时间就会缩短，会快速决定对产品购买。因此，客户挑选产品的时间长短，也可以用来衡量客户忠诚。

3）购买费用

购买费用包括两部分：其一是客户花费在某一品牌或者产品上的金额；其二是在客户用于某一产品的预算中企业所占的比重，这也被称为客户钱夹份额或者客户占有率。

对企业而言，在客户的某一产品预算不变的情况下，购买本企业产品的金额增加，表明客户对本企业产品的信任程度提高，忠诚度增加；或者客户扩大产品预算以增加购买本企业产品，也表明客户忠诚度提高。

4）客户对价格的敏感程度

价格是影响客户购买产品或者服务的重要因素之一，但这并不意味着客户对各种产品的价格变动都有同样的态度和反应。许多研究和企业实践表明：对客户喜爱和信赖的产品或者服务，客户对其价格变动的承受力较强，其购买行为较少受到价格波动的影响，即客户对价格的敏感度低；相反，对客户不喜爱或者没有信赖感的产品或者服务，客户对其价格变动的承受力较弱，一旦价格上涨，客户立刻会减少购买行为，即客户对价格的敏感度高。可见，客户对企业产品或者服务的价格敏感程度，可以用来衡量客户忠诚。

5）客户参与度

客户参与度被定义为一种动态的、迭代的心理状态，源于与组织良好的互动关系。它表现为与企业人员或其他客户的交互和合作，参与者在其中生成内容和价值，以更好地满足他们的需求。客户一般表现出非交易性行为，希望能获得某些利益，比如更广泛的知识、更高的声誉以及社会和经济回报。有研究者从以下两个方面来衡量客户参与度：一是共同创造的意愿，即客户通过与企业人员或其他顾客客户交流信息和知识，共同为企业创造价值和共同构建独特体验的意愿；二是积极推荐的意愿，即客户向身边人或在互联网上分享有关企业产品和品牌等有利信息的意愿。

3. 情感特征

1）客户对企业的信赖

客户对企业的信赖来源于客户与企业交易过程中累积形成的满意，是由满意累积以后形成的对企业产品和品牌的信任与维护。这种信赖会让客户主动向周围的人推荐企业的产品和品牌，提升企业的口碑和影响力。

2）客户对产品质量问题的态度

对企业而言，即使是再仔细的产品质量检查，都无法保证产品 100%没有问题。因此，无论是知名企业还是一般的中小企业，其生产的任何产品或者服务都有可能出现各种质量问题。当出现产品质量问题时，如果客户对企业的忠诚度较高，那么客户会采取相对宽容的、协商解决的态度；相反，若客户对企业的忠诚度较低，则会让客户感到强烈的不满，会要求企业给予足够的补偿，甚至会通过法律途径解决问题。

3）客户对待竞争品牌的态度

客户对待竞争品牌的态度也是衡量客户忠诚的重要指标。一般而言，当客户对企业的忠诚度较高时，自然会减少对竞争品牌的关注，而把更多的时间和精力用于关注本企业的产品或服务。相反，如果客户对竞争品牌的产品或者服务有兴趣或者好感，并且花费较多的时间了解竞争品牌，那么就表明客户对本企业的忠诚度较低。

7.3.4　客户忠诚影响因素

影响客户忠诚的因素包括提升客户忠诚的积极因素以及维持客户忠诚的消极因素。其中，积极因素是指能够驱动客户主动保持与企业关系的因素，主要是企业能够给客户带来的更多的收益。消极因素是指推动客户被动维持关系的因素，例如由于客户退出关系需要遭受的损失和代价。对于企业而言，一方面需要不断增加为客户提供的价值，增强客户对企业的心理依附；另一方面，也需要不断提高客户退出关系的壁垒，让客户更长时间维持与企业的关系。另外，不少研究和企业实践表明，客户满意是影响客户忠诚的重要因素。下一节将专门阐述客户满意与客户忠诚之间的关系。

1. 积极因素

1）客户从企业获得的利益

客户从企业购买产品或者服务的原因在于客户能够从中获得满意的收益。有调查数据表明，客户一般乐于与企业建立长久关系，其主要原因是希望从忠诚中获得优惠和特殊关照。客户从忠诚中获得的额外收益包括以下两点。① 更低的购买成本或者额外的奖励。例如，许多超市、百货商店实行了会员卡制度，那些经常光顾、频繁购买的客户可以获得额外的奖励。② 在提供产品之外，为客户提供额外的服务。例如，宝洁的成功在很大程度上得益于他们对经销商的扶持。宝洁公司每开发一个新的市场，原则上只物色一家经销商，大城市会有 2～3 家，并派驻一名厂方代表。厂方代表的办公室一般设在经销商的营业处，其核心职能是管理经销商及其下属的销售队伍。宝洁要求经销商组建宝洁产品专营小组，宝洁会不定期派专业销售培训师前来培训，同时厂方代表与专营小组成员一起拜访客户，不断进行指导以及培训。为了确保厂方代表对专营小组的管理，专营小组成员的工资、奖金、差旅费等都由宝洁公司提供。

2）客户的情感因素

客户的情感因素主要涉及客户对企业的信任以及对企业的喜爱，这种情感因素体现了客户对企业及其产品的良好印象。《情感营销》一书的作者认为情感是成功的市场营销的唯一的、真正的基础，是价值、客户忠诚和利润的秘诀。例如，招商银行针对其金葵花信用卡客户，专门举行了中秋联谊活动，邀请金葵花信用卡使用者及其家人参加，这一活动大大拉近了招商银行与客户之间的距离，增强了客户对企业的信任。

3）客户认知价值

客户认知价值是指企业能够让客户感知到的实际价值，通常表现为客户购买产品或服务的总价值与购买总成本之间的差值，是对产品或服务效用的整体评价。客户会受到多种主观因素影响，对产品或服务形成的认知价值也相对主观，即使同一顾客对同一产品或服务在不同的环境背景下，认知价值也会不同。此外，在选择产品或服务的过程中，客户更重视其实际价值，他们总是希望在购买时尽量减少货币成本以及时间、精力、体力等非货币成本的支出，同时获得更多的实际利益，包括产品价值、服务价值、人员价值、形象价值等，最大程度地满足自身需求。

客户认知价值作为客户忠诚的核心决定因素，不仅对客户忠诚有着重要的直接影响，也对客户满意和客户信任起到决定作用。认知价值使得企业与客户之间的利益关系保持一种长期动态平衡，在这种平衡下，企业与客户都感到满意，并且双方都愿意维持这种平衡，建立稳定的合作关系。如果企业所提供的产品或服务不能满足顾客持续增长的期望，这种动态平衡就会被打破，客户对企业的满意和信任降低，就无法建立真正的客户满意和客户信任，也就没有办法实现真正的客户忠诚。

2. 消极因素

1）沉没成本

沉没成本是指客户过去在关系中投入的、在终止关系时将损失的关系投资。对客户而言，这种关系投资只有在特定的关系中才有价值，一旦关系终止，所做的投资都将失去其价值。这些沉没成本一般包括学习特定的产品使用而花费的时间、精力以及培训费用，为了使用某种产品或者流程、系统而进行的投资等。

2）转移成本

转移成本是指客户从一个供应商转移到另一个供应商的过程中所付出的成本，主要包括：信息收集成本，与新供应商进行谈判所花费的时间、金钱、人力等费用，调整现有业务、流程体系所需的各种费用等，熟悉新供应商产品或者服务所需要的学习成本等。

3. 其他因素

除了上述两方面因素，其他因素也会影响客户忠诚，如企业的内部管理。如果企业不注重对员工进行培训，不注重对客户抱怨的处理，都将会影响客户忠诚。法国有一家名为 Au Bon Pain 的咖啡饼屋连锁店，该店经理 Gary Aronson 只雇用愿意每周工作 50～60 小时的人。在这一行业中，每位员工的平均工作时间是 40 小时，他愿意为此对员工多工作的 10～20 小时支付加班工资。他这样做的目的是希望每天光顾的大部分客户能够见到同一张面孔为自己服务，该店的许多员工也因此记住了一百多位老客户的名字和喜好，正是这样，该店的客户回头率非常高。

7.4　客户满意与客户忠诚

许多研究者认为，客户满意与客户忠诚之间存在着正相关的关系。一般来说，客户满意度越高，客户的忠诚度也越高；客户的满意度越低，客户的忠诚度也会越低。但是，不少研究发现，客户满意与忠诚之间并没有必然的联系。根据美国贝思公司的一项调查，宣称满意或很满意的客户，有 65%～85% 会转向其他公司的产品。美国汽车制造业曾经投入大量资金制定了一系列奖励制度，促使员工提高客户满意程度，以便和外国汽车展开竞争。现在，美国汽车制造厂的客户满意率超过了 90%，然而只有 30%～40% 的满意客户会再次购买美国汽车。也就是说，虽然客户的满意率在不断提高，但是厂家的市场占有率和利润却在不断下降。由此可见，客户满意与客户期望之间存在着复杂的关系，受到了其他因素的影响。

7.4.1　客户期望对客户满意与客户忠诚间关系的影响

不少研究发现，客户满意与客户忠诚之间存在如图 7.4 所示的关系。从图 7.4 中可以看出，客户满意与客户忠诚关系曲线上有一段较为平缓，客户的满意水平的提高并没有使忠诚度得到相应的提高，这一阶段即为高满意度低忠诚度的情况。而在图的右上端，客户的满意度和客户的忠诚度呈现出近似线性的特征，而且斜率很大，客户的满意水平上升或是下降一点都会引起客户忠诚度的巨大变化。对此，传统理论认为前一阶段客户

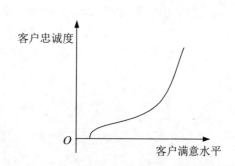

图 7.4　客户满意度与客户忠诚度间的关系

感知的商品的实际价值大于或等于客户的期望价值，客户感到满意；而后一阶段客户感知的商品的实际价值远远大于客户的期望价值，客户感到完全满意（愉悦），因而产生忠诚。但是这一表述很模糊，并没有具体指明完全满意和满意的区别究竟在哪里，是哪些因素使客户感到完全满意。我们认为，造成这一现象的原因之一在于客户期望差异。

客户的期望由两部分构成，即基本期望和潜在期望。基本期望是指客户认为理应从产品和服务中得到满足的基本需要；潜在期望是指超出基本期望的、客户并未意识到而又确

实存在的需求。因此客户满意也有两种类型：客户的基本期望得到满足导致的满意和客户的潜在期望得到满足导致的满意。这两种类型的满意对客户忠诚的影响是不同的。

图 7.5 是基本期望的满意水平与客户忠诚度的关系图。当客户基本期望的满意水平达到一定程度，客户忠诚就会随着满意水平的提高而提高，但这种满意水平对客户忠诚的边际效用是递减的。尤其是客户忠诚度上升到平均忠诚度（平均忠诚度是指提供行业平均水平的产品和服务所激发的客户忠诚）附近，不管企业采取何种措施提高客户满意水平，客户忠诚度的变化都不大。这是因为基本期望对客户而言需求层次比较低，客户认为商品和服务的这些价值是自己理应得到的，其他的供应商也能提供类似的价值，企业的产品和服务并没有特别的吸引力，因此客户很难做出不好的评价，却缺乏再次购买的热情，也不会向其他人推荐。

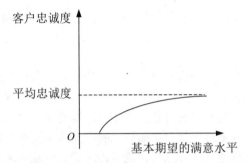

图 7.5　客户基本期望的满意水平与客户忠诚度的关系

图 7.6 是潜在期望的满意水平与客户忠诚度的关系图。由于满足客户的基本期望可以激励一定的客户忠诚，因此潜在期望的满意水平为 0 时客户忠诚度并不为 0。但是潜在期望的满意水平对客户忠诚的激励作用与基本期望满意水平的激励作用完全不同。从图 7.6 中可以看出，客户潜在期望的满意水平对客户忠诚的边际效用是递增的。其原因是客户从商品中获得了意想不到的价值（此处的价值包括物质、心理、精神几方面的价值），满足了自己的潜在期望而感到愉悦。这种感觉越强对客户的吸引力越大，在下一次购买时，为了再次体验到这种感觉，客户很可能仍然选择同一品牌。经过多次重复购买，客户多次感到愉悦，对该种产品逐渐产生信任和依赖，不再考虑其他品牌的产品，形成积极的长期忠诚。

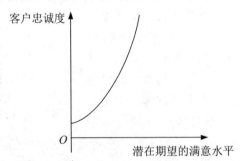

图 7.6　客户潜在期望的满意水平与客户忠诚度的关系

对于客户而言，基本期望和潜在期望是同时存在的，但是客户首先要求满足基本期望，否则就会不满，更谈不上忠诚。当客户的基本期望得到了极大的满足，客户忠诚度接近平均忠诚度时，客户会更关注潜在期望的实现。如果此时企业仍致力于提高客户基本期望的满意水平而忽略客户的潜在期望，就无法有效提高客户的忠诚度，形成客户满意陷阱。因此，客户满意陷阱不是客户的满意度高而忠诚度低，而是客户基本期望的满意水平高而忠诚度低，只要提高客户潜在期望的满意水平，客户满意陷阱的问题就可以迎刃而解。根据上面的分析可以得出结论：基本期望得不到满足客户就会产生不满，但基本期望的满意水平对激励客户忠诚效果不大；潜在期望得不到满足客户不会不满，得到了满足就能让客户感到愉悦，激励客户再次购买，其满意水平与客户忠诚度近似于线性关系。因此基本期望类似于双因素理论中的保健因素，潜在期望类似于激励因素。潜在期望才是影响客户忠诚的最重要的因素。

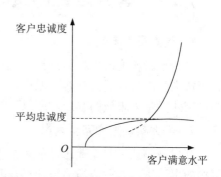

图 7.7　客户满意水平与客户忠诚度的关系

由此，客户满意与客户忠诚间存在如图 7.7 所示的关系。

7.4.2　市场竞争对客户满意与客户忠诚的关系的影响

美国学者琼斯和萨塞研究发现，客户满意与客户忠诚之间的关系受到市场竞争程度的影响，如图 7.8 所示。从图 7.8 可以看到，在市场竞争激烈的个人计算机、汽车行业，只有客户满意达到较高的水平，客户才有可能形成忠诚；相反，在本地电话、航空公司、医院等竞争程度低的领域，即使客户不满意，也会有较高的客户忠诚度。

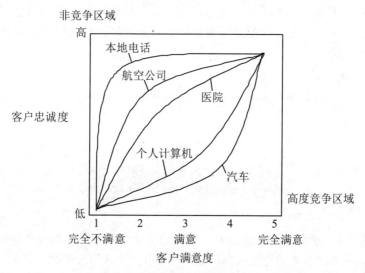

图 7.8　市场竞争对客户满意度与客户忠诚度间关系的影响

市场竞争激烈意味着在这一市场上有多家企业参与竞争，客户拥有多种选择的机会，因此一旦对某一企业的产品或者服务感到不满或者没有高度满意，客户就会更换供应商，选择其他的企业。相反，市场竞争程度低意味着市场上只有少数几家企业能够提供类似的产品或者服务，同时又有许多的客户需要此类产品和服务，那么对客户而言，其所能选择的余地很小，由于退出壁垒高或者没有选择余地，客户会保持"忠诚"。琼斯和萨塞将此类忠诚称为"虚假忠诚"。因为一旦转换成本降低或者有新的竞争者进入该市场，客户的忠诚度就会急剧下降。

7.4.3　客户忠诚的策略

1．建立员工忠诚度

对客户忠诚度的培育与维持关键在于对员工忠诚度的培育，员工是公司制度的执行者和公司文化的体现者，在客户眼中，员工的行为表现在很大程度上代表了公司，只有忠诚的员工才能带来忠诚的客户。所以，只有让员工满意，才能留住客户。

2．努力实现客户完全满意

客户越满意，对企业忠诚的可能性就越大，而且只有最高等级的满意度才能实现最高等级的忠诚度。企业应当追求让客户感到最大程度的满意。

3．奖励客户的忠诚

企业若想赢得客户忠诚，就要对忠诚客户进行奖励，让客户从忠诚中受益，从而使客户在利益驱动下维护对企业的忠诚。

4．深入理解客户心中的价值

客户忠诚的根本原因是企业为客户带去了足够的价值。要想培养客户的忠诚度就要深入发掘客户看重的价值，让客户从产品或服务中得到体验。

5．积极处理客户抱怨

客户向企业宣泄他们的不满和抱怨时，企业只有妥善处理好这些问题，才有可能留住这些客户。因此，企业需要设置便捷且充足的渠道来处理客户的抱怨，并对客户的抱怨给予及时、有效的反馈。

6．整合客户数据库

只有整合了客户数据库，企业才能利用这些数据对客户进行全方位的评价，从而有效实施客户忠诚度培养计划。

本 章 小 结

1．客户满意是客户的一种心理活动，是客户通过对一个产品或者服务的可感知的效果与其期望值相比较之后形成的感觉状态。客户满意有助于提高企业的利润率，有效抵御竞争对手，帮助企业降低成本。客户满意度代表客户需求被满足的程度。客户满意度是由客户期望和实际体验共同决定的，因此，若想提高客户满意度，就需要从这两个方面着手。影响客户满意度的因素主要有以下三个方面：核心产品（服务）、服务支持、企业与客户的情感。

2．调查客户满意度的方法有很多，较为常见的有以下五种：客户直接评分、客户交流和访谈、客户观察、问卷调查和"神秘顾客"。

3．为了测度客户满意度，国内外学者先后建立了瑞典 SCSB 指数模型、美国 ACSI 指数模型和 CCSI 指数模型。

4. 客户忠诚包括三个方面的特征：行为特征，即重复购买行为；心理特征，即客户对企业所提供产品或者服务的高度依赖；时间特征，即客户在一段时间内不断关注、购买企业的产品或者服务。根据客户重复购买行为产生的原因，客户忠诚可分为垄断忠诚、惰性忠诚、潜在忠诚、方便忠诚、价格忠诚、激励忠诚和超值忠诚。根据客户对产品或服务的需求、对于品牌的态度和满意度，可分为情感型忠诚客户、惯性型忠诚客户、理智型忠诚客户、生活方式改变型客户、理智型客户、不满意型客户。

5. 可以从时间、行为、情感等方面来度量客户忠诚。其中，行为特征包括客户重复购买率、客户挑选时间的长短、购买费用、客户对价格的敏感程度、客户参与度；情感特征包括客户对企业的信赖、客户对产品质量问题的态度、客户对待竞争品牌的态度。

6. 影响客户忠诚的因素包括积极因素和消极因素。积极因素包括客户从企业获得的利益、客户的情感、客户认知价值；消极因素包括沉没成本、转移成本。

7. 一般来说，客户满意度越高，客户的忠诚度也越高；客户的满意度越低，客户的忠诚度也会越低。但是客户满意与客户忠诚之间受到了客户期望、市场竞争状况的影响。随着客户基本期望被满足，客户忠诚会逐步接近平均忠诚度。但只有在满足了客户潜在期望之后，客户忠诚度才会进一步提高，否则就会形成客户满意陷阱。在市场竞争激烈的行业，只有客户满意达到较高的水平，客户才有可能形成忠诚；相反，在竞争程度低的领域，即使客户不满意，也会有较高的客户忠诚度。

8. 可以通过建立员工忠诚度、努力实现客户完全满意、奖励客户的忠诚、深入理解客户心中的价值、积极处理客户抱怨、整合客户数据库这六个方面来实现客户忠诚。

复习与讨论

1. 什么是客户满意？如何度量客户满意度？
2. "据研究分析，客户满意与客户忠诚之间存在显著的正相关关系，因此满意的客户也就是忠诚的客户。"请判断上述说法是否正确，并阐述理由。
3. 客户忠诚有哪些类型？判断客户忠诚的依据有哪些？
4. 选择自己比较熟悉的企业、商家，分析其客户关系状况，并试着为该企业、商家制定提高客户忠诚度的计划。

企 业 访 谈

医流巴巴的客户关系测评与维护

第8章 客户流失管理

学习目标

（1）理解客户流失的含义与原因；
（2）正确认识客户流失的观念；
（3）掌握客户流失预警的方法；
（4）掌握流失客户挽回的方法。

开篇案例

ST 奥特莱斯客户流失分析

一、奥特莱斯经营概况

1. 企业概况

ST 奥特莱斯成立于 2009 年，隶属于春天百货，2010 年销售业绩达到 9.5 亿元，占到该集团销售总额（48.1 亿元）的近 20%，开业的前 4 年，一直保持高速发展势头，涨幅远高于北京百货店和奥特莱斯行业的平均值。

在成立之初，ST 奥特莱斯几乎囊括了 BURBERRY、ARMANIA 等众多国际奢侈品牌，对资源的拥有吸引了许多品牌供应商入驻。在不断的经营中，随着品牌贡献率的优胜劣汰，ST 奥特莱斯几乎每年都要更换许多品牌，引入更加吸引顾客的品牌资源，从而提升企业的经济效益。2015 年年底 ST 奥特莱斯被王府井百货收购，隶属于国企，新的领导阶层、新的管理理念让 ST 奥特莱斯面临着机遇和挑战。

ST 奥特莱斯拥有 200 多名员工，年销售额约 19 亿元，线上、线下会员粉丝量已达到 30 多万，全店有 160 多个品牌，已经成为集团公司在中国其他省市创建奥特莱斯的旗舰店，成为众多新奥莱人学习和借鉴的榜样。

2. 市场定位与客户分级

ST 奥特莱斯比较关注一线城市当中注重品牌、品质、性价比等特点的消费人群，尽可能地去吸引他们到店消费，满足他们的购物需求。

ST 奥特莱斯的会员人数约有 30 万，公司把有效客户界定为每个月来店至少消费一次的会员顾客。在整年的消费中，会员顾客的销售占比达六成，剩下的四成为非会员顾客。根据每位顾客年消费金额的多少，ST 奥特莱斯将会员分为不同的级别。例如，将年消费百万元以上的顾客定为高端 VIP 顾客；将年消费 50 万～100 万元的定为中端 VIP 顾客；将年消费 10 万～50 万元的定为低端 VIP 顾客；将年消费在 10 万元以下的定为普通端 VIP 顾客。

从 2015 年开始，ST 奥特莱斯的高中端 VIP 会员的规模数量占比开始下滑，低端、普通端的 VIP 会员的占比开始增长。高中端 VIP 会员的销售额占比随之呈现下滑趋势，低端、普通端的 VIP 消费占比开始增加，但是他们所提升的销售额远远不能弥补所损失的高中端会员销售额，这使奥特莱斯的整体销售业绩每年呈现下滑的趋势。

2015—2018 年，各类型会员消费占比分别为 33%、38%、45% 和 60%，会员消费占比有了很大的提升，但是顾客的购买质量和实力已明显呈现出下降趋势。

二、奥特莱斯的客户流失现状

1. 客户的显性流失

客户的显性流失是指企业容易感觉到的，主要表现为客户已经不愿意或者已经放弃和企业的关系，不再进行来往。

由于 ST 奥特莱斯未配备安装客流计数器，准确的客流统计还无法得到，但是从商场车流量的统计和主要门店安装的客流计数器可以统计分析出，2018 年与 2017 年相比，除 3 月、11 月这两个月几乎持平之外，其余每个月商场的整体车流量数据几乎都在下降，而主要门店客流的统计也处于同期下降的水平。

2. 客户的隐性流失

客户的隐性流失是指客户表面上虽然还和企业有联系，但是进一步展开业务合作的可能性在逐渐缩小。对于 ST 奥特莱斯来说，客户隐性流失主要表现在成交中的交易笔数、平均客单价及平均货单价三个方面。

ST 奥特莱斯的交易笔数、平均客单价及平均货单价，在不同程度上都出现了下降。比如，交易笔数由 2016 年的 202.56 万笔、2017 年的 196.20 万笔下降到 2018 年的 188.79 万笔，同比 2016 年和 2017 年分别下降 3.2% 和 3.8%；平均客单价同比 2016 年和 2017 年分别下降 3.1% 和 3.2%；平均货单价同比 2016 年和 2017 年分别下降 3.2% 和 4.0%。

资料来源：郁春燕. ST 奥特莱斯客户流失分析及挽留策略研究[D/OL]. 北京：北京工业大学，2019. [2020-03-16]. https://kns.cnki.net/kcms/detail/detail.aspx?dbcode=CMFD&filename=1020713420.nh.

尽管不少企业采取各种措施来维系客户关系，但是依然会有很多客户终止与企业的关系。尤其是在新产品层出不穷的市场，客户流动的风险和代价越来越小，客户流失的可能性也越来越大。统计数据显示，美国的企业每 5 年便会流失一半的客户。

对于企业而言，客户流失是一个正常的现象。对组织客户而言，可能是因为变动了主营业务而终止与企业的关系；对个人客户而言，可能是因为改变了居住地而终止与企业的关系。因此，对企业而言，需要客观、冷静地分析客户流失的原因，进而找到降低客户流失的方法。

客户流失管理，顾名思义，就是在明确客户流失的根本原因的基础上，有针对性地制定各种层面的应对措施，通过企业的销售、营销、服务等部门及其渠道分销商，运用商务的、技术的手段从全方位进行客户挽留的管理。

8.1 客户流失的含义与原因

8.1.1 客户流失的含义

客户流失是指企业的客户由于某些原因，不再购买企业产品或服务，与企业终止业务关系的行为。客户流失也就意味着客户不再忠诚，客户放弃购买原企业产品，而转向购买其他企业的产品或服务。按照流失的形式，可分为隐性流失和显性流失。隐性流失是指客户在没有终止消费行为的情况下，在消费次数和消费价值上逐渐减少。而显性流失是指客户终止消费行为，且不再发生消费的行为。

8.1.2 客户流失率的计算

客户流失率是一项衡量企业客户流失状况的指标，它从量化的角度解释了企业当下的客户满意度与客户忠诚度的情况。

客户流失率有绝对客户流失率和相对客户流失率之分。

$$绝对客户流失率=（流失的客户数量/全部客户数量）\times 100\%$$

$$相对客户流失率=（流失的客户数量/全部客户数量）\times 流失客户的相对购买额\times 100\%$$

如果一家企业的客户数从 100 减少为 50，那么它流失的客户数为 50，绝对客户流失率即$(50/100)\times 100\%=50\%$。绝对客户流失率是以每位客户的购买额或为企业的贡献率相同为前提，而相对客户流失率则考虑了客户贡献率不同的情况。同样是流失了 50 位客户，如果这 50 位客户的平均购买力是企业全部客户平均购买力的 1.5 倍，那么该企业的相对客户流失率为$(50/100)\times 1.5\times 100\%=75\%$。

客户流失率显然越低越好，如果流失率高说明客户对企业的忠诚度下降并且已经丧失信任，这时企业就要从各个方面分析原因，尽量挽留客户，以保证企业的持续运行。

8.1.3 客户流失的原因

客户可能会出于种种原因而终止与企业的关系。一般而言，客户流失的原因主要来自企业自身和客户两个方面。

1. 企业自身原因分析

（1）产品质量问题。产品质量是企业的生命线。如果产品质量存在瑕疵或者不稳定，那么企业就无法满足客户的基本需求，进而损害客户的利益。一旦客户的利益不能得到保障，客户自然会选择新的供应商。

（2）服务质量欠佳。统计数据表明，对客户的服务不好，将造成94%的客户离去。服务是客户购买产品时最重要的附加值。一般而言，服务包括两个方面：其一是客户在购买产品的过程中，企业员工给予客户的服务；其二是客户抱怨和投诉时，企业员工给予客户的服务。无论哪方面的服务发生问题，都会造成客户的不满和流失。

（3）内部员工跳槽。很多企业强调销售额、销量，而不注重企业与客户的关系管理。由此造成在很多时候，企业与客户的关系转变成了企业的业务员与客户的关系，企业对客户缺乏影响力。当业务员因为跳槽离开企业时，这些客户也会跟着业务员离开，由此带来的是竞争对手实力的增强。

（4）企业缺乏创新。在新产品层出不穷、客户需求不断变化的时代，产品的生命周期被大大压缩。企业如果不能推陈出新、进行产品的升级换代以满足客户不断变化的需求，客户就很容易由于找不到合适的产品而选购竞争者的产品。

（5）主动放弃。这是指企业主动放弃客户，包括企业主动终止与低价值客户的关系；

企业出于战略调整，或者业务变更，而终止与原来某些客户的关系。

2. 客户方面原因分析

（1）被竞争对手吸引。这主要包括两个方面的原因。其一，是在产品或者服务质量相同的情况下，竞争对手通过提供更优惠的政策来吸引客户。在激烈的市场竞争中，企业都想通过打折、特价、特别优惠等各种促销方式来吸引更多的客户，尤其是那些能够给企业带来更多利润的优质客户。面对各种优惠，客户有选择的自由，一旦认为竞争对手能够比企业提供更好的利益，自然会选择离开企业。其二，是竞争对手通过为客户提供具有更高质量的产品和服务来吸引客户。在新产品层出不穷的市场上，如果企业不能及时更新产品，就会给竞争对手可乘之机。竞争对手会通过在产品或者服务的技术和质量上的及时创新，来增强对客户的吸引力。

（2）需求变化。客户的需求不是一成不变的，而是不断发生变化的。例如，随着年龄的增长，个人客户的消费观念、生活方式也在不断发生变化，由此造成了客户需求的连锁变化，那么客户就会选择其他能满足其新需求的产品或者服务。同样，组织客户的需求也在发生变化，随着组织的发展、壮大，其对产品或者服务的需求也会发生变化，一旦发现现有企业不能满足其新需求，自然会选择其他的供应商。

（3）恶意离开。在有些情况下，客户会对企业提出额外的要求。例如，一些客户自恃实力强、购买数量大，会向企业要求更低的价格、更长的账期、更快的送货服务等额外要求，如果这些额外的要求得不到满足，客户就会选择离开。此外，有些客户存在信用风险，例如拖欠货款等，如果企业对此类风险缺乏足够的防范，就会被客户欺诈。

（4）客观原因。客户流失并不是客户本身的意愿，而是由于客观条件的变化而导致的流失。例如，个人客户因搬迁、死亡等而不再继续购买企业的产品或者服务。组织客户因破产、更改经营业务与范围等而终止与企业的关系。

8.2　正确看待客户流失

8.2.1　客户流失给企业带来的负面影响

客户流失对企业造成的负面影响如下。

（1）最直接的影响就是企业商品的销量、市场份额下降，造成企业的经济效益下滑，不能实现企业持续性的发展和盈利；顾客的流失意味着没有充分挖掘老客户的价值，企业不得不增加成本去吸收新客户，这无形中加剧了企业的经营成本，增加了企业的支出。

（2）客户的流失，间接性地影响了企业的口碑。口碑效应的下滑，不仅会加剧企业其他用户的流失，也会给品牌招商带来困难，尤其是高端品牌，资源相对较少，企业效益的下降会间接造成品牌商的流失。

（3）由于经济效益直接关系到员工的利益，会让员工对企业的忠诚度下降。公司的薪酬模式是"基本工资+业绩提成"，每个月的销售业绩能否完成直接影响员工的切身利益，只有销售达成和增长，员工的待遇水平才能提升。较高的客户流失率会直接影响企业的销售额和利润水平，利润水平则直接影响员工的待遇，进而影响员工对企业的满意度。

（4）客户的流失或者转投竞争对手，降低了企业的市场竞争力，不仅降低了企业的销售业绩，还给企业的持续性发展增加了障碍。

8.2.2 有些客户的流失是不可避免的

当今市场上，客户流动的风险和代价越来越小，客户流动的可能性越来越大，客户关系在任一阶段、任一时点都可能出现倒退，无论是新客户还是老客户，都可能流失。此外，由于客户本身原因造成的流失，企业是很难避免的。所以，企业应当冷静看待客户的流失，企业要做的是将客户流失率控制在一个很低的水平。

8.2.3 流失客户有被挽回的可能

客户挽回是指企业通过积极的努力促使已经流失的客户回心转意、重新成为企业忠诚客户的活动。

研究显示，向流失客户推销，每 4 个人中会有 1 个成功；而向潜在客户和目标客户推销，每 16 个人中才可能有 1 个成功。这主要是因为，一方面，企业拥有流失客户的信息，他们过去的购买记录会指导公司如何下功夫将其挽回，而对潜在客户和目标客户，公司对他的了解要少得多；另一方面，流失客户对企业有一定的了解，只要企业下足功夫，弥补过错，客户还是有可能回归的。可见，争取流失客户的回归比争取新客户容易得多，而且只要流失客户回头，他们就可能继续为企业介绍新客户。

8.2.4 挽回流失客户很重要

在客户流失前，企业要防范客户的流失，极力维护客户的忠诚。而当客户关系发生破裂、客户流失成为事实的时候，企业不应该坐视不理、轻易放弃他们，而应该重视他们，尽力挽回，从而促使他们重新购买企业的产品或服务，与企业继续建立稳固的合作关系。

8.3 客户流失预警与挽回

8.3.1 客户流失预警

客户流失预警指根据客户的以往历史信息，建立可以预测未来的模型，并且由此计算出客户的流失概率，然后预测分析其高概率流失客户，并制定个性化的挽留策略，做到减少企业客户流失率和利润损失。

根据发展顺序和精确程度的高低，可以划分为使用传统统计学方法进行客户流失预警和大数据平台下加入人工智能因素的客户流失预警两类。

当企业通过客户流失预警系统预测到客户的流失趋势后，应及时判别客户的流失原因，分析其是由于不可逆因素（客户经济困难、客户恶意拖欠、新技术应用）导致的被动流失还是由于主观因素（服务缺失、同行竞争、其他原因）导致的主动流失。对流失客户分类，企业可以及时对有价值的客户进行挽留，及时向相关责任部门发布预警信息并进一步采取相应措施。

8.3.2　分析流失客户状况

不同的客户对企业的价值存在很大差异，有些客户是企业利润与销售额的重要创造者，有些客户只能为企业带来微薄的收益。同样，在流失的客户中，既有给企业带来高额回报的大客户，也有小客户。因此，企业需要分析流失的客户中有多少重要客户，有多少小客户。一般而言，大客户的流失给企业带来的损失更为严重，需要引起企业的高度重视。

8.3.3　分析客户流失的原因

对客户流失原因的分析一方面是企业挽回客户的基础，另一方面也是企业未来设立预警机制的基础。因此，企业需要深入分析客户为什么会流失，究竟是企业自身的原因导致了客户流失，还是因为客户的原因导致客户流失。

8.3.4　采取措施挽回流失客户

企业需要根据流失客户的类型，针对具体的流失原因，采取有针对性的措施，如图 8.1 所示。在确定措施时，企业应估算挽回客户所需要花费的成本，以及挽回的客户能够给企业带来的价值。

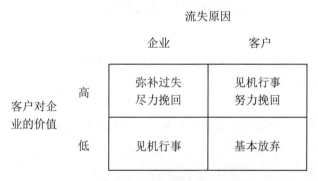

图 8.1　流失客户挽回

对于那些对企业有重要价值的客户，企业需要深入分析客户流失的原因。若是企业原因而导致重要客户流失，则需要针对流失原因，尽力弥补企业工作的失误，以期能够重新赢回客户。

对那些低价值客户，企业需要分析是哪些原因造成了客户流失。如果是企业主动放弃的低价值客户，则不需要挽回；而对那些由于企业产品质量差、服务差等而流失的客户，则应分析原因，努力提高产品和服务质量，重新赢回客户。

对于那些无法给企业带来高价值、又是客户原因而离开的客户，应采取基本放弃的策略。因为即使企业努力挽回与这些客户的关系，这些客户也无法为企业带来丰厚的回报。

因此对这些客户，企业不必花费过多的精力挽回。

对那些因为欺诈而离开的客户，企业应当终止和这些客户的关系。因为这些客户不仅不能给企业带来价值，还会占用企业资源，对企业有百害而无一利。

本 章 小 结

1. 客户流失是指企业的客户由于某些原因，不再购买企业产品或服务，与企业终止业务关系的行为。

2. 客户流失的原因主要来自企业自身和客户两方面。企业方面的原因包括：产品质量问题、服务质量欠佳、内部员工跳槽、企业缺乏创新、主动放弃。客户方面的原因包括：被竞争对手吸引、需求变化、恶意离开、客观原因。

3. 客户流失会给企业带来负面影响，有些客户的流失是不可避免的，流失的客户有被企业挽回的可能，而挽回流失客户是极其重要的。

4. 为尽可能减少客户流失，企业应建立客户流失预警系统，及时判别、及时预警，并适时进行针对性调整，以防止客户流失。

5. 企业挽回流失客户的步骤包括：建立客户流失预警体系、分析客户流失状况、分析客户流失的原因、采取措施挽回流失客户。

复习与讨论

1. 客户流失包括哪些类型？导致客户流失的原因有哪些？
2. 如何对客户流失进行预警？
3. 如何挽回流失的客户？
4. 选取你周围的一个商家，调查该商家是如何挽回流失客户的。

企 业 访 谈

医流巴巴的客户流失管理

第9章 客户关系管理软件系统

学习目标

（1）掌握客户关系管理软件系统的一般模型；
（2）掌握客户关系管理软件系统的组成部分；
（3）掌握客户关系管理软件系统的主要业务功能；
（4）理解掌握客户关系管理的 ASP 模式；
（5）理解客户关系管理软件如何体现客户关系管理的理念和思想；
（6）了解目前客户关系管理软件的主要厂商及其特点发展趋势。

开篇案例

上海万科"热带雨林"项目 SCRM 系统

万科股份有限公司成立于 1984 年，经过近四十年的发展，已成为我国领先的城乡建设与生活服务商。万科始终坚持为普通人提供好产品、好服务，通过自身的努力，满足人民对美好生活的需求。其中，上海万科打造的城市"热带雨林"业务全景既有核心的住宅业务，也囊括了商业、产业、办公、医养、教育、长租公寓，选装加载等多元复合业务服务。

在雨林多业态的服务探索中，上海万科遇到了很大的挑战。① 无统一的数据沉淀管理系统。万科客服现有系统多，包括置业内控系统、SAP 大数据、万科 Club 和微信等，业务数据管理不集中，使得服务工作效率相对较低，客户分析维度单一。② 内外部沟通协作不畅。雨林业态各类项目的管理部门与物业、集团客户、合作伙伴沟通效率低、成本高；与外部客户、粉丝沟通途径单一；传统评价系统反馈慢，不及时。客户问题响应速度慢。③ 服务价值难以体现。服务项目多，客户活跃度低；用户买房经历意向期、等待期、交房期等节点的服务质量未做到最优；企业信任度和认可度有待提升。

针对雨林多业态的服务问题，群脉 SCRM 的用户生态数字化运营平台，协助上海万科构建 5K（5Key）结构性服务价值（标准、响应、平台、信任、定制），无缝接入热带雨林生态圈，个性定制以"人"为本的客户满意度服务体系。

一、执行过程

1. 一账通，多业态下识别用户唯一 ID

住宅、商业、教育、办公等，用户出现在万科的各种业态下。作为领先的用户生态数字化运营平台，群脉 SCRM 帮助万科全面打通多元化经营中各业态之间的用户数据壁垒。

构建集团会员数据池，实现数据统一管理，使用户拥有唯一识别 ID。实现从购买到售后，跨品牌、跨业态，万科始终都能完成对该用户身份的识别。

2. 在线咨询，"一个万科"多触点联动

五大触点全线联通，多个入口同一界面；全功能服务汇集，尽享权威信息随时查询和专业人工客服贴心解答；全流程身份识别，打造全流程 VIP 服务体验；全业态覆盖，实现客户咨询的统一服务标准。

在多业态整合基础上，万科实现多入口承接客户咨询，接入统一咨询平台，经过系统分类、分配到对应的相应机制（自助查询、机器人问答、人工客服等），对客户反映的问题进行处理和解答，实现多个入口，同一界面，让客户在万科在线咨询上实现"一个万科"的印象。

3. 即时评价，共筑客户体验新篇章

通常，客户在买房时会经历意向期（电话咨询、在线咨询、到访案场）、交易期（认购认筹、集中开盘、签约、贷款到账）、等候期（客户关怀活动、工地开放、交付）等环节。

万科在不同触点制定服务问卷模板库，全渠道覆盖客户意向期、交易期、等候期所有服务。客户在任何触点接受万科的服务后不久，会收到线上电子问卷，对刚刚的服务进行评价和打分。一旦出现低评价，系统将在 4 小时之内创建工单，督促对应节点的工作人员优化服务，第一时间响应客户评价。而若客户投诉，不愿意接收推送，可将其放在免推送客户名单中，后续不再推送消息。

二、执行成效与客户评价

执行成效：通过引入 SCRM 系统软件，建立了全渠道即时评价体系，完善万科在用户意向期、等待期、交易期各节点服务质量，有针对性地改善服务薄弱点，创造更佳的服务体验。涉及 365 个服务触点、1800 条岗位标准规范。收集各类客户评价的时间由半年缩短至实时，即时响应，满意度高达 99.87%。系统自动化运行，人工干预 0 次。

客户评价：即时评价系统是上海万科客户服务体验团队基于移动互联网社交的客户互动模式，对客户全生命周期触点服务质量，进行直接评价和即时反馈，有效推动问题即时洞察、事件解决和流程优化，提升客户满意度和客户体验。群脉项目团队在此项目中所体现的积极主动和严谨的工作态度，以及全面的专业技能等值得肯定和信赖。

——上海万科客户服务部负责人　李全

资料来源：群脉 SCRM. 极致服务的野心，SCRM 打 call 万科"热带雨林"[EB/OL]. [2023-01-16]. https://www.maiscrm.com/news/2205.html.

集成了客户关系管理思想和最新信息技术成果的客户关系管理软件系统（后文简称"CRM 软件系统"或"CRM 系统"），是帮助企业最终实现以客户为中心的管理模式的重要手段。本章首先描述了 CRM 软件系统的一般模型，然后根据模型，进一步对 CRM 软件系统的结构和功能做详细分析。

9.1　CRM 软件系统的一般模型

CRM 软件系统的一般模型反映了客户关系管理最重要的一些特性，如图 9.1 所示。

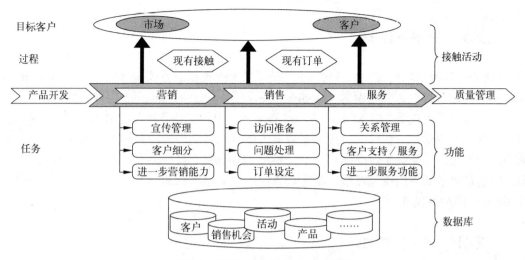

图 9.1 CRM 软件系统的一般模型

这一模型阐明了目标客户、主要过程以及功能之间的相互关系。客户关系管理的主要过程由市场、销售和服务构成。首先，在市场营销过程中，通过对客户和市场的细分，确定目标客户群，制定营销战略和营销计划。而销售的任务是执行营销计划，包括发现潜在客户、信息沟通、推销产品和服务、收集信息等，目标是建立销售订单，实现销售额。在客户购买了企业提供的产品和服务后，还需对客户提供进一步的服务与支持，这主要是客户服务部门的工作。产品开发和质量管理过程分别处于客户关系管理过程的两端，提供必要的支持。

在 CRM 软件系统中，各种渠道的集成是非常重要的。客户关系管理思想要求企业真正以客户为导向，满足客户多样化和个性化的需求。而要充分了解客户不断变化的需求，必然要求企业与客户之间进行双向的沟通，因此拥有丰富多样的营销渠道是实现良好沟通的必要条件。

客户关系管理改变了企业前台业务运作方式，各部门间信息共享，密切合作。位于模型中央的共享数据库作为所有客户关系管理过程的转换接口，可以全方位地提供客户和市场信息。过去，前台各部门从自身角度去掌握企业数据，业务割裂。而对于客户关系管理模型来说，建立一个相互之间联系紧密的数据库是最基本的条件。这个共享的数据库也被称为所有重要信息的"闭环"（closed-loop）。由于 CRM 系统不仅要使相关流程实现优化和自动化，而且必须在各流程中建立统一的规则，以保证所有活动在完全相同的理解下进行。这一全方位的视角和"闭环"形成了一个关于客户以及企业组织本身的一体化蓝图，其透明性更有利于与客户之间的有效沟通。这一模型直接指出了面向客户的目标，可作为构建 CRM 系统核心功能的指导。

9.2 CRM 软件系统的组成

根据 CRM 系统的一般模型，可以将 CRM 软件系统划分为接触活动、业务功能及数据库三个组成部分。

9.2.1　接触活动

CRM 软件应当能使客户以各种方式与企业接触，典型的方式有呼叫中心（call center）、面对面的沟通、传真、移动销售（mobile sales）、电子邮件、Internet 以及其他营销渠道，如金融中介或经纪人等。CRM 软件应当能够或多或少地支持各种各样的接触活动。企业必须协调这些沟通渠道，保证客户能够采取其方便或偏好的形式随时与企业交流，并且保证来自不同渠道的信息完整、准确和一致。今天，Internet 已经成为企业与外界沟通的重要工具，特别是电子商务的迅速发展，促使 CRM 软件与 Internet 进一步紧密结合，发展成为基于 Internet 的应用模式。

9.2.2　业务功能

企业中每个部门必须能够通过上述接触方式与客户进行沟通，而市场营销、销售和服务部门与客户的接触和交流最为频繁，因此，CRM 软件主要应对这些部门予以支持。

然而，并不是所有的 CRM 软件产品都能覆盖所有的功能范围。一般地，一个软件最多能够支持两至三种功能，如市场营销和销售。因此，在软件评价中，功能范围可以作为决定性的评判依据。表 9.1 给出了 CRM 软件各业务功能子系统较为详细的描述。

表 9.1　CRM 软件系统功能

系统功能	市　　场	销　　售	服　　务
营销管理	宣传管理，直接营销 ● 选择根据的确立 ● 定义接触渠道 ● 设计、计划、展开一项宣传或活动 ● 反馈处理 ● 生成进度计划	访问准备 ● 获得信息，需求分析 ● 制作演示和样本 ● 客户接触计划（如根据进度计划） ● 提取客户信息 ● 投资建议，样本组合或行情信息	关系管理 ● 附加服务的识别和了解 ● 识别和了解进一步的潜在客户需求 ● 指导客户考虑新的产品或服务
	客户评价 ● 打分 ● 客户评价 ● 客户潜力分析 ● ABC 分析 ● 措施计划	问题处理及方案提供 ● 客户数据控制 ● 咨询系统 ● 针对特定客户提供产品方案 ● 进度计划的理解与形成	客户支持与服务 ● 问题处理（支付路径） ● 答复 ● 客户状态控制 ● 投诉管理 ● 掌握客户愿望 ● 整体的费用结算
	进一步的市场营销功能 ● 广泛收集有关投资策略、市场研究结果、市场分析、竞争者及外部数据来源的信息 ● 客户及市场细分 ● 市场机会的早期识别	订单设定 ● 订单的识别掌握（Checklist 控制） ● 客户联系方式 ● 客户反应 ● 形成报告	进一步的服务功能 ● 外部行动 ● 宣传册、广告文章的订购方式 ● 产品和销售培训 ● 客户帮助台（直接接触客户） ● 问题及解决方案的数据库

续表

系 统 功 能	市 场	销 售	服 务
客户数据库系统	● 客户历史 ● 潜在的客户管理 ● 客户评价	● 客户的关系范围 ● 个人情况 ● 感兴趣者、客户数据的理解	● 产品使用 ● 报告管理 ● 客户合同关系
过程转换功能	产品管理 ● 产品设计、模拟及生产 ● 产品组成管理	进度及日程管理 ● 进度管理 ● 人员及项目转换日程安排 ● 销售计划管理	销售支持 ● 销售指导（目标、推销渠道、产品、过程） ● 预测计划、销售计划、销售分析 ● 客户预测 ● 投入计划

CRM 软件系统的业务功能通常包括市场管理、销售管理、客户服务和支持三个组成部分。市场管理的主要任务是：通过对市场和客户信息的统计和分析，发现市场机会，确定目标客户群和营销组合，科学地制定出市场和产品策略；为市场人员提供制定预算、计划、执行和控制的工具，不断完善市场计划；同时，还可管理各类市场活动（如广告、会议、展览、促销等），对市场活动进行跟踪、分析和总结以便改进工作。

销售管理部分则使销售人员通过各种销售工具，如电话销售、移动销售、远程销售、电子商务等，方便及时地获得有关生产、库存、定价和订单处理的信息。所有与销售有关的信息都存储在共享数据库中，销售人员可随时补充或及时获取，企业也不会由于某位销售人员的离去而使销售活动受阻。另外，借助信息技术，销售部门还能自动跟踪多个复杂的销售线路，提高工作效率。

客户服务和支持部分具有两大功能，即服务和支持。一方面，通过计算机电话集成技术（CTI）支持的呼叫中心，为客户提供每周 7×24 小时不间断服务，并将客户的各种信息存入共享的数据库以及时满足客户需求。另一方面，技术人员对客户的使用情况进行跟踪，为客户提供个性化服务，并且对服务合同进行管理。其实，上述三组业务功能之间是相互合作的关系，如图 9.2 所示。

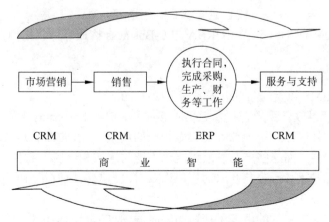

图 9.2　CRM 软件系统的业务功能关系

9.2.3　数据库

一个富有逻辑的客户信息数据库管理系统是 CRM 系统的重要组成部分，是企业前台各部门进行各种业务活动的基础。从某种角度来说，它甚至比各种业务功能更为重要。其重要作用体现在以下几点：帮助企业根据客户生命周期价值来区分各类现有客户；帮助企业准确地找到目标客户群；帮助企业在最合适的时机以最合适的产品满足客户需求，降低成本，提高效率；帮助企业结合最新信息和结果制定出新策略，塑造客户忠诚。运用数据库这一强大的工具，可以与客户进行高效的、可衡量的、双向的沟通，真正体现以客户为导向的管理思想；可以与客户维持长久的、甚至终身的关系来保持和提升企业短期和长期的利润。可以这样说，数据库是客户关系管理思想和信息技术的有机结合。

一个高质量的数据库包含的数据应当能全面、准确、详尽和及时地反映客户、市场及销售信息。数据可以按照市场、销售和服务部门的不同用途分成三类：客户数据、销售数据、服务数据。客户数据包括客户的基本信息、联系人信息、相关业务信息、客户分类信息等，它不但包括现有客户信息，还包括潜在客户、合作伙伴、代理商的信息等。销售数据主要包括销售过程中相关业务的跟踪情况，如与客户的所有联系活动、客户询价和相应报价、每笔业务的竞争对手以及销售订单的有关信息等。服务数据则包括客户投诉信息、服务合同信息、售后服务情况以及解决方案的知识库等。这些数据可放在同一个数据库中，实现信息共享，以提高企业前台业务的运作效率和工作质量。目前，飞速发展的数据仓库技术（如 OLAP、数据挖掘等）能按照企业管理的需要对数据源进行再加工，为企业提供强大的分析数据的工具和手段。

9.2.4　技术功能

CRM 系统除上述三个组成部分，在技术上还需要实现一些特有的功能。与其他标准软件类似，该系统必须遵循以下几点主要原则。

（1）易转换——适应性及强大的参数设置功能。

（2）在已有的 IT 环境下，对所定义的各个部分具有强大的一体化功能。

（3）强大的数据复制及同步功能。

（4）独立于开发平台（与核心部分以 C++还是 Java 编写无关）。

（5）通过 COM/DCOM 以及 CORBA 与 E-Business 构成一体化结构，以及以网页为基础的组合结构。

（6）界面友好。

（7）关系 DBMS 以及通常的开发环境（C++、Java）。

目前，CRM 标准软件系统在技术上仍不够成熟。根据 Forrester 研究公司的报告，目前只有 10%的标准软件产品在引入前不需要做相应的调整，30%的产品则必须做全面的修改，导致引入成本非常高，而这些产品以后可能仍不能与现实相适应。软件厂商正试图通过向客户提供通用的开发工具、公共开放的接口以及对大型数据模型和组成结构的详细文档来改变上述现状，如图 9.3 所示。

客户关系管理的主要目的就在于在适当的时间通过适当的渠道将合适的产品提供给合适的客户。通过 CRM 软件系统的应用，企业提高了前台业务的运作效率。客户信息可以从中央数据库完整地获取，而不依赖于销售渠道；产品及客户分析结果以及产品销售、地区销售等的预测能够非常容易且实时地得到利用；同时企业可以通过 CRM 软件系统来对销售进行管理，从而能够在有很多决策部门的大型组织中实现复杂的销售过程；CRM 软件还能简化识别目标客户的工作，加强与目标客户的联系；能够更为合理地分配营销资源，提高反馈率，并增强宣传的作用，从而减少市场营销成本。

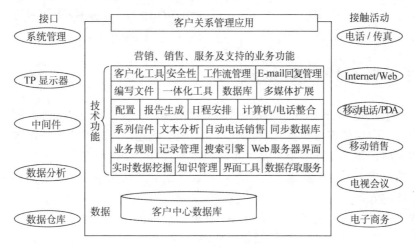

图 9.3　CRM 系统的技术功能

总之，CRM 软件系统支持营销、销售和服务过程，使得对客户和所谓的"闭环"过程有一个全方位的视角，其作用是由业务功能和技术功能两方面共同决定和完成的。

9.3　CRM 功能模块

9.3.1　销售管理子系统

在 CRM 系统中销售管理子系统（sales management）主要管理商业机遇（opportunity）、客户账号（account）以及销售渠道等。该模块把企业的所有销售环节有机地组合起来，使其产品化。这样在企业销售部门之间、异地销售部门之间以及销售与市场之间建立一条以客户为指导的流畅工作流程。它缩短了企业的销售周期，同时提高了销售的成功率。随着销售周期的缩短，销售人员将有更多的时间去与客户进行面对面的销售活动。

销售管理模块能确保企业的每一个销售代表（包括移动和固定销售代表）能及时地获得企业当前的最新信息，包括企业的最新动态、客户信息、账号信息、产品和价格信息以及同行业竞争对手的信息等。这样，销售代表与客户的面对面交流将更有效，成功率将更高。

9.3.2　市场营销管理子系统

市场营销管理子系统（marketing management）帮助市场专家对客户和市场信息进行全面的分析，从而对市场进行细分，产生高质量的市场策划活动，指导销售队伍更有效地工作。在市场营销子系统中可以对市场、客户、产品和地理区域信息进行复杂的分析，帮助市场专家开发、实施、管理和优化他们的策略。

市场管理子系统为销售、服务和呼叫中心提供关键性的信息，如产品信息、报价信息、企业宣传资料等。呼叫中心的智能化呼叫脚本的制作也在市场营销管理模块编制。市场营销管理子系统通过数据分析工具，帮助市场人员识别、选择和产生目标客户列表。市场营销管理系统能和其他的应用模块相集成，确保新的市场活动自动地发布到合适的销售、服务人员手里，使活动得到快速执行。

9.3.3　服务管理子系统

服务管理子系统（service management）可以使客户服务代表有效地提高服务效率，增强服务能力，从而更加容易捕捉和跟踪服务中出现的问题，迅速准确地根据客户需求分解调研、销售扩展、销售提升各个步骤中的问题，增长每一位客户在企业中的生命周期。服务专家通过分解客户服务的需求，并向客户建议其他的产品和服务，来增强和完善每一个专门的客户解决方案。

服务管理子系统可以提供易于使用的工具和信息（包括服务需求管理、服务环境配置及多种问题解决方案）。这些方案包括相关案例分析，问题的分析诊断（包括横向决策树），用于在巨大的科技文档库、产品标示、操作步骤、FAQ 数据库和已有的客户服务解决方案中进行查找的强有力的集成文本检索工具。

基于客户、话务员、服务渠道和服务许可等广泛的信息，客户咨询通过合适的渠道发送给合适的话务员进行处理。服务管理子系统可以从空闲的话务员中选择最称职的话务员来解决客户咨询。通过对服务许可管理的全面支持，采用自动的工作流并增强对每一个咨询的路由、监控和解决，服务子系统可以确保客户的要求可以及时、令人满意地得到解决。

服务子系统可以采用不同的方式来与客户进行交流，如 Internet、电子邮件、Fax、IVR-交互式语音应答、电话等。通过与呼叫中心的持久连接，以及与包括第三方服务提供商、商业伙伴和客户在内的 Internet 客户的间断性连接，服务子系统全面支持客户服务专家在机构扩展方面的全方位运作。

9.3.4　现场服务管理子系统

现场服务管理子系统（field service management）提供了一个移动解决方案，允许公司有效地管理其服务领域的方方面面。现场服务的组织主要以事先的维护计划、中断/安装服务事件、返回物料许可（RMA）、高级的区域资源调配、提供与确保客户问题在第一次访问过程中得到解决所需的资源（包括工具、部件和技能等相关的全面信息）来实现。

现场服务管理子系统提供服务请求管理、服务活动管理、账号管理、智能分配及发送、组件使用、主要清单和已有问题及解决方案的知识基础。数据驱动的工作流、路由和鉴权机制确保现场服务组织遵循许可的行业习惯。

现场服务管理子系统支持多种渠道，包括移动现场服务专家使用掌上电脑或手提电脑装置，连接呼叫中心的话务员，与包括第三方服务提供商、商业伙伴和客户在内的 Internet 客户的间断性连接，提供机构的扩展。

智能呼叫路由，将呼叫需求信息发送给最有资格的服务代表，使他们可以在他们的掌上电脑或手提电脑上访问到全面的客户信息和问题以及解决方案的相关知识，移动现场服务专家可以迅速有效地解决客户问题。一旦需要，现场服务子系统会自动在整个组织内增强这个问题，确保可以根据服务级别许可，应用合适的资源来解决这个问题。在话务员迅速解决了客户的服务咨询后，他们还可以扩展销售或提升其他附加的产品和服务，以增加客户的收入和潜在的盈利。

9.3.5　呼叫中心管理

呼叫中心子系统（call center）通过将销售子系统与服务子系统的功能集成为一个单独的应用，使一般的业务代表能够向客户提供实时的销售和服务支持。通常，业务代表可以处理客户、账户、产品、历史订单、当前机会、突出的应用、服务记录、服务级别许可等。业务代表能够动态地推荐产品和服务，或者遵循基于智能脚本的工作流来解决服务咨询，进而向客户提供其他产品和服务。

呼叫中心的业务代表通常频繁地接到发往内部的销售及服务电话，以及外拨与市场活动和市场扩展相关的电话。业务代表在与客户的联系中提供简单的观点，以保障准确有效地响应每一位客户的需要。业务代表迅速解决客户的服务咨询后，还可以扩展销售或提升销售其他附加的产品和服务。

在业务代表与客户交谈的过程中，智能化问卷可以起到引导作用，即根据客户的概况、个性化特点和当前需求，动态地推荐合适的产品及服务。智能化问卷可以帮助客户代表克服自身的缺陷，站在销售的角度，发表有竞争力的观点。使用智能化问卷，即使是新手也可以像有经验的业务代表一样工作。

呼叫中心集成计算机电话集成技术（CTI），实现被叫号码识别功能（DNIS），自动号码识别功能（ANI）和交互式语音应答系统（IVR），从而为客户提供更智能化的企业服务。

9.4　CRM 软件系统发展趋势

9.4.1　CRM 系统的个性化

随着技术的发展和销售模式的变化迭代，企业信息化的建设要求也相应增高，基于业务解决方案的产品开发思路变得更加明晰。比如传统的面向解决方案仅仅是为了区别行业，但现在和未来更多是指面向业务：客户信息管理、营销管理、线索分配、销售过程管理、会员管理、销售数据分析（销售预测、销售看板）等。也就是说，把整个销售流程完全拆分，并从技术上进行模块化封装，客户需要什么买什么，仅针对少部分业务或功能进行定制开发。所以 CRM 系统的个性定制化是未来的发展趋势之一。

个性化的 CRM 系统是为了企业更好地管理客户、服务好客户而进行开发的一款软件，因此它不仅仅是一个软件，还是一个企业实力的综合反映。定制 CRM 系统可以根据企业自身发展需要各自独立设置，从而更直观、更清晰地查看各个部门的业务情况。完美融入企业所在行业的特色管理流程及经营模式，满足个性化定制需求，结合行业经验，重塑企业管理者对 CRM 系统的目标来设计系统，杜绝项目实施背后的黑洞。定制 CRM 系统可以根据企业需要，与企业其他应用打通、连接。为企业用户消除信息孤岛，集成、打通各类应用及数据之间的界限，让企业的原有系统及历史数据发挥最大效用。

通过分析客户行为和识别正确的用户角色，CRM 系统能够自动展示个性化的内容，与客户确切的需求产生共鸣。这些将在未来就绪的 CRM 系统，可自动识别营销渠道各阶段的潜在客户，显示个性化内容，引导他们采取下一步行动——进入营销漏斗深处（做出购买行为）。面向未来的 CRM 系统将通过聚焦定位、即时通信和智能细分的方式来增强客户体验。

9.4.2　CRM 系统的社交化

随着客户体验标准的提高，社交媒体（微信、抖音、微博、哔哩哔哩等）已成为焦点。社交渠道使公司可以实时与受众互动，并在潜在客户和客户已经在花时间的地方建立品牌资产。它还可以实现一对一的营销和客户渴望的个人关注。从潜在客户生成和客户获取到客户保留和客户维护，社交是整个客户服务中 ROI 最高的渠道之一。社交媒体上的积极互动使用户购买商品的可能性提高了 71%。

CRM 系统的社交化将改变品牌与客户和潜在客户的互动方式。对于 B2C 品牌，社交 CRM 工具可以在购买过程的每个阶段，通过多个途径，包括基于 App 应用程序的聊天机器人和社交媒体上的用户画像，在社交平台上实施跟踪、监控、基准化分析（benchmark）以及与客户互动。社交媒体简单和更为快速的客户响应特性，将持续改善所有社交渠道的品牌体验，并提高忠诚度和终生价值评分。

9.4.3　CRM 系统的智能化

为了提高 CRM 系统的适应力引入参数化的设定理念，使系统能满足不同企业管理多样化的需求。即在产品设计之初，将企业流程的可能改变预留在系统的功能中，然后运用系统参数的设定来决定程序的流程，如此一来，流程变更时便不需要修改程序，只需更改参数的设置即可。

现在的 CRM 系统对于企业管理的核心流程的控制，不能固定地写在程序内。结合预测分析、机器学习和深度学习，CRM 系统的智能化将能够帮助预测并执行"下一个最佳动作"，客户甚至不会知道是机器在工作。基于人工智能的高级聊天机器人可以处理多项查询，同时让企业更敏捷且应对速度呈指数级增长。集成了聊天机器人的 CRM，可以自动执行多项日常任务，同时避免丢失顾客互动中的宝贵数据，并能提高生产力。

CRM 系统的设计重点将转向人性化，让系统以"人类的方式"处理信息，更加人性化。未来，人们不只是简单地向系统发布指令，而是利用全息技术或三维空间技术与计算机在一个智能的环境中进行会话。随着人工智能和认知解决方案越发多样化，利用机器学习 CRM 系统可以从本质上理解人的思维模式，确定客户的真正意图并提供准确的个性化答案，为企业提供更具洞察力、更高效的解决方案。

9.4.4 CRM 系统的生态化

CRM 系统的另一个潮流是系统提供方便的工作流管理与监控。企业的业务流程因业务的差异和业务参与部门的不同往往非常复杂，而业务部门组织机构的调整、人员权限的调整和业务管理流程等的调整，都会对 CRM 系统的流程产生影响。传统的系统应对这些变化的手段往往是对系统的源代码进行修改，不仅降低了响应的及时性，而且增加了用户对开发商的依赖性。将工作流（work flow）管理的先进技术引入系统后，能实现工作流程的灵活定制和管理。

用户可以通过工作流管理模块，方便地定制工单的流转方向、流转时限，查阅人员的权限，轻松实现部门和业务流程的变更。同时，该模块还提供了工作流的每一个节点的动态监控、报警设置和管理。通过工作流监控功能，用户能随时跟踪监控系统中各业务的整个流程，并设置业务处理的时限警戒线。在理论探讨层面，客户关系管理的核心机制将从消费关系的维系向用户深度洞察及体验提升转变，未来客户关系管理的技术形态是融合用户交互与大数据的技术体系。在实践中，客户关系管理实用体系需要技术的落地实现，数据体系管理将取代传统客户关系管理中的业务功能管理成为核心；同时 CRM 系统也不再是一个独立的功能产品，而是用户数据生态系统（user data eco-system，UDES）。

CRM 系统的生态化发展将实现大数据的互联互通。目前，在高度数字化、信息化时代，各个企业间的数据并没有实现行业共享，都是彼此孤立的。而互联网应用模式的一个共同特点就是数据集成和数据共享。随着商业发展，数据不再是分散孤立的，而是集中在一个平台上进行不断扩充。借助统一数据共享平台，通过智能 CRM 系统可为千百家企业解决经营和业务问题。

9.5 典型 CRM 系统介绍

CRM 系统有不同的版本，有开源版、SaaS 版、移动版和定制版等多种类型。Saas 版的 CRM 系统功能比较基础，使用方便，成本较低，适用范围较广。因此，根据企业的产品类型特点，本书选取纷享销客和悟空 CRM 系统作为示例，介绍 SaaS 版 CRM 系统的主要功能。

9.5.1 纷享销客 CRM 介绍

纷享销客（北京易动纷享科技有限责任公司）是一家具备完善的研发、实施能力的 SaaS 企业。纷享 CRM 从市场活动入手，收集销售线索，经过有效跟进将线索转换为客户或商机，通过销售流程规范销售过程，用拜访引导销售行为，最终达成交易并收款。同时纷享 CRM 融合了商业智能分析，协助企业实时掌握经营状态，打造以数据为中心的实时决策企业，贯穿流程管理以提高各个环节的自动化程度来缩短销售周期、降低销售成本，扩大销售量，增加收入与盈利，并最终从根本上提升企业的核心竞争力。

1. 纷享 CRM 术语解释

SaaS：软件即服务（software as a service），是面向软件消费者的，用户无须安装，通过标准的 Internet 工具（如浏览器、移动端 App）即可使用云计算平台提供的软件。用户只需在官网上注册企业账号，并购买员工账号及相关应用，即可快速使用纷享销客产品，包括纷享 CRM。与传统软件相比，企业无须再购买硬件服务器、数据库或是软件升级服务等。

销售线索：销售线索是与用户初次接触获得的原始信息，可以是从展会中获得的名片、通过推广活动获得的电话号码，或是从会议、广告等渠道获得的用户简单信息，可以通过管理和跟进将这些用户转化为客户。

线索池：将线索按不同行业、不同地区或其他的方式组合在一起，即成为线索池，如上海区线索池、北京区线索池、教育行业线索池、金融行业线索池等。

客户：客户是指与企业有业务往来的企业、团体或个人，是企业的重要资源，可以通过线索转化而来，或是销售挖掘等多种渠道获取。

公海：按不同行业、不同地区或按某种相同特性组合在一起的客户分组，即成为公海，如上海区公海、北京区公海、教育行业公海等。

联系人：与企业直接联系的客户方相关人员。如果是企业客户，联系人是与企业联系沟通的人；如果是个人客户，联系人可以是与客户有关系的沟通联系人。

商机：商机是与客户做一笔生意的跟进过程。如果是企业客户，一个完整的销售周期大概包括产品咨询、报价、方案评估及最后的赢单或输单。

销售流程：为规范企业销售过程而制定的一套销售固化流程，以帮助销售人员按步骤、按阶段执行并成交的过程。

拜访：为了更好地维护客户关系，销售需定期拜访客户，了解客户需求或产品使用情况等信息。

盘点动作：销售人员拜访时到超市或其他零售店盘点货架上的产品种类和数量，掌握产品的销售情况和库存情况。

客户账户：客户账户是客户的资产管理账户，包括现金资产、现金等值物、有价券票等形式，具体形态上包括预存款、返利、信用等多种形式；另外也存储了交易方式，包括预付、现付、赊销。

销售订单：销售订单是企业与客户之间签订的一种销售协议，销售订单实现企业与客户之间的沟通，实现客户对企业待售货物的一种请求，同时也是企业对客户的一种销售承诺。通过订单信息的维护与管理，实现企业对销售的计划性控制，使企业的销售活动、生产活动、采购活动处于有序、流畅、高效的状态。

合同：合同是销售过程中的一个重要组成部分，是营销活动中常见的一项法律活动，为了确定各自的权利和义务而订立的各自遵守的条文。因为合同在法律上的各种特性，所以合同管理为销售过程管理的重中之重。

产品：产品是企业向客户提供的各种有价值的物品、服务、信息、人力、组织等，或它们的组合，可以是有形的或者无形的。产品均可以被某种单位或单位组合进行度量，同时表明价值。产品作为企业提供服务的核心，整个企业的营销业务是围绕着产品展开的。

回款：回款是企业营销活动的重要环节，针对特定销售订单，记录实际收到的款项。

报价单：报价单是企业在销售过程中，向客户提供的产品报价清单，也为销售订单提供了一个基本的价格信息。

库存：库存是仓库中实际储存的产品。控制合理的库存水平，即用最少的投资和最少的库存管理费用，维持合理的库存，以满足企业的需求和减少缺货损失。

仓库：仓库是仓储货物的容器，目的是保证产品的完好无损，确保生产、经营活动的正常进行，并在此基础上对各类货物的活动状况进行分类记录，以明确的图表方式表达仓储货物在数量、品质方面的状况，并对其所在地理位置、部门、订单归属、仓储分散程度等情况进行综合管理。

业务流程管理：业务流程管理是一整套企业梳理业务流程、建模、多方参与且自动化执行、持续监控执行过程，并不断分析改进的管理过程和方法。

审批流：客户企业内部为了保障诸多规章制度的顺利进行，往往会设置各种审批规则，对数据和操作进行核准，需要各级领导和相关职能部门进行审批操作。

工作流：指一类能够完全自动执行的经营过程，根据一系列过程规则，将文档、信息或任务在不同的执行者之间进行传递与执行。

2. 纷享 CRM 的业务板块

1）市场营销

市场营销板块支持对市场营销活动的计划、执行、分析等全过程管理。包括：跟踪每个市场活动的全过程，记录活动各类信息；查询、分析及统计活动效果；可灵活定制丰富实时的数据分析报表及统计图，清晰查看各类营销活动情况。通过多样化的报表统计，有效追踪市场变化，及时进行活动调整，了解线索/客户/商机获取情况、获取线索的成本、投入产出比等数据，为新的市场活动及公司战略规划提供有力的数据支持。市场人员可以将市场宣传资料、文档、客户信息等共享给其他部门和人员，与销售部门及其他业务部门保持紧密联系，促进业务协同，提高企业整体工作效率，以便有针对性地策划市场活动，更加有效地拓展市场，如图 9.4 所示。

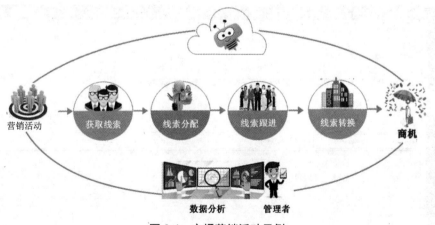

图 9.4 市场营销活动示例

2）销售自动化

销售自动化是纷享 CRM 的核心模块，能够帮助企业有效管理销售过程，针对每一位客户、每一个销售机会、每一次客户拜访进行科学、量化管理；可以有效支持销售主管、销售人员对客户的管理、对销售机会的跟踪；能够有效规范销售流程、实现团队协同工作，如图 9.5 所示。

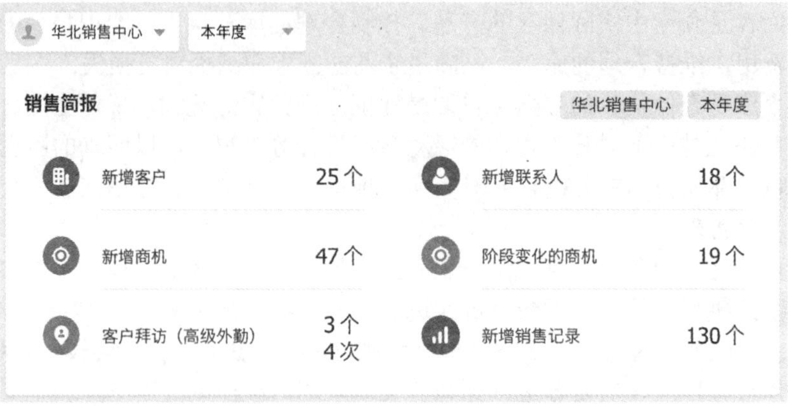

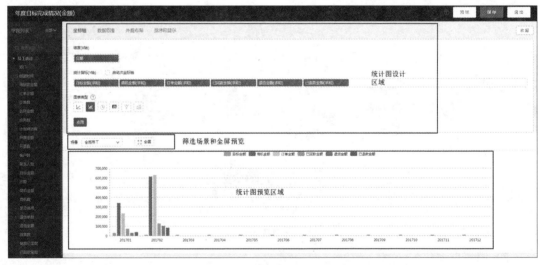

图 9.5　销售自动化板块示例

3）订单及收款

销售订单管理是为与客户进行订单签约，完成销售行为而涉及的售中工作管理，同时订单也是企业销售业务的主要数据载体，直接体现了企业的销售业绩。纷享销客 CRM 订单管理改变了企业手工记录订单的历史，支持手机端实时快捷下单，录入回款记录，开票申请，同时将订单、回款、开票等的审核提醒实时推送给相关人员，极大地提高了企业内部管理和订单执行的响应效率，合乎当今企业提升服务响应速度和满意度的终极需求。

4）数据分析

数据分析展示了业务数据的图表化分析结果，提供了丰富的报表模板和统计图模板，用户可直接使用这些模板查看统计结果，也可以基于这些模板或完全自定义新建符合企业个性化需求的报表和统计图。同时，数据分析结合 CRM 的权限体系，确保了数据的安全性，并提供了订阅功能，满足了需要周期性获取数据统计结果的用户需求，如图 9.6 所示。

图 9.6　数据分析示例

5）后台管理

主要包括权限管理、业务定制、业务规则设置、流程管理、数据维护等多种功能。其中，权限管理可以控制员工对功能对象入口、操作、字段的可见性。业务定制功能能为企业提供高级定制能力，企业可以根据自身需求定义业务对象，配置业务流程或审批流程，同时支持通过 OpenAPI 与外部系统集成。

若要了解更多软件功能，可以查看纷享销售 CRM 官方网站主页"资源中心"下的"用户手册"板块。

9.5.2　悟空 CRM 系统介绍

悟空 CRM 以"客户关系一对一理论"为基础，通过对企业业务流程的重组来整合用户信息资源，增强客户关系，降低企业运营成本，提高企业经营效率。悟空 CRM 系列包括悟空 CRM 开源版、SaaS 云品台版、悟空 CRM 专业版和量身定制版四种。SaaS 云平台，在线 CRM 像浏览网页一样使用，无须投入大量的开发运维成本，按月计费，支持移动 CRM 办公。

1．线索管理

通过线索评分和自动执行线索分配，用户可以根据多种规则分配线索，并了解哪些线索成交的可能性最大，如图 9.7 所示。

图 9.7　线索管理示例

2．联系人管理

CRM 中的联系人管理可以帮助集中管理所有联系人。用户将知道上次与客户联系的时间和原因、与他们再次联系的最佳时间，以便通过电子邮件或其他方式与客户取得联系，如图 9.8 所示。

3．商机管理

CRM 中的商机管理可以帮助企业全面了解当前和未来的销售机会，并知道过去丢单是哪里出了问题。CRM 允许用户根据企业的业务特点，细分销售漏斗中的不同阶段，并告知用户赢得商机的成功概率，如图 9.9 所示。

图 9.8　联系人管理示例

图 9.9　商机管理示例

4．电子邮件管理

在线 CRM 解决方案可以让用户对电子邮件进行全面掌控。利用电子邮件客户端与 CRM 工具的集成，可以避免在不同软件之间来回切换，更快地完成工作，如图 9.10 所示。

图 9.10　电子邮件管理示例

5．销售自动化

用户会希望销售团队将更多的时间花在销售上，以减少用于处理其他事务性工作的时间。销售自动化将通过智能工作流和宏取代当前琐碎的日常任务，比如自动将线索分配给合适的销售代表，并在销售漏斗中向下推进，如图 9.11 所示。

图 9.11　销售自动化示例

6．报表和数字化

CRM 软件可以针对企业数据进行智能分析和展现，从基本图表到高级分析洞察，可以及时发现业务中的异常状况，多维度了解企业的客户，如图 9.12 所示。

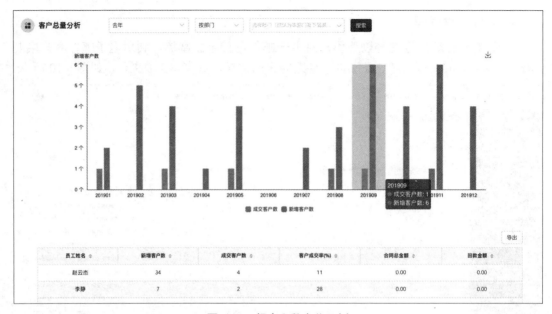

图 9.12　报表和数字化示例

7．营销自动化

公司常常因为规划不善或者未能识别真正目标受众，从而浪费了大量的营销和市场费用，销售和营销团队之间的脱节会严重妨碍工作。借助 CRM 营销自动化解决方案，用户可以执行有针对性的电子邮件营销活动、规划市场活动、衡量广告的投入产出比，从而获得更多线索，如图 9.13 所示。

图 9.13　营销自动化示例

8. 灵活定制

每一家企业在实施 CRM 系统时，都有自己独特的需求，所有 CRM 是灵活可扩展的平台，并非标准化的软件工具。在 CRM 中，用户可以使用自己定义的功能模块、字段、按钮、页面布局等，甚至可以从头开始构建整个 CRM，满足企业的个性化需求，如图 9.14 所示。

图 9.14　灵活定制示例

用户可以通过悟空 CRM 网站主页"服务"下的"使用"板块，进入悟空 CRM 使用帮助文档和悟空 CRM 视频帮助中心了解更多软件功能。

本 章 小 结

1. CRM 软件系统的一般模型反映了客户关系管理最重要的一些特性，这一模型阐明了目标客户、主要过程以及功能之间的相互关系。

2. 根据 CRM 系统的一般模型，可以将 CRM 软件系统划分为接触活动、业务功能及数据库三个组成部分。

3. CRM 软件应当能使客户以各种方式与企业接触，典型的方式有呼叫中心（call center）、面对面的沟通、传真、移动销售（mobile sales）、E-mail、Internet 以及其他营销渠道等。CRM 软件应当能够或多或少地支持各种各样的接触活动。

4. CRM 软件系统的业务功能通常包括市场管理、销售管理、客户服务和支持三个组成部分。

5. 一个高质量的数据库包含的数据应当能全面、准确、详尽和及时地反映客户、市场及销售信息。数据可以按照市场、销售和服务部门的不同用途分成三类：客户数据、销售数据、服务数据。

6. 销售管理模块能确保企业的每一个销售代表（包括移动和固定销售代表）能及时地

获得企业当前的最新信息，包括企业的最新动态、客户信息、账号信息、产品和价格信息以及同行业竞争对手的信息等。

7. 市场营销管理子系统能帮助市场专家对客户和市场信息进行全面的分析，从而对市场进行细分，产生高质量的市场策划活动，指导销售队伍更有效地工作。

8. 服务管理子系统可以使客户服务代表有效地提高服务效率，增强服务能力，从而更加容易捕捉和跟踪服务中出现的问题，迅速准确地根据客户需求分解调研、销售扩展、销售提升各个步骤中的问题，增长每一位客户在企业中的生命周期。

9. 现场服务管理子系统可提供服务请求管理、服务活动管理、账号管理、智能分配及发送、组件使用、主要清单和已有问题及解决方案的知识基础。

10. 呼叫中心子系统通过将销售子系统与服务子系统的功能集成为一个单独的应用，使一般的业务代表能够向客户提供实时的销售和服务支持。

11. CRM 软件系统的发展呈现出个性化、社交化、智能化、生态化趋势。

复习与讨论

1. 以 CRM 软件系统模型为基础，分析目标客户、主要过程以及功能之间的相互关系。
2. CRM 软件系统的业务功能包括哪些部分？
3. CRM 软件系统的数据按不同用途分类，结果是什么？
4. 调查几种市场上比较典型的 CRM 软件，比较各自功能的异同，写出分析报告。

企 业 访 谈

医流巴巴客户关系管理
软件系统

第10章 新兴技术与客户关系管理

学习目标

（1）理解大数据的定义和特征；
（2）理解大数据对客户关系管理产生的影响；
（3）熟悉大数据在客户关系管理中的应用；
（4）理解云计算对客户关系管理产生的影响；
（5）熟悉人工智能在客户关系管理中的应用。

开篇案例

民生银行信用卡中心的智能化客户关系管理

人工智能近年来被广泛应用于金融行业，对社会经济发展产生了深刻的影响。银行业作为人工智能应用发展最快的行业，其所拥有的庞大客户群体与数据量，为人工智能的数据分析和建模提供了坚实可靠的基础。

中国民生银行信用卡中心立足于"信任长在"的品牌定位，以"懂客户"为目标，以"客户体验"为核心，以信用卡行业传统的客户电话联络渠道作为突破口，积极应用人工智能及大数据技术，并结合业务风险控制及客户信息安全管理，打造可信、安全的智能客户联络体系。

一、民生银行信用卡中心的智能化客户关系管理

1. 一站式服务全面惠及信用卡客户

在卡片激活业务场景中，由传统的等待客户主动激活，或者单一的简单通知，转换为全新的采用智能语音外呼触达为客户主动办理的模式，可以为客户解答所有卡片激活的相关问题，为符合在线办理条件的客户提供直接在线激活功能，并可同时设置查询密码、交易密码，同时告知客户卡片激活后所享有的各项权益。整套完整的服务体系简化了客户需要多次多渠道的办理以及咨询环节，节省了客户办理时间，提高了卡片激活率及卡片使用率。

2. 全方位打造个性化和便捷化客户体验

智能语音外呼平台能够有效覆盖客户用卡全生命周期，借助智能电话渠道，兼顾高端客户以及长尾客户，急客户之所急、想客户之所想，为客户提供易用、主动、可靠的伴随式服务。银行业务的复杂度为客户服务带来了极大的不便，经常出现由于操作烦琐而无法办理业务的情况。为了增加业务办理的简易性和便捷性，民生银行不断突破传统的服务模

式。例如，用语音交互模式代替传统的按键操作，客户只需要通过语音交互表达需求，系统就可以为客户提供多个渠道并智能推荐最便捷的办理渠道及方式供客户自主选择。智能外呼模式即可以有效摆脱时间限制，持续追随客户需求，亦能够保障服务的新鲜度，由实时大数据触发、准时启动智能外呼，对客户需求"秒回"。

3. 实现精准营销

通过大数据技术精准捕获客户地理位置，感知客户的状态，识别出客户的特征偏好，从而提供善解人意的服务；以大数据平台为基础，通过客户年龄、性别、地理位置、消费习惯、浏览习惯等数百个特征标签，建立360°客户画像，为客户开放智能服务API，打造个性化、场景化的智能服务体系。例如，某男性客户的地理位置在北京，且为未婚工薪阶层，消费类型为超前消费型，消费偏好多为旅游和电子产品，由此可以为该客户提供量身定做的分期业务产品，再通过智能语音外呼系统自动在线触达该客户进行精准化营销。通过精准分析，系统为客户智能选择了最为合适的业务种类及触达模式，对客户开展活动推广，并实时获取客户的行为倾向以及额外诉求，为后续活动开展提供有力的数据支撑。

4. 提升数据整合与应用

数据源包括民生信用卡中心内部金融数据、客户在自主渠道的点击流数据与行为数据、外部数据、影像和语音等非结构化数据。通过数据仓库和大数据平台分别对内部数据和外部数据、结构化数据和非结构化数据、近线数据和历史数据进行整合，形成了包括客户、事件、机构、财务、产品等十二大主题在内的数据模型，形成了完善的大数据平台体系；同时构建了360°客户画像，充分整合民生银行信用卡中心内外部海量大数据资源，为各个业务场景提供一站式大数据服务。运用大数据HBase和MPP架构的数据库，定义了多种数据类型，包括日期型、字符型、金额型等，同时还定义了数百个内部特征标签和数十个行为数据标签，定义了近线有效数据和远期低效数据，增强了数据的敏感性和可用性。

5. 强化风险管理与控制

民生银行信用卡中心智能风控决策平台是将科技系统的健壮性、大数据模型的准确性、业务规则的灵活性相结合，实现覆盖客户用卡全生命周期各节点的精准风控。可以将"科技""大数据""金融"有机融合，为客户提供更优质服务，降低客户用卡风险，提高民生卡中心收益。以系统驱动自动化风控管理，以系统自动化运行替代手工执行，形成覆盖全量客户全生命周期各个节点的统一标准的风控管理；以数据驱动精准风控，对客户进行精细化分群，以客户为中心进行风控管理，联动贷前、贷中、贷后，实现对持卡人全生命周期的精准风控管理；以智能决策部署实现风控决策的灵活配置，操作简单，由业务人员灵活配置风控规则，降低业务部门与科技部门的沟通成本，明显缩短风控决策上线时间，提升风控管理的及时性；以及时响应监管要求，通过决策统一管理可以做到第一时间响应监管要求，统一配置策略，快速上线。

二、创新绩效评价

民生银行信用卡中心已在近百个业务场景中实现了和客户的智能交互，形成了贷前、贷中、贷后三大阶段客户用卡全生命周期的智能客户联络体系。

贷前阶段——获客：新户首卡申请业务，每日在线核发数万张信用卡，并将大量未完成在线注册、中途放弃的客户信息交由客户所在地营销中心地推人员二次跟进，极大提升办卡成功率。

贷前阶段——卡片激活：作为卡中心新卡、续卡等所有未激活卡片的促激活第一阵线，发挥了及其重要的作用。从发卡第7天至第90天，不同阶段，通过不同的策略促进客户激活卡片，促刷成功率最高可达 80.3%；同时，在线提供一站式服务，引导客户在激活后完成查询密码和交易密码的设置，避免客户二次致电客服办理，在提升客户感受的同时也为呼入业务节省了大量的座席资源；最后，将未完成激活且有较强激活意愿的客户交由电销团队二次跟进辅助客户办理，成功率非常高，为电销团队加装了"瞄准镜"。

贷中阶段——风险交易监控：通过风控决策捕获疑似风险交易，实时触发平台联系客户确认是否本人刷卡，一旦否认，在线立即自动冻结卡片，避免损失进一步扩大，替代了近二十位风险交易监控人员 7×24 小时三班倒的工作。

贷中阶段——风险换卡通知、身份证到期提醒、营销活动推广。每月呼叫量可达数百万，节省了大量人力。

贷中阶段——衰减客户经营：不动户促刷卡活动，从 30 天至 180 天，不同阶段，配合多种促刷策略，促刷成功率最高可达 53.1%。余额衰减客户，通过赠送礼品的方式，设置刷卡金额达标线，从而促动客户刷卡，通过礼品营销的活动达标率可达 30.1%。

贷后阶段——催收：通过机器学习与多轮次对话识别客户还款意愿，准备多套交互模板，话术层层递进，语气逐步施压，引导客户在线还款或在指定时间内完成还款操作。M01 阶段客户流出率达到 70%。

资料来源：黄国平. 中国民生银行股份有限公司信用卡中心：智能客户联络体系案例评述[EB/OL]. [2020-08-03]. http://cc.ctiforum.com/jishu/hujiao/anli/575986.html.

大数据时代，随着云计算、物联网、人工智能与客户关系管理的深度融合，客户关系管理更趋个性化、社交化、智能化和生态化。本章主要介绍当前新兴技术及其在客户关系管理中的应用。

10.1　大数据时代的客户关系管理

10.1.1　大数据的定义及其特征

1. 大数据的定义

大数据（big data）：或称巨量资料，指无法在一定时间范围内用常规软件进行捕捉、管理和处理的数据集合，是需要新处理模式才能具有更强的决策力、洞察发现力和流程优化能力的海量、高增长率和多样化的信息资产。

2. 大数据的基本特征

相比于传统处理的小数据，大数据具有以下"5 个 V"的特点。

（1）数据规模大（volume）：可从数百 TB 到数十、数百 PB，乃至 EB 的规模。

（2）数据多样性（variety）：大数据包括结构化、半结构化/非结构化等各种格式，数值、文本、图形、图像、流媒体等多种形态的数据。

（3）数据处理时效性（velocity）：很多大数据应用需要进行及时处理，满足一定的响应性能要求。

（4）结果准确性（veracity）：处理的结果要保证一定的准确性，不能因为大规模数据处理的时效性而牺牲处理结果的准确性。

（5）深度价值（value）：大数据蕴含很多深度的价值，需要对大数据进行分析，挖掘出其巨大的价值。

10.1.2　大数据时代客户关系管理的机遇与挑战

大数据时代的到来对企业的客户关系管理来说是一把"双刃剑"，既提出了适应时代变化的挑战，同时也提供了获得核心竞争力的机遇。如何利用大数据机遇创造新的经济效益，获得更稳固、更长期、更有价值的客户关系，是企业当前迫切需要解决的问题。

1．大数据时代客户关系管理面临的机遇

第一，客户背后的数据是企业了解客户的基础，是企业新的生产要素和核心资源。这些数据信息量大，可以准确反映客户消费习惯和采购意愿，通过跟踪这些数据可以了解到客户购买商品的关联性和周期特点，为企业经营决策提供有效指导。

第二，大数据技术的发展有利于企业实现柔性生产，为客户提供更加个性化的产品。通过挖掘分析数据，企业可以准确识别客户偏好和采购意愿，生产规模和客户定制化需求相匹配，需求对生产的引导作用加大，生产的灵活性和应变能力不断增强。

第三，虚拟化的电子交易界面改变了传统的企业与客户面对面沟通方式，也让企业拥有更多的潜在客户。由于网络平台的开放性，交易可以没有固定场所，企业拥有庞大的潜在客户群体，推出的产品和服务会受到更多潜在客户的关注，社会媒体和客户口碑也会带来意想不到的宣传效应。

第四，数据实时集成有利于客户参与产品设计，与企业建立合作伙伴关系，创新价值实现模式。产品竞争更多地延伸为服务增值方面的竞争。客户可以定制个性化需求，参与产品方案设计，企业获得客户免费的设计，节省了营销渠道费用，共同创造新的价值。

2．大数据时代客户关系管理面临的挑战

第一，大数据技术发展给企业传统的业务运行管理体系带来冲击。为顺应变化，现代企业要发挥数据在资源配置中的作用，重新审视和构架业务运行管理体系，既要坚持创新发展、持续改进，又要统筹兼顾、循序渐进，致力打造新的竞争优势。

第二，客户关系管理的思路和模式都发生了较大变化。与客户少了面对面的接触，传统的管理，如客户保持与流失、客户评价与分级、客户满意度的培育等都将发生变化，感情培育将更加理性，客户关系维系将变得困难。企业客户关系管理思路将转变为通过挖掘数据，感知客户体验，识别客户需求，为客户提供个性化的营销解决方案，从而提高客户满意度，培育客户忠诚。

第三，提升获取和处理大数据的能力是客户关系管理的重点和难点。企业竞争更多演化为基于数据的竞争。企业要高度重视数据收集、保存、管理，建立数据运维和共享机制，通过分析数据建造客户行为模型，研究客户采购场景，主动预见和感知需求，为客户提供精准化推荐和个性化服务，从而建立在客户心中的独特价值。

第四，服务管理至关重要，提供客户需要的服务甚至超越产品本身。围绕战略目标，企业内部要增强协同和互补意识，要注重全过程与客户互动沟通，将客户体验转化为体会客户，推动解决客户合作中存在的问题，共同为客户服务。

10.1.3　大数据时代客户关系管理的变化

传统客户关系管理的数据，绝大多数以结构化数据为主，如客户的信息、购买行为和资料等。大数据时代的客户关系管理要面对零散的、异质化的数据，如博客、微博、网购、视频、社交网站数据等。而社会化媒体则以其用户生产内容（UGC）和社交网络为主要特征。社会化媒体平台上的主角是用户，用户基于各种原因在社会化媒体上产生裂变式的社会关系，而连接这些关系的恰是用户自己生产的内容。因此，社会化媒体是大数据的主要生产者。在大数据和社会化媒体渗透的互联网络中，传统客户关系管理中的边缘因素转变为中心要素，次要部分转变为支配部分。作为客户关系管理重要概念的用户、媒介—客户关系、客户—客户关系，以及客户关系管理技术都正在发生变化。

1．客户的变化

传统客户关系管理集中于价值客户的认识、保留和发展的动态管理，目的在于从价值客户得到卓越回报。因此客户关系管理旨在对价值客户的发现、保持和发展，而大多数分散的客户往往被边缘化，很少记录和追踪零散客户的数据。而在大数据时代，零散的小客户成为客户关系管理中发挥长尾效应的价值客户。

2．关系的变化

在传统客户关系管理中，关系主要指媒介—客户关系，吸引新客户、提升现有客户和保留住老客户是主要处理关系。关系限定有一定的区间，关系圈封闭，关系去向单一，客户反馈数据匮乏。而大数据时代基于社会化媒体架构的社会网络关系具有开放、双向、无边界等特点，呈发散式网状结构。单一节点的关系从原点通过各种强弱关系呈裂变式无限发展。因此，社会化媒体语境中的客户关系管理关系呈现多元化和多维化，不仅包括媒介—客户关系，也包括客户与客户间的关系，而且后者更加纷繁复杂，因此客户关系成为价值创造点、企业的无形资产。社会化媒体中关系的松散耦合更利于信息有效而充分地流通。

3．技术的变化

大数据时代，数据集合从 GB 到 TB 再到 PB 级，甚至以 EB 和 ZB 来计算。面对海量数据，客户关系管理需要具备先进的数据挖掘技术、数据仓库和数据分析技术，才能挖掘出数据背后的价值和规律。由于非结构化数据呈指数级增长，传统 CRM 系统中的数据仓库将无法应对海量数据，数据仓库的升级以及对海量数据的科学分析将是客户关系管理的中心工作。再者，大数据要求客户关系管理能够分析海量数据背后潜藏的规律和价值，因此大数据分析技术将是客户关系管理未来的重要部分。

10.1.4　大数据在客户关系管理中的典型应用

大数据应用的深度和广度针对行业的不同而有所不同，特别是针对与客户交流频繁、客户支持要求高的行业，如银行、证券、保险、电信、零售、旅游、航空等。下面列举零售业、电信业、金融业客户关系管理中的大数据应用。

1．零售业客户关系管理中的大数据应用

零售业客户关系管理中大数据的应用主要包括以下三个方面。

（1）零售业的顾客行为数据分析。通过汇总分析顾客与企业多个交互点（移动设备、社交媒体、门店、电子商务网站等）的数据，提升客户转化率，以个性化的广告提高营收，预测并避免顾客流失，降低获客成本。

（2）利用大数据，将店内体验个性化。零售商通过分析 POS 机系统和店内传感器等数据来源，来优化销售策略，同时，通过忠诚度应用程序，对店内体验进行个性化定制，并及时采取行动，促使顾客完成购置——最终目标就是提升所有渠道的销售额。

（3）通过预测型分析和定向宣传，提升顾客转化率。将顾客在互动过程中生成的数据加以利用，将其转变为顾客信息与洞见的宝库（如理解他们的喜好）。通过全方位地了解顾客，并掌握尽可能准确的预期，进而有效地进行定向促销。

2. 电信业客户关系管理中的大数据应用

随着 ICT 技术的飞速发展，电信业已经迅速地从单纯的提供市话服务演变为提供综合电信服务。从数据来源看，电信运营商的数据涉及移动语音、固定电话、固网接入和无线上网等业务，会涉及公众客户、政企客户和家庭客户，同时也能收集到实体渠道、电子渠道、直销渠道等所有类型渠道的接触信息。目前，国内运营商基于客户关系管理运用大数据主要体现在两个方面。

（1）市场与精准营销。此方面包括客户画像、关系链研究、精准营销、实时营销和个性化推荐。运营商可以基于客户终端信息、位置信息、通话行为、手机上网行为轨迹等丰富的数据，为每个客户打上人口统计学特征、消费行为、上网行为和兴趣爱好标签，并借助数据挖掘技术（如分类、聚类、RFM 等）进行客户分群，完善客户的 360° 画像，帮助运营商深入了解客户行为偏好和需求特征。基于客户画像，运营商可以为客户提供定制化的服务，优化产品、流量套餐和定价机制，实现个性化营销和服务。

（2）客户关系管理。此方面包括客服中心优化和客户生命周期管理。利用大数据技术可以深入分析客服热线呼入客户的行为特征、选择路径、等候时长，并关联客户历史接触信息、客户套餐消费情况、客户人口统计学特征、客户机型等数据，建立客服热线智能路径模型，预测下次客户呼入的需求、投诉风险以及相应的路径和节点；也可以通过语义分析，对客服热线的问题进行分类，识别热点问题和客户情绪，对于发生量较大且严重的问题，要及时预警相关部门进行优化。

3. 金融业客户关系管理中的大数据应用

主要包括证券欺诈预警、超高频金融数据分析、信用卡欺诈检测、审计跟踪归档、企业信用风险报告、客户数据转换、交易的社会分析、IT 运营分析和 IT 策略合规性分析等。

（1）客户细分和精细化营销。通过客户在社交媒体上的行为数据、在电商网站的交易数据、产业链上下游数据以及其他有利于扩展银行对客户兴趣爱好的数据，进行客户细分和差异化服务，为实时营销、交叉营销、个性化推荐以及客户生命周期管理奠定基础。通过大数据整合客户线上和线下的相关行为，综合考虑客户的信息、偏好信息、销售人员信息等，筛选出影响客户购买决策的关键因素，并通过这些因素和建立的模型，对客户的使用预期进行估计，找出高风险流失客户，及时预警，制定挽留策略，提高成交率。

（2）欺诈行为分析。基于企业内外部交易和历史数据，实时或准实时预测和分析欺诈等非法行为，包括医疗保险欺诈与滥用分析以及车险欺诈分析等。使用网络分析和自然语言处理器来捕捉金融市场的非法交易活动。

（3）产品和服务优化。银行可以将客户行为转化为信息流，并从中分析客户的个性特征和风险偏好，更深层次地理解客户的习惯，智能化分析和预测客户需求，从而进行产品创新和服务优化。例如，兴业银行对大数据进行初步分析，通过对还款数据挖掘比较、区分优质客户，根据客户还款数额的差别，提供差异化的金融产品和服务方式。银行可以通过爬虫技术，抓取社区、论坛和微博上关于银行以及银行产品和服务的相关信息，并通过自然语言处理技术进行正负面判断，尤其是及时掌握银行以及银行产品和服务的负面信息，及时发现和处理问题；对于正面信息，可加以总结并继续强化。同时，银行也可以抓取同行业的银行正负面信息，及时了解同行做得好的方面，作为自身业务优化的借鉴。

（4）客户关系管理。通过分析客户的账户状态（类型、生命周期、投资时间）、账户价值（资产峰值、资产均值、交易量、佣金贡献和成本等）、交易习惯（周转率、市场关注度、平均持股市值、平均持股时间、单笔交易均值和日均成交量等）、投资偏好（偏好品种、下单渠道和是否申购）以及投资收益（本期相对和绝对收益、今年相对和绝对收益和投资能力等），来进行客户聚类和细分，从而发现客户交易模式类型，找出最有价值和盈利潜力的客户群，以及他们最需要的服务，更好地配置资源和政策，改进服务，抓住最有价值的客户。

（5）智能投资顾问。智能投资顾问业务提供线上投资顾问服务，其基于客户的风险偏好、交易行为等个性化数据，依靠大数据量化模型，为客户提供低门槛、低费率的个性化财富管理方案。

10.2　物联网与客户关系管理

10.2.1　物联网概述

1. 物联网的基本定义

物联网（internet of things，IoT）是通信网和互联网的拓展应用和网络延伸，它利用感知技术与智能装置对物理世界进行感知识别，通过网络传输互联，进行计算、处理和知识挖掘，实现人与物、物与物的信息交互和无缝链接，达到对物理世界实时控制、精确管理和科学决策的目的。

广义地说，物联网可以被认为是物理世界与信息世界的融合，将一切事物网络化、数字化，物与物之间、人与物之间、环境与人之间实现高效率的信息交互，使得信息技术真正融入人类社会。

狭义地说，物联网是连接多个物品的网络，这些物品可以被识别与管理。

2. 物联网的基本特征

物联网具备三大特征。

（1）全面感知：利用传感器、二维码等技术，随时随地获取用户或者产品信息。

（2）可靠传送：通过通信网与互联网，信息可以随时随地交互、共享。

（3）智能处理：利用云计算、模式识别等智能计算技术，对海量的信息数据进行分析与处理，并实现智能决策与控制。

10.2.2　物联网在客户关系管理中的应用

物联网对客户关系管理具有深远影响，因为包含客户信息和上下文输入的巨大物联网数据可以极大地增强客户关系管理能力。

1. 物联网为客户关系管理带来的机会

把物联网技术应用到客户关系管理中的优势在于如何利用企业的历史数据，将其与"物"产生的实时数据相关联，并产生洞察力来驱动相应的行动。根据客户的行为、位置、需求和模式为商业提供机会。无论是销售、服务还是营销，所有客户关系管理的领域都可以从物联网中获益。这不仅改善了客户体验，也为企业的新增长注入活力。

今天，客户关系管理就是以客户为核心管理客户关系。无论渠道如何，公司都致力于提供卓越和优良的客户体验——物联网设备本身就是其中一个渠道。设备与智能系统的紧密互动为企业开辟了全新的世界，为客户提供了个性化的、上下文相关的优惠、服务和支持，同时不断地推动了产品和服务的创新。

2. 物联网与服务

物联网可改善服务，具体包括：向企业的客户服务部实时报告问题，使用客户信息和设备信息（状态、位置）、个人资料和偏好等整体规划卓越服务。

物联网可降低服务成本。设备可以主动请求维修和支持，因此客户对公司的呼叫必然会减少，从而降低客服成本。在客户最终呼叫的情况下，客服代表可事先预知客户问题的详细信息，从而缩短呼叫时间，减少呼叫切换并提升关键绩效指标（key performance indicator，KPI）。

物联网可帮助企业减少客户流失。使用业务应用程序和物联网数据，企业可以预测客户是否存在流失风险，并采取主动措施来满足客户期望，从而消除获取客户和无形损失（客户信任）的更昂贵的选择。基于位置、定价、服务问题、产品组合、购买趋势、人口统计信息和之前流失的客户分析的趋势，可以提供更具洞察力和准确的流失预测。

3. 物联网与销售

物联网可提供卓越的销售经验。客户走进商店后，物联网可了解客户的偏好并向客户提供正确的产品和服务，这也为交叉销售/追加销售提供了机会。使用客户的历史信息和其他类似客户购买的产品，可以获得更多成功的机会。

10.3　云计算与客户关系管理

10.3.1　云计算概述

1. 云计算的基本定义

云计算（cloud computing），简单地说，就是以虚拟化技术为基础，以网络为载体，以用户为主体，并提供基础架构、平台、软件等多种服务形式，整合大规模可扩展的计算、存储、数据、应用等分布式计算资源进行协同工作的超级计算服务模式。

云计算采用了 SaaS、PaaS、IaaS 等商业模式，融合了分布式计算、并行计算、网格计算、负载均衡、虚拟化等计算机技术。在云计算系统中，所有的计算存储服务均在云数据中心完成，用户端只是一个简单的输入输出设备，不需要安装任何应用程序，只要用户端能够接入互联网，就能按需付费享用云提供的服务。云计算的一个核心理念就是通过不断提高"云"的处理能力，减少用户终端的处理负担。

2．云计算的基本特征

云计算的特点是可使计算分布在大量的分布式计算机上，而非本地计算机或远程服务器中。这使得企业能够将资源切换到需要的应用上，根据需求访问计算机和存储系统。总结起来有如下几个主要特征。

（1）动态化的资源配置。动态划分消费者的需求，或释放不同的物理资源和虚拟资源，当增加一个需求时，可以通过增加可用的资源来进行匹配，实现资源的快速弹性利用；如果不再使用这些资源，可以释放。云计算技术为客户提供的这种能力，实现了信息技术资源利用的可扩展性。

（2）自助化的需求服务。云计算技术可为用户提供自助资源服务，用户无须同提供商交互，便可自动获取自助的计算资源功能。同时，云计算系统为用户提供应用服务的目录，用户可采用自助方式，选择满足自身需求的服务项目和内容。

（3）便捷化的网络访问。客户可借助不同的终端设备，通过标准应用，实现对网络访问的功能，随时随地对网络进行访问。

（4）计量化的服务。提供云计算服务时，针对不同的客户服务类型，通过计量的方法，自动控制和优化资源配置。即资源可被监测和控制着使用，是一种即付即用的服务模式。

（5）虚拟化的资源。通过虚拟化技术整合，分布在不同地区的计算资源，实现基础设施资源的共享。

10.3.2　云计算在客户关系管理中的应用

云计算的诞生为客户关系管理带来了机遇和挑战。本部分主要介绍云计算技术在电信行业客户关系管理中的应用。

1．集中 CRM 系统云计算化

传统电信 CRM 等直接生产系统主要分散部署在省份，独立支撑各省的业务，存在各省业务不一致、核心数据管理困难、工程建设实施周期长等问题。因此，需要建设集中 CRM 系统，以统一业务支撑全国用户，使电信运营商在互联网时代能够灵活应对行业变化，快速响应用户需求。

CRM 系统云计算化是先对系统进行分层，实现前端与应用分离、应用与数据分离，以相对透明的方式完成层与层之间的调用；其次对各层分别进行解耦拆分，采用具备可扩展性的分布式架构进行支撑。结合 CRM 系统自身特征，形成如图 10.1 所示的云计算化架构。自上而下分别是接触层、应用层及数据层。接触层主要通过电子自服务、电子销售等系统，完成内部功能的前端展现；应用层主要包括服务提供及服务开放，通过分布式服务框架及分布式消息中间件等模块完成服务提供，通过服务流程引擎及服务规则引擎完成服务统一对外开放；数据层主要通过分布式数据库、分布式缓存及分布式文件系统完成数据的存储。

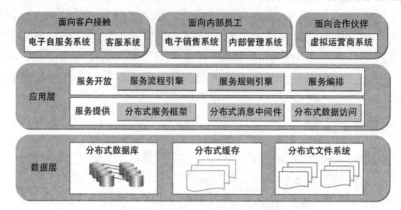

图 10.1　CRM 系统云计算化架构

2．CRM 系统应用层云计算化

传统架构下的 CRM 系统可整体应用部署在一台机器上，应用之间紧密绑定，随着系统支撑用户数逐渐增多，并发访问压力增大，只能采用整体增设机器，或使用升级为更高性能机器的方式来缓解系统压力。应用层的云计算化就是将复杂的系统进行解耦，拆分成非常细的服务进行部署，这样能够增强系统重用性，有效降低应用服务器的压力。

另一方面，CRM 系统由多个子系统模块紧密相连构成，在功能开发及升级部署的时候必然会引起模块之间互相影响。因此，一个完善的分布式系统需要各个子系统之间相对独立，并且按照统一方式对外提供服务，这样每个子系统可以保持其黑盒的实现方式，其他子系统无须关心其实现方式，只要能够按照统一的方式调用它们提供的功能就可以保证业务接续。

3．CRM 系统数据层云计算化

数据层云计算化的关键就是数据的拆分，类似 CRM 系统的大型应用系统的数据库必然会经过一个从单一数据库到主备分离、读写分离，到按功能域分域，再到分库分表的过程。一个分布式数据库各节点在物理部署上相对分散，各自承担访问压力，但是在逻辑上仍然是一个统一的整体，具有独立透明性，上层应用无须关心数据的逻辑分区及物理位置分布的细节，也不必关心冗余数据的一致性问题。

一个具体的 CRM 数据库拆分示例如图 10.2 所示。

首先，按照功能域进行垂直拆分。将 CRM 数据库按照客户域、订单域、用户域、资源域等维度进行划分，不同域的数据相互独立。

其次，进行水平拆分。以客户域为例，将客户域的客户资料表、个人客户资料表等依据客户 ID 统一进行水平拆分，根据客户域的数据规模估算切分颗粒度。考虑到后续扩展方便，每个库需存入多张表格，以图 10.2 为例，每个库中存入 16 张表，共存入 n 个库中。

最后，建立索引表。以客户域为例，需要建立一张证件号码索引表，以客户证件号码为主键，表内包含客户 ID 字段，满足通过客户证件号码来查询客户的业务需求。

需要说明的是，每个域需要根据自身情况来选择是否进行拆分、拆分依据的字段以及拆分的规模。如果公共域涉及的数据规模较小，可以选择不对其进行水平拆分或进行小规模的拆分。

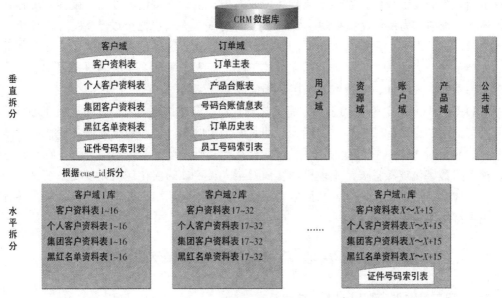

图 10.2　CRM 系统数据库拆分示例

10.4　人工智能与客户关系管理

10.4.1　人工智能概述

1. 人工智能的定义

人工智能（artificial intelligence，AI）是一门研究和开发用于模拟和拓展人类智能的理论方法和技术手段的新兴科学技术。美国哈佛大学的 Howard Gardner 教授提出了多元智能理论，指出人类的智能可以分为八个部分：语言智能、数理智能、节奏智能、空间智能、动觉智能、自省智能、交流智能和自然观察智能。人类能够直接了解的智能只能是人类本身具有的智能，因此人工智能也就是制造具有人类智能的机器或装置。

2. 人工智能的基本特征

（1）由人类设计，为人类服务，本质为计算，基础为数据。从根本上说，人工智能系统必须以人为本，这些系统是人类设计出的机器，按照人类设定的程序逻辑或软件算法，通过人类发明的芯片等硬件载体来运行或工作，其本质体现为计算。通过对数据的采集、加工、处理、分析和挖掘，形成有价值的信息流和知识模型，为人类提供延伸人类能力的服务，从而实现人类期望的一些"智能行为"的模拟。在理想情况下必须体现服务人类的特点，而不应该伤害人类，特别是不应该有目的性地做出伤害人类的行为。

（2）能感知环境，能产生反应，能与人交互，能与人互补。人工智能系统应能借助传感器等器件产生对外界环境（包括人类）进行感知的能力，可以像人一样通过听觉、视觉、嗅觉、触觉等接收来自环境的各种信息，对外界输入产生文字、语音、表情、动作（控制执行机构）等必要的反应，甚至影响到环境或人类。借助于按钮、键盘、鼠标、屏幕、手势、体态、表情、力反馈、虚拟现实/增强现实等方式，人与机器可以产生交互，使机器设备越来越"理解"人类乃至与人类共同协作、优势互补。这样，人工智能系统能够帮助人类做人类不擅长、不喜欢但机器能够完成的工作，而人类则适合于去做更需要创造性、洞察力、想象力、灵活性、多变性乃至用心领悟或需要感情的一些工作。

（3）有适应特性，有学习能力，有演化迭代，有连接扩展。人工智能系统在理想情况下应具有一定的自适应特性和学习能力，即具有一定的随环境、数据或任务变化而自适应调节参数或更新优化模型的能力；并且，能够在此基础上通过与云、端、人、物越来越广泛、深入的数字化连接扩展，实现机器客体乃至人类主体的演化迭代，以使系统具有适应性、鲁棒性、灵活性、扩展性，从而应对不断变化的现实环境，使人工智能系统在各行各业产生丰富的应用。

10.4.2　人工智能在客户关系管理中的应用

1. 客户关系管理中常见的人工智能技术

1）深度学习

深度学习是当前主流人工智能技术方法之一，和回归神经算法生成的模型对互联网上海量的信息和用户数据进行分析、聚类和整理。在客户关系管理领域中，深度学习常用于将不同的广告信息或服务模式有针对性地投放给不同的用户和不同的场景，从而实现客户行为分析和个性化精准广告投送。

2）自然语言理解

自然语言理解技术使用计算机模拟人类语言的交际过程，从而实现人机之间的自然语言沟通。通过深度学习技术，对海量的语料数据进行分析和学习，能够更加精准地完成分词、识别、聚类等任务，从而实现更加准确的语言理解能力。自然语言理解技术被广泛运用于智能客户关系管理当中，包括外呼营销机器人、机器人，以及智能化作息辅助的赋能。

3）信息检索

信息检索是用户进行信息查询和获取的主要方式，包括文献检索、数据检索以及事实检索。信息检索技术能够帮助用户对客户、数据进行知识挖掘，包括摘要、分类、聚类，以及相似性检索等。与深度学习和自然语言理解相结合，信息检索技术可以被运用于客户行为分析、客户画像、营销数据，以及售后服务数据跟踪等场景。

4）自动文本生成

自动文本生成是一个依赖语言模型和深度学习实现的技术，通过模拟和推算，机器能够自动生成人类语音的内容，在制定的场景和话题下，机器可以自动撰写一些信息和内容。在客户关系管理场景下，自动文本生成技术能够帮助企业生成营销方案，在维护用户品牌的同时，有效降低人力成本和减少错误。

2. 人工智能在客户关系管理中的应用

人工智能在客户关系管理中，主要应用于客户获取、客户服务以及客户维护三个方面，如表 10.1 所示。

表 10.1　人工智能在客户关系管理领域中的应用

应用领域	应用场景	相关技术	应用剖析	相关公司
客户获取	营销机器人	自然语言理解 语音转文字	智能销售机器人、智能外呼机器人、智能电话外呼客服中心	科大讯飞、百度、Zendesk
	营销广告	深度学习 信息检索	精准推荐信息给用户，为客户提供智能营销广告投放服务	Salesforce Emarsys
客户服务	智能客户分析	深度学习 自然语言理解	精准客户数据分析，自动生成客户画像。为客户行为进行分析和预测	Zendesk 华邦云 Salesforce
	营销预测	深度学习 大数据云计算	通过营销云平台实现精准营销解决方案，营销活动分析/数据管理平台 DMP	Salesforce Microsoft IBM
	自动营销方案	自然语言理解 自动文本分析	自动撰写营销方案，维护用户品牌。在人工智能技术的帮助下，自动生成方案不仅可节省人力，还能确保生成的内容基于一定的规则和主题，有助于树立企业品牌形象的统一性	IBM 全网通 易豚网络
客户维护	售后数据跟踪	深度学习 信息检索	对相关数据进行分析，根据分析结果找出现有客户中的潜在流失客户。有针对性地采取相应措施，阻止这部分客户的流失，进而达到客户维护的目的	SAP Salesforce 易销网 OKKI

3．人工智能技术赋能客户关系管理

1）预测性评分和预测

预测性销售线索评分将为各个销售线索提供评分，表示转换成业务机会的可能性，自动排列最有可能转化和达成交易的销售线索，以高效挑选最有潜力的客户，让销售始终关注最重要的销售线索。此外，还能了解分数背后的原因，如潜在客户来源、行业或某个其他可能决定销售线索最终是否转换成功的非常重要的指标因素。

基于 AI 的客户关系管理，可以实现下列功能：① 使用浏览历史记录和购买数据来预测客户最有可能响应哪些渠道、内容、产品、消息，甚至发送时间；② 轻松预测流失风险、转化可能性、支付延迟、生命周期价值等；③ 对于销售经理，AI 能预测季度订单，从而让经理提前了解他的团队能否顺利完成配额；④ 预测哪些文章和回复能够帮助解决服务案例，以及营销电子邮件效果如何；⑤ AI 的预测功能还可用于预测事物的未来价值，例如股票投资组合或房地产投资。

2）数据改善业务战略

任何 CRM 系统的核心功能都是建立和维护一个稳健的数据库，可以对数据库进行处理、分析和解释，以确定销售、营销或服务策略。然而，大多数企业无法正确处理数据，或使用不准确的信息。例如，客户调查包含大量有价值的反馈和评论，但是逐项筛选这些条目以获得洞察力可能会很费力且容易出错。同时，客户数据变化频繁且非常快，不幸的是，营销人员用来接触客户的数据并没有按照要求尽快更新。例如，如果一个客户已经搬

到一个新的城市，活动就不能 100%有效，因为系统不会立即响应新的变化。

利用基于人工智能技术，企业可以更有效地更新、处理和分析数据，通过增强数据挖掘和分析，更快地做出更明智的决策，改善客户关系和交易。例如，智能 CRM 可分析企业的 CRM 数据，了解决定交易成败的关键，以及发现达成交易的最恰当后续步骤；在员工和客户使用的应用程序或工作中向他们提供经过验证的建议，如为销售提供交叉销售或追加销售的建议、为减少流失提供建议等；通过自动分析客户在所有接触点与公司的互动，了解哪些渠道、消息和内容会与客户产生共鸣；在所有数据中挖掘重要规律和趋势，探索业务意外结束的原因。个性化消息传递将有效地使 CRM 能够在一天中的最佳时间通过使用具有战略意义的消息来吸引客户，这些消息是结合大数据来设计的，这一功能将允许机器人实际识别一天中发送消息的最佳时间，以及发送给谁。

3）减少数据输入

CRM 所捕获的数据可以提供关于销售团队和管理行为的绝好信息。历史上一直存在的问题是没有足够的数据被捕获，因为它需要用户的配合来进行。而现在，通过增强与人工智能的结合，改善了可以自动添加到客户管理系统中的内容，使传入的数据变得更有意义和价值。

CRM 可以负责所有的数据录入工作。这些工作从一开始就困扰着销售、营销或服务代表。而现在，CRM 与最流行的生产力套件进行了开箱即用的集成，可以自动捕获关键客户数据（包括联系信息、电子邮件线索、日历事件、社交数据等）并将其记录到相关联的 CRM 记录中。

例如，将电子邮件和日历与智能 CRM 连接起来，为代表腾出更多销售的时间。所有相关电子邮件和会议附着到正确的系统记录中，通过避免数据输入提高每个人的工作效率。员工可以更好地专注于建立关系，而不是执行低价值的数据录入。

4）使用语音助手优化销售电话

人工智能和 CRM 的对话是自然语言（语音/文本）通过提供更好的用户体验开始驱动 CRM 的地方。销售电话在销售活动中占很大比例，因此创建完全无缝和智能的销售电话方法对于提高效率是非常有必要的。现代 CRM 系统开始收集和记录关于销售电话的共享数据，以执行这些电话中的操作，并最大限度地提高改善问题解决、客户支持、质量保证和整体客户关系的潜力。CRM 中的语音助理也开始创建客户记录，生成有关指标和优先级的个性化每日简报，并自动将业务活动与 CRM 联系起来。

4. 人工智能在客户关系管理领域的应用案例

Zendesk：AI 是 Zendesk 重点发展领域，包括两个部分，知识库管理软件 Guide 和搭载在 Guide 之上的智能机器人 Answer Bot。Guide 与 AnswerBot 相互协同，共同为企业提供 AI 客服服务，其中 Guide 是基础。Answer Bot 能够显著减少用户等待时间，提高用户满意度，同时能提升客服人员服务效率，降低企业客服成本。

Salesforce：Salesforce 的爱因斯坦商业智能分析平台把机器学习、深度学习、预测分析和自然语言处理都搬到了客户关系管理平台。这种模式将会在未来通过不断学习进行改善，比如根据销售来源、行业、职位、网站点击和电子邮件等信息进行改进。爱因斯坦智能平台还可以分析 CRM 数据，比如在销售过程中预期客户购买欲望，评估销售达成协议的能力。爱因斯坦智能平台已与许多 Salesforce 产品无缝集成，每个角色、功能和行业的企业用户都可以在他们每天使用的 Salesforce 产品内部得到帮助。

易豚网络：智能化的 SaaS 云计算解决方案，利用人工智能技术提升企业营销和管理的效率，并提供大数据技术服务。易豚推出的大数据营销推广工具覆盖 PC、移动、视频过百亿的程序化广告媒体资源，拥有精准的人群定向能力，满足企业对智能化、全透明的营销云平台的需求

超兔：超兔 CRM 客户视图可以让销售复盘更简单，它包括了从获得客户线索开始，销售中的每一个行动、电话、短信、邮件，需求、方案、报价，客户咨询和反馈，商务环节的推进，对客户的价值判断和推进变化，并通过以时间为主线的展示方式，将其完整呈现在客户视图当中。

本 章 小 结

1. 大数据是指无法在一定时间范围内，用常规软件进行捕捉、管理和处理的数据集合，是需要新处理模式才能具有更强的决策力、洞察发现力和流程优化能力的海量、高增长率和多样化的信息资产。

2. 大数据具有数据规模大、数据多样性、数据处理时效性、结果准确性和深度价值这五个特征。

3. 零售业客户关系管理中大数据的应用主要包括：通过汇总分析顾客与企业多个交互点（移动设备、社交媒体、门店、电子商务网站等）的数据，提升客户转化率，以个性化的广告提高营收，预测并避免顾客流失，降低获客成本。

4. 物联网技术应用到客户关系管理，可以基于位置、定价、服务问题、产品组合、购买趋势、人口统计信息和之前流失的客户分析的趋势，可以提供更具洞察力和准确的流失预测。设备可以主动请求维修和支持，因此客户对公司的呼叫必然会减少，从而降低客服成本。

5. 云计算在客户关系管理中的应用，带来了集中 CRM 系统、CRM 系统应用层、CRM 系统数据层的云计算化，从而降低了成本，提高了运行效率。

6. 客户关系管理中的人工智能应用主要包括深度学习、自然语言理解、信息检索、自动文本生成等。

复习与讨论

1. 简述大数据的含义及其特征。
2. 大数据时代，客户关系管理有哪些变化？

3. 简述大数据在客户关系管理中的应用。

4. 物联网在客户关系管理中有哪些应用？

5. 简述人工智能技术在客户关系管理中的具体应用场景。

6. 根据书中介绍的案例，利用一种简单的大数据分析工具，以实验数据或真实数据为例进行面向客户关系管理的数据分析，并对结果进行解释。

企 业 访 谈

医流巴巴客户关系管理
的智能化

第 11 章　客户关系管理能力

（1）理解客户关系管理能力的含义；
（2）掌握客户关系管理能力的构成；
（3）理解客户关系管理能力的影响因素；
（4）理解客户关系管理能力评价指标含义；
（5）理解客户关系管理能力对企业绩效的影响机理；
（6）掌握客户关系管理能力的提升措施。

开篇案例

Zoom 建立虚拟客户关系

Zoom 是 Arcadia 集团的互联网入口，这是一家位于英国的主要的时尚零售连锁店，拥有 2000 多家实际的商店和一个目录家庭购物分部，总销售超过 24 亿美元。Arcadia 的前身为 Burton 集团，它是英国第二大时尚零售商，拥有 15 个品牌，包括 Burton Menswear、Dorothy Perkins 以及 Evans。

一、不仅仅是一个渠道

然而，Zoom 并不想仅仅成为一个 Arcadia 的互联网入口。1999 年成立时，它被定位为一个超级入口，用来提供时尚新闻、娱乐报道和 Arcadia 品牌及其竞争者的服装。其目的是促进 Arcadia 品牌服装的销售、合理化运行成本并在处理过程中获利。Zoom 的主席把它形容为一个"以 Arcadia 品牌为主要产品的网上购物中心"。

成立后不久，Zoom 就做出了一个意在打入英国互联网入口大联盟的举措，它加入了联合报纸协会，成员还包括 Daily Mail、The Evening Standard 以及 Metro。"这个报纸协会在我们市场内拥有 1350 万个读者。"Klein 解释说。对于报纸协会来说，他们能把 Zoom 当成他们的网上服务提供者。

"我们决定尽快让 Zoom 吸引最多的公众。我们与联合报纸协会联办的合资公司实力与效率兼备，我们只是认为，在巨大的竞争压力面前，我们必须建立自己的影响和地位。"Klein 先生说。

Arcadia 的高级管理层非常清楚电子贸易所带来的机会价值。该公司计划利用互联网来调节整个多渠道、多品牌企业的增长，并且在互联网的协助下，一些早先的障碍都被成功地克服了。Arcadia 公司在 1996 年收购 Klein 先生经营的家庭购物公司时，这家公司正面临着企业多渠道经营的挑战。Arcadia 公司认识到他们必须减轻渠道冲突并激发雇员为建立成功的品牌（而不是控制渠道）而共同努力。这家公司同时还开发了数据库营销、直接订购、履行和后勤方面的专门技术，所有这些都是互联网化竞争中至关重要的因素。

二、多渠道管理

Zoom 发现，尽管客户被认为是偏好直接购物的，但实际上他们仍然会交替地应用各种销售渠道。"他们既会通过目录购买，也会直接在商店中购买，" Klein 先生说，"我们正在试图创建一种多渠道零售商的企业文化，而不是单纯的竞争性渠道的集合。Arcadia 开始服务于客户并为客户提供多种选择。"

Arcadia 公司希望能综合营销渠道。例如，Zoom 在公司的各个商店都做了广告，但是必须明确地证实宣传 Zoom 为商店经理所带来的利益。"这是一个教育、衡量和动机的问题，" Klein 先生说，"我们首先实行教育，因为雇员必须理解他们为什么被要求做出改变。或许可以这么对他们说'如果你那么做我们就会给你这个'，但是如果他们不懂基本的原理，这就不会起作用。"

通过培训，品牌商店的职员将了解这样一个事实：点击 Zoom 的人越多（不管出于什么原因），客户和潜在客户与 Arcadia 品牌的联系就会越紧密。当然，衡量与奖励同样也起着重要的作用。"我们对于销售和销售导向进行了一些非常具体的衡量，" Klein 先生说，"随后我们公布了结果，这样雇员就能看到多渠道协作的作用。例如，在采取了一定的目录分销措施之后，雇员们能看到店内的生意在一段时期内更加兴旺。" Arcadia 同时还在制定激励措施以奖励那些销售业绩突出的店员，不管到店里来购物的客户是通过何种渠道了解本店的，公司目前正在把互联网化的活动与激励措施相结合。

三、电子商务是为了盈利吗

Arcadia 所采用的互联网策略的本质内容就是要把电子商务渠道最终变为公司利润的主要来源。"互联网最大的优点在于它不仅能提供给客户更好的服务，而且能使我们这种公司获利，" Klein 先生说，"我并不想说我们在提供给客户优质服务时是完全没有私心的，我们感兴趣的是如何获得成功。互联网推行自主服务，这是一种节省贸易成本的方法。我深信，如果互联网贸易策略不以节约成本为中心，就必定会遭到失败。为什么？就是因为你只吸引了那些只希望互联网能为他们做些什么的人。"

Zoom 网站到底提供了什么东西呢？除了产品说明，访问者还能浏览其他各种各样的信息。"我们正在大量买进非我们核心能力的其他众多领域的信息，例如一般消息与体育运动。" Klein 先生说。

"但是在时装领域，我们相信我们确实能够增添一些东西，所以我们正在改建我们的网站。我们进行编辑和评论，希望这样能为我们的客户提供增值服务。"

总之，我们希望 Zoom 能成为人们每天的必到之处。因此我们已增加了许多其他的服务，例如电子邮件。"在不久的将来，"他补充道，"当调制解调器在英国普及后，Zoom 就能够打破带宽的限制，通过互联网来播放服装展示会了。"

建立社团也是非常重要的。Klein 先生说："我们正在努力地在服装界建立我们各种不同品牌的信誉。例如我们专门针对年轻人的 Top 商店。如果你来到 Top 商店的网站，它就会告诉你哪些是最流行的。只要你的想法像 18 岁的年轻人，你就可以进入，不管你的实际年龄有多大。因此，Top 商店的客户已经形成了他们自己的网上社团，他们会进入聊天室聊天等。通过支持社团，我们的品牌将继续起作用。"

最终，Klein 先生总结道："我们希望客户能与 Zoom 建立长久的关系并经常性地访问我们的网站。Arcadia 的品牌无疑是那里的中坚力量。当然，竞争性的品牌同样存在，而且非常出色。我们认为，为了与其他零售商竞争，我们必须得提供最好的产品和最佳的服务，并且其他一切事情都要以这两个目标为中心。"

资料来源：佚名. Zoom 建立虚拟客户关系案例[EB/OL]. [2023-01-31]. https://wenku.baidu.com.

11.1　客户关系管理能力的界定

11.1.1　客户关系管理能力的含义

关于客户关系管理能力，目前并没有一个明确的定义。不过埃森哲咨询公司和普华永道公司的研究都暗含了对客户关系管理能力的界定。埃森哲在其《企业客户关系管理能力价值调查分析报告 2000》中认为，企业的客户关系管理能力是把企业的内部活动和客户联结在一起的能力，并列举了 10 种最为关键的客户关系管理能力。

（1）了解客户对企业的利润价值。

（2）建立有效的客户服务系统。

（3）战略性地管理企业大客户。

（4）有效地利用在服务中获得的客户信息。

（5）主动地确定客户的问题并沟通解决办法。

（6）通过客户教育来防止客户共同的问题。

（7）吸引、培养并保留最优秀的销售人员。

（8）把产品价值清晰地表达出来。

（9）实施有效的品牌、广告和促销战略。

（10）对服务人员实行公平的待遇与奖励。

同时，普华永道公司也提出了衡量企业客户关系管理能力的指标。

（1）企业是不是把客户的信息作为战略性的资产来管理？

（2）企业是否评估客户持续的价值？

（3）企业如何满足和定义客户的期望？

（4）企业的发展战略是否与客户的价值相匹配？

（5）企业是否进行了跨部门或跨分支机构的集成？

（6）企业是否主动地管理客户体验？

从埃森哲和普华永道公司对客户关系管理能力的认识可以看出，他们都是通过企业在客户关系管理活动中的表现来描述客户关系管理能力的，但是并没有将这些描述整合起来形成对客户关系管理能力的系统的定义。因此，对客户关系管理能力的界定不仅需要描述企业在客户关系管理活动中的表征，还需要借鉴企业能力决定和核心能力的定义。企业能力理论认为，企业能力是企业拥有的实现组织目标所需的知识和技能。能力是决定企业异质性的根本，企业是一个能力系统或能力的特殊集合。隐藏在企业资源背后的以人为载体的，配置、开发、保护和整合资源的能力，是企业竞争优势的深层来源。更进一步，企业的所有能力中核心和根本的部分，可以向外辐射，作用于其他各种能力，影响其他能力的发挥和效果，这部分被界定为核心能力。

综合埃森哲和普华永道对客户关系管理能力的描述和企业能力的定义，在此把客户关系管理能力界定为：企业以实施客户关系管理为导向，在经营活动中配置、开发和整合企业内外的各种资源，主动利用、分析和管理客户信息，迅速满足客户个性化需求，从而建立、发展和提升客户关系，形成竞争优势的知识和技能的集合。

这一定义首先确认了客户关系管理能力是一种企业能力，它是知识和技能的集合。其次，确认了使用这些知识和技能的目标是进行客户关系管理，因此，它以客户关系管理理论为基础，并且在企业的客户关系管理活动中体现为整合企业内外部资源，主动利用、分析和管理客户信息，迅速满足客户个性化需求。这一界定将客户关系管理理论、企业能力理论以及埃森哲和普华永道对客户关系管理能力的描述有机地结合起来，体现了客户关系管理能力的本质。通过对企业客户关系管理能力的界定，我们还可以认识到企业的客户关系管理能力的强弱受到企业的每一个职能部门的影响，而不仅仅与营销、销售和客户服务部门有关。首先，企业与客户的关系好坏源于企业能够为客户创造的价值的大小，而响应客户需求、创造客户价值需要所有的职能部门参与，营销、销售和客户服务部门所做的工作仅仅是企业创造和传递的客户价值的一部分。其次，企业的客户关系管理能力不是一种单一的能力，而是许多种能力的集合，换句话说，企业的客户关系管理能力包含许多种子能力。而建立、保持和发展客户关系需要所有部门的参与，所以这种能力包含了企业内外部的多种资源，融合了企业的多种能力。最后，每个企业的客户关系管理能力都是异质的，如果企业的客户关系管理能力稀有且难以模仿，成为所有能力中的核心和根本部分，就可以影响其他能力的发挥和效果，成为企业的核心能力，为企业带来长久的竞争优势。

在界定了客户关系管理能力之后，需要进一步研究客户关系管理能力所包含的内容和影响这种能力的因素。为此，首先需要确定客户关系管理能力的分析框架。

11.1.2　客户关系管理能力的构成

客户关系管理能力的构成基于对客户关系管理基本活动的分析，因此首先分析客户关系管理的基本活动，然后划分客户关系管理能力。

1. 客户洞察能力

客户洞察活动包括目标客户的识别及其需求和偏好分析。对企业来说，不是所有的客户都具有相同的潜在生命周期价值，对最具潜在盈利性的客户关系进行投资无疑是一种明智的选择。客户关系管理策略获得成功的前提条件是能够区分企业的客户，因此首先必须进行客户分析，通过市场调研和对客户数据库的分析，进行客户识别和目标客户定位。

根据对客户洞察活动的分析，客户洞察能力可定义为：企业通过各种行为特征识别客户，分析客户偏好和行为习惯并从中得到有价值的决策信息的能力。由于客户洞察过程涉及数据、对数据的分析和对分析结果的理解，所以，企业的客户洞察能力受到数据资源、数据分析能力和对分析结果的理解力的影响。目前信息技术高度发达，如数据挖掘技术就包含各类统计分析工具，只需具备一定的统计知识，借助强大的数据挖掘技术就能轻松完成复杂的数据分析工作。而对于企业来说，关键在于理解和运用分析出来的结果，将其作为相关的决策信息。

2. 创造和传递客户价值的能力

所谓客户价值，是指客户在购买和消费过程中所得到的全部利益。从狭义的观点来看，创造价值就是生产产品和提供服务，而传递价值则是尽可能为客户提供购买和使用便利，同时传递产品及企业的信息，与客户进行良好的沟通。但是在产品差异非常细微的今天，人、流程和服务已成为构成客户价值的主要因素，创造和传递客户价值已难以截然分开。简洁有效的传递价值过程由于节省了客户的时间、提高了客户的满意度，也为客户创造了价值。创造和传递客户价值的前提是理解客户的需要，一切从客户的切身利益出发。随着客户需求的日益多样化和个体化，满足目标客户需求意味着客户化定制（customized offer/marketing），即在产品、服务、流程、人、分销、价格和沟通等诸多方面满足客户特殊的需求。

根据对创造和传递客户价值活动的分析，创造和传递客户价值的能力可以理解为：在客户购买产品和服务的过程中，使客户价值和企业价值最大化的能力。无论是吸引客户的营销能力，还是生产和提供客户所需的产品的能力，以及协同关系网络伙伴快速传递产品和服务的能力，都属于这种能力的一部分。创造和传递客户价值的能力，首先取决于员工的观念和素质，因为员工表现直接影响企业为员工创造价值的大小和价值的实现，因而必须将员工表现和顾客满意结合起来，对员工进行再教育或再培训。创造和传递客户价值的能力要求企业的各部门之间甚至企业和企业之间有效地协同工作。企业内各部门的协同工作能够提高为客户服务的效率，从而增加为客户提供的价值。企业间的协同工作主要指与供应商、分销商以及其他的合作伙伴建立良好的合作关系，例如，公司的供应商需要理解公司致力于服务的对象，以便对客户需求变化做出快速反应。公司必须与分销商合作，形成强大的、各有所长的分销网络，及时进行信息交流、提供技术支持，及时快捷地运输产品。通过合作能够带来很多益处，如共同分担成本，将企业的产品和信息及时快捷地传递给客户，并将客户反馈信息传给企业，客户信息共享带来市场的扩展，新产品的共同开发带来风险和成本的降低等。更重要的是，这些活动增加了客户让渡价值，使客户满意度提高。所以，为了加强创造和传递客户价值的能力，企业应该将供应商、分销商以及其他合作伙伴紧密结合起来，更好地满足目标客户群的需求。

3. 管理客户关系生命周期的能力

客户关系生命周期可以分为潜在获取期、成长期、成熟期、衰退期和终止期。针对客户关系生命周期的特点，管理客户关系生命周期的活动重点是在购买完成后，企业为客户提供后续服务和关怀，以维持和发展与客户的长期关系。企业可以通过电话、传真、Internet、E-mail、直接接触等多种方式与客户保持联系，让客户可以随时查询到所需要的各种信息。同时，还要对客户关系进行评估，除了保留客户满意度和销售量等传统的绩效评估手段，另外引入客户维系成本、客户维系率以及争取新客户的成本等新的绩效评估手段也是十分必要的。据此，对不同类型的处于不同生命周期阶段的客户实行不同的客户忠诚计划，增进客户与公司之间的感情。同时，追踪并掌握客户消费产品的变动趋势，及早避免客户流失。

根据对管理客户关系生命周期活动的分析，管理客户关系生命周期的能力可以理解为与目标客户发展和保持良好关系的能力。如果说创造和传递客户价值的能力是让目标客户满意的能力，那么管理客户关系的能力就是培养目标客户忠诚的能力，为此，企业应当具备与客户充分交流的能力，追踪客户的能力，还应当根据交流和追踪的结果针对不同客户提供个性化、情感化服务的能力。为客户提供个性化、情感化服务主要是进行客户关怀和产品关怀。客户关怀包括以下几点。① 与客户交朋友。例如在他（她）生日时，发 E-mail 祝贺生日快乐，这些细微的动作看似与商业行为无关，但是如果在客户最需要朋友时出现，和他（她）的关系就非比寻常了。② 客户提醒或建议。在客户不同的生活阶段，如就学、就业、结婚、生子时，替他想到该有哪些不同的安排；当客户享有积点兑换时，特别提醒他（她），以免丧失应有的权利。③ 客户变动趋势追踪。针对客户的变动趋势，及时掌握客户消费地点、消费时间、客户询问或浏览、客户价值等变动。例如，证券公司若能追踪出某一特定客户最近常浏览某一特定产业的股票，就可推断客户偏好类别改变，所以向该客户推荐的股票种类就应该随之改变。产品关怀包括购买前征求客户对产品的建议；购买产品后的初期，可能遇上什么问题；产品使用一段时间后，应做一些保养、维护的工作。在客户使用公司的某一项产品后，除了了解他使用的原因、情形，在适当时候也可以根据产品关联分析，推荐他使用适当的产品。管理客户关系生命周期能力强的企业能够根据客户的特点灵活运用不同的客户关怀和产品关怀的方法和技巧，避免客户流失，提升客户关系的质量。

根据以上的分析，客户关系管理能力可划分为三种：客户洞察能力、创造和传递客户价值的能力以及管理客户关系的能力。这三种能力既密切联系又保持着独立。客户洞察能力为提高创造和传递客户价值能力以及管理客户关系生命周期能力提供了支持，创造和传递客户价值能力和管理客户关系生命周期能力的提高也为客户识别和分析收集到更多、更有价值的客户数据。这三种能力的独立性表现在它们之间不存在必然的因果关系，也没有固定的发展顺序，企业可以根据实际情况优先发展任何一种能力，其结果都能够提升企业的客户关系管理能力，获取竞争优势。例如，由于产品和服务的易于模仿和同质化现象严重，银行注重发展客户识别和分析能力以便不断地推出新型的、满足客户需求的服务。DELL 公司由于其强大的创造和传递客户价值的能力而获得竞争优势，它为客户提供个性化的产品，通过与供应链伙伴的合作实现零库存，低廉的产品价格和迅速的配送使客户获得了更大的价值。联想公司关注客户关系的发展和保持，它通过建立呼叫中心及时为客户解答使用计算机时遇到的各种问题，必要时迅速派遣服务人员进行维修，从而赢得客户的支持和信任。

11.1.3　影响客户关系管理能力的因素

从客户关系管理价值链的分析可以看出，尽管客户关系管理价值链的基本活动是客户关系管理的基石，但是基本活动要发挥作用必须依赖于各种支持活动。正如根据客户关系管理价值链的基本活动划分客户关系管理能力，各种支持活动则映射了影响客户关系管理能力的因素。下面具体介绍各因素对客户关系管理能力的影响。

1. 信息技术

信息技术主要指 CRM 系统，如前面所述，在 CRM 软件系统的最上层是接触层。客户关系管理思想要求企业真正以客户为导向，满足客户多样化和个性化的需求。而要充分了解客户不断变化的需求，必然要求企业与客户之间要有双向沟通，因此拥有丰富多样的接触渠道是实现沟通的必要条件。典型的沟通方式有呼叫中心、网上交流、电话交流、传真、面对面沟通等。CRM 软件应当支持和集成这些渠道，保证客户能够采取其方便或偏好的形式随时与企业交流，并且保证来自不同渠道的信息完整、准确和一致。

CRM 系统涉及的业务过程主要是市场营销、销售和客户服务与支持，因此支持这三个部门的子系统构成了 CRM 软件的功能层。

CRM 系统的最下层是共享的数据库。过去，前台各部门从自身的角度去掌握客户的数据，业务割裂，而 CRM 系统改变了前台的运作方式，打破了信息孤岛现象，使各部门信息共享、密切合作。作为客户关系管理模型基础的共享数据库成为所有客户关系管理过程的转换接口，可以全方位地提供市场和客户信息。数据库的重要作用体现在以下几点：帮助企业准确地找到目标客户群；帮助企业在最合适的时机以最合适的产品满足客户需求、降低成本、提高效率；帮助企业结合最新信息和结果制定新策略，塑造客户忠诚。

客户关系管理的体系结构表明 CRM 系统不仅要使相关流程实现优化和自动化，而且必须在流程中建立统一的规则，以保证所有活动在完全相同的理解下进行。这一全方位的视角和数据库形成了一个关于客户以及企业组织本身的一体化蓝图，其透明性更有利于与客户之间的有效沟通。因此，客户关系管理的软件结构充分体现了以客户为中心的思想，对企业客户关系管理能力的提升具有重要作用。

2. 高层领导

高层领导对客户关系管理的认识和理解越充分、越深入，对客户关系管理能力的培养就越支持和关心。如果缺少了这样的支持者，针对提升客户关系管理能力的前期研究、规划也许会完成，可能会完成一些小流程的重新设计，也可能会购买相关的客户关系管理技术和设备，但企业出现有意义的改进的可能性很低。

首先，高层领导对客户关系管理的正确理解有利于企业根据客户关系管理能力的内涵和作用以及企业的实际情况，制定合理的易于量化的客户关系管理能力发展目标。其次，提升客户关系管理能力需要各个部门的协同工作，将信息和流程整合在一起。但是各个部门都有自己的利益和需求，作为一种新型的核心竞争力，客户关系管理能力的提升固然会给整个企业带来好处，但难免会对旧有的体制造成冲击，因此需要某些部门和人员做出牺牲，这时，高层领导的协调和支持对企业变革能否继续进行至关重要。最后，提升客户关系管理能力需要足够的财力作为支撑。一方面，提升客户关系管理能力可能需要建设 CRM 系统。CRM 系统是一种高风险、高回报的投资。美国一项针对 226 家实施 CRM 的企业的调查显示（2001 Sales & Marketing Effectiveness Study，Insight Technology Group），这些企业投在每一个 CRM 使用者身上的成本，平均是 10 385 美元（包括软硬件、实施、培训及技术支持），然而其中实施 CRM 产生显著成效的企业，投在每一个 CRM 使用者身上的成本，平均却高达 17 003 美元。不管怎样节省，CRM 要实施成功，都有一个投资门槛。抱着投资少量资源进行尝试心态的企业，通常是白白浪费财力。另一方面，为提升客户关系管理能力所引起的组织变革也要支付相应的成本。所以，客户关系管理能力的发展需要高层领导的理解以获得足够的财务支持，确保成功。

3. 企业文化

企业文化是为一个组织中所有成员所共享并作为公理来传承给组织新成员的一套价值观、指导信念、理解能力和思维方式。它代表了组织中不成文的、可感知的部分。每个组织成员都涉入文化之中，但文化通常不为人关注，只有当组织试图推行一些违背组织基本文化准则和价值观的新战略和计划时，组织成员才切身感受到文化的力量。

企业文化有五种功能：导向功能、约束功能、凝聚功能、激励功能和辐射功能。导向功能指企业文化能对企业整体和企业每个成员的价值取向和行为取向起引导作用，使之符合企业所确定的目标。约束功能是指企业文化对每个员工的思想、心理和行为具有约束和规范作用。这种约束不是制度式的硬约束，而是一种软约束，它造成个体行为从众化的群体心理压力和动力，形成个体行为的自我控制。凝聚功能是指当一种价值观被该企业的员工共同认可后，它会成为一种黏合剂，从各方面将成员黏合起来，产生巨大的向心力和凝聚力。激励功能是指企业文化具有使成员从内心产生一种高昂情绪和发奋进取的精神效应。辐射功能指企业文化一旦形成较为固定的模式，不仅会在企业内发挥作用，而且会通过各种渠道对社会产生影响。

通过对企业文化的功能分析可以看出，以产品为中心的企业文化对客户关系管理能力的培养有阻碍作用，而以客户为中心的企业文化能够通过其导向功能和约束功能使企业员工建立以客户为中心的价值取向，在与客户的交流过程中更多地考虑客户的利益，避免损害客户利益满足企业利益的短视行为，实现客户与企业的双赢。同时，以客户为中心的企业文化让客户是企业的利润和长期竞争力的源泉的观念深入人心，能够将员工团结起来，激励员工为提升客户关系和企业的长期发展不断创新。当以客户为中心的企业文化形成固定模式后，能够在社会上树立企业全心为客户服务的形象，从而赢得人们的信赖和好感，吸引更多的潜在客户。因此，以客户为中心的企业文化能够提升企业的客户关系管理能力。

4. 人力资源

客户对企业的感观和客户关系的维系依赖于与客户交流的企业员工的服务质量。因为客户无论通过何种方式与企业接触，都是与企业中的人员交流。企业员工的观念、技能和素质直接影响到企业为客户创造和传递的价值，以及企业与客户的关系。

首先，企业员工是否具有全心全意为客户着想的观念，是否把以客户为中心的企业文化中的条条款款转化为真心为客户付出的实际行为，这些都直接影响客户的购买欲望和企业形象。相信很多人有这样的体验，当我们到达商店准备购买某种商品时，如果出现在面前的服务人员态度友好、热情周到，我们会高兴地购买这种商品；反之，若服务人员形象不佳，态度恶劣，即使这种商品再好，我们也不一定购买。因此，企业员工是否具有以客户为中心的价值观并指导实际行为，对企业形象和客户关系有重大影响。

其次，员工的知识结构和服务技巧影响企业为客户服务的情感化和个性化水平。要在激烈的竞争中脱颖而出，不仅仅需要服务态度好，热情周到，因为这并不难做到，不能构成对客户长久的吸引力，所以更重要的是关注客户的个性化需求与情感需求。但是客户的个性化需求与情感需求是非常复杂的，不同的客户有不同的需求，即使是同一位客户，也会随着时间、场合和心情的不同提出不同的要求。例如，客户在餐厅吃饭，当他赶时间时，他最大的要求是上菜快；而当他宴请亲朋时，他更大的要求是味道好，价格适中，环境优雅。而且，客户的个性化要求和情感需求的表现方式比较模糊，因此，基层人员对产品知识和企业背景知识的熟悉程度，在心理学、社会学和技术方面的素养，敏锐的洞察力和高超的服务技巧，对现场各种微妙信息的捕捉和把握以及适当的决策能力对客户关系的影响至关重要。

最后，企业员工的全局观对客户关系管理能力也具有重大影响。影响企业与客户关系的不只是企业营销部门的营销人员和直接为外部顾客提供服务的其他服务人员，它包括所有的企业员工。在为顾客创造和传递价值的过程中，任何一个环节的低效率或低质量都会影响最终的客户价值。所以，企业的每一个员工都应当具有全局观念，生产研发部门的人员也需要即时了解市场的变化和客户的需求，积极配合营销部门的要求，研制生产客户喜爱的产品，而不是仅仅以本部门的利益为中心。营销和服务人员也应当破除保守的观念，认真发掘、判断和收集有价值的客户信息，而且主动把高质量的客户数据输入到数据库中，使各部门能共享市场和客户知识，为企业做出正确的商业决策奠定基础。

5. 组织设计

组织的集权程度、管理层次的多少和整合程度对客户关系管理能力有重大影响。过于集权容易压低员工的主创精神，因此，为基层员工授予更大的权利，有利于调动他们的积极性，发挥其创造性，使他们在面对客户的个性化需求时能够采取更为灵活和多样的措施，而不必对每件小事都层层上报等待审批。这样不仅能为客户提供更为快捷、准确和个性化的服务，而且满足了员工实现自我价值的愿望，使员工更加满足和忠诚，对员工未来的服务质量产生积极的影响，从而推动客户关系管理能力的发展。

过多的管理层次使信息沟通渠道过长，造成信息失真以及由不相容目标所导致的代理成本的增加，决策者也无法对顾客的需求和市场的变化做出快速反应。压缩中间管理层，能够使信息快速流动，有利于消除高层管理者与客户之间的鸿沟，让高层管理者随时了解客户的需求和变化，及时制定应对策略，在满足客户需求的同时提高企业利润。

企业的整合程度指企业能否跨越传统的职能部门的界限，各个部门整合起来为客户服务。企业的整合程度越高，各部门间的合作程度越高，工作越协调，越能够有效地减少各部门间相互推诿、各自为政的状况，提高组织的运行效率，从而更有效地进行客户关系管理。

6. 供应链伙伴

随着全球经济的一体化，人们发现在全球化大市场的竞争环境下，任何一个企业都不可能在所有业务上都成为最杰出者，企业与企业的竞争已经不是个别企业在一定时间、一定空间，为争夺某些终端、某些顾客的一对一的单打独斗，也不主要是为了争夺市场占有率和覆盖率的竞争，而是基于产品开发设计、生产制造、配送与分销、销售与服务的跨时空的整体性竞争。因此，企业外部的供应链伙伴也对客户关系管理能力产生重大影响。以制造业企业为例，供应链伙伴包括供应商、合作者和分销商。供应商指企业所在供应链的上游企业，供应商供货及时，能够降低企业的库存，降低生产成本，从而为客户让渡更多的价值。供应商根据企业要求提供特殊的原材料的能力对企业为客户量身定制产品的能力和速度有重大影响。分销商指将企业产品传递给终端消费者的供应链下游企业，虽然随着电子商务的发展，越来越多的企业面向客户进行直销，分销商的角色会发生变化，但在目前，他们仍然具有一定的地位，即使是未来，他们仍然会帮助企业将产品和服务传递到客户手中，只是业务的侧重点将发生变化。因此，分销商的能力、服务水平对客户满意会产生影响，在一定程度上延伸了企业客户关系管理能力。同时，分销商对客户信息的反馈是否及时和准确也会影响企业的客户关系管理能力。为了更好地利用资源和降低成本，企业会实行"分散生产"或"外包生产"，例如本企业抓住附加值高的有核心竞争力的业务，而把非核心的业务外包给在此方面有优势的设计、制造伙伴，这些设计、制造伙伴就是企业的合作者。企业和合作伙伴的合作能将各自的分散优势转变为整体优势，从而按照客户的喜好来定制产品以满足客户的特定需要。

影响客户关系管理能力的各因素可归结为表 11.1。

表 11.1　影响客户关系管理能力的因素及其影响方式

影响客户关系管理能力的因素	影 响 方 式
信息技术	使相关流程实现优化和自动化，提高效率；提供多种方式与客户随时随地交流；实现客户信息共享
高层领导	制定合理的客户关系管理能力发展目标；协调企业的各个部门；提供足够的财务支持
企业文化	使企业员工建立以客户为中心的价值取向；激励员工为提升客户关系不断创新；树立形象，吸引更多的潜在客户
人力资源	员工是否具有以客户为中心的价值观并用其指导实际行动直接影响客户的购买欲望；员工的知识结构和服务技巧影响企业为客户服务的情感化和个性化水平；企业员工的全局观影响最终的客户价值
组织设计	企业的集权程度影响员工的积极性和创造性；中间管理层的多少影响信息流动速度和真实性；各部门整合程度影响为客户服务的效率
供应链伙伴	通过企业间的协调和资源优化，降低成本，共享信息，使客户价值最大化

11.2　客户关系管理能力评价指标体系

11.2.1　客户关系管理能力指标体系的作用

对企业的客户关系管理能力进行评价，能够通过横向比较明确企业的客户关系管理能力水平，同时有利于进一步探讨客户关系管理水平与企业绩效的关系，推断企业在未来的竞争中可能的地位，从而决定提升客户关系管理能力的紧迫性和投入资源的多少，为提升客户关系管理能力奠定基础。

客户关系管理能力的提升是一个持续不断的过程，在提升客户关系管理能力行动的每一阶段实施前和完成后对企业的客户关系管理能力进行评估，不仅可以衡量该阶段提升客户关系管理能力的效果，也有利于发现客户关系管理能力提升过程中的问题和企业在客户关系管理中出现的新问题，及时对下一阶段的计划进行调整和修正，从而更加有效地提升客户关系管理能力。

企业有必要科学地评价企业客户关系管理能力而不是简单地根据直觉判定，因为直觉判定不可避免地带有很强的主观性、片面性，其结果也不一定准确。通过科学的方法建立合理的指标体系，然后根据评价的要求划分评价等级、构造评语，按照一定的方法对各个指标进行评价，根据实际情况确定各个指标的权重，最后运用数学方法计算得出评价结果。由于整个流程的每一步都有科学依据和比较成熟的操作方法，得出的结论也更为科学、客观和有效。

11.2.2　客户关系管理能力指标体系构建依据

根据客户关系管理理念和客户关系管理价值链，客户关系管理活动可划分为三个过程：客户洞察过程、创造和传递客户价值的过程以及管理客户关系生命周期的过程。据此，客户关系管理能力可划分成三种能力：客户洞察能力、创造和传递客户价值的能力以及管理客户关系生命周期的能力。这就为客户关系管理能力的评价提供了框架。

客户关系管理能力是一种结合企业多种资源，集成多种子能力的复杂体系，将客户关系管理能力分为三个方面进行评价，不仅能够全面地反映客户关系管理能力，而且能够简化客户关系管理能力的评价，使企业能够及时发现哪一方面的能力需要改善和提升，这对于评价客户关系管理能力是一个可行的方案。

利用这一思路设计了评价客户关系管理能力的一级指标，即客户洞察能力、创造和传递客户价值的能力、管理客户关系生命周期的能力。同时，从每一种能力所涉及的部门出发，分析客户关系管理能力受到企业哪些相关部门的影响，在三类一级指标之下，本体系结合客户关系管理流程和所涉及的部门，分别设计分指标，反映客户关系管理能力的强弱，对客户关系管理能力所涉及的企业部门显示，客户关系管理能力实际上涉及企业所有的部门。毕竟企业所有的活动都应该围绕客户展开，但是其中涉及的最重要的几个部门是现场销售、市场营销、产品开发、定制化生产、物流配送以及高层管理，以此为基础结合指标体系设置原则，构建客户关系管理能力的评价体系，如图 11.1 所示。

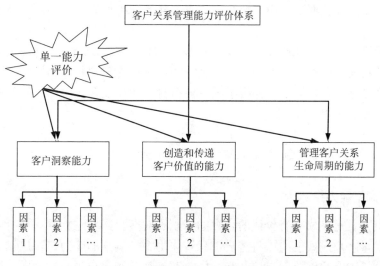

图 11.1　客户关系管理能力评价体系

11.2.3　客户关系管理能力指标体系的设计原则

指标体系是评估的基础，只有采用统一的标准和方法，才能对同行企业的客户关系管理能力做出正确的评估，才可能对正确决策进行有效支持。设计任何评价指标体系都应遵循一些基本原则。Globerson 建议在选择指标体系时应当遵循以下八条原则。① 评价指标必须与企业目标相适应。② 评价指标必须可以在同类企业的不同组织间进行比较。③ 每一个评价指标的目的必须明确。④ 必须明确规定数据的收集和评价指标的计算方法。⑤ 相对值评价指标优于绝对值评价指标。⑥ 被评估的组织职位应该可以控制评价指标。⑦ 应该通过与所涉及的人员（顾客、员工、经理）共同讨论来选择评价指标。⑧ 客观评价指标优于主观评价指标。

根据以上原则以及客户关系管理能力的特点，格劳伯森（Globerson）提出以下几项关于客户关系管理能力评价指标体系的设计原则。

（1）目的性原则。设计客户关系管理能力评价指标体系的目的在于衡量客户关系管理能力的强弱，进一步探讨客户关系管理能力与企业绩效的关系，找出客户关系管理能力中的薄弱环节，指出改善客户关系管理能力的手段和方法，最终增强企业客户关系管理的竞争实力。

（2）科学性原则。客户关系管理能力评价指标要准确地反映实际情况，有利于企业通过自我评价指标与国内外竞争对手的比较，挖掘竞争潜力，客户关系评价指标应当成为企业自我诊断、自我完善的有力工具。

（3）全面性原则。指标体系应当能够完整地、多角度地反映企业客户管理能力的状况。客户关系管理能力的指标体系必须能够反映企业现实的客户关系管理能力和潜在的客户关系管理能力。此外，还要考虑外部的经济环境。指标体系不仅要包括反映客户关系管理能力的硬指标，还要包括客户关系管理能力所带来的竞争优势的软指标。

（4）实效性原则。实效性原则即效应性原则，客户关系管理能力评价体系的设计应考虑到能以最少的投入创造最大的产出，经济效益在评价指标体系中应处于重要的位置。这要求指标体系的设计要尽量简化，突出重点，从而使指标体系在实践中易于操作、切实可行。

（5）通用性与发展性相结合的原则。所建立的指标体系应当充分考虑适应性，以便建立的指标能够反映不同类别、不同行业的企业客户关系管理的共性和特性。此外，建立的评价指标体系必须具备发展性，并可根据企业自身的特性及企业内部和外部环境的变化做出适当调整，灵活应用。

11.2.4 客户关系管理能力评价指标

1. 客户洞察能力指标

客户洞察主要是完成对有价值的客户的识别和对客户需求进行深入分析。埃森哲公司用以下指标衡量客户洞察能力：将客户信息转化为客户洞察的能力，客户保留和获取率，客户盈利性分析和客户细分。在这些指标中，客户细分和客户盈利性分析是根据客户信息发现不同客户的偏好、需求和购买习惯等，从而区分不同类型的客户，为客户提供个性化服务，因而这一能力实际上包含在将客户信息转化为客户洞察能力中。客户保留和获取并不是客户洞察活动的主要功能，而与管理客户关系生命周期以及创造和传递客户价值更有相关性。因此，埃森哲的指标不够完善合理。综合考虑客户洞察活动的过程和埃森哲的指标，同时参照部分对 CRM 系统的评价指标（因为引进 CRM 系统的目的也是提升客户关系管理能力，所以具有借鉴意义），这里采用市场信息反馈能力、对客户的了解程度、客户信息分析能力和黄金客户的识别能力来衡量企业的客户洞察能力。由于客户洞察的基础是客户信息，而且这些信息必须及时更新才具有意义，所以市场信息反馈能力是客户洞察能力的重要组成部分。黄金客户的识别是企业进行客户洞察的目标之一，因此将黄金客户的识别能力作为衡量指标之一。客户信息分析能力是指对客户信息进行处理和挖掘的能力，而对客户的了解程度则表示企业对客户信息分析结果的理解能力，这种理解能力是影响客户洞察活动成效的关键，类似于埃森哲提出的将客户信息转化为客户洞察的能力。下面详述各个指标。

1）市场信息反馈能力

市场信息反馈能力是指企业在生产经营活动中，市场上客户和竞争对手的信息以及变动情况能够及时地传递回企业。市场和客户信息反馈得越及时、越全面，则市场信息反馈能力越强，企业越有可能捕捉到其中的细微变化，根据市场形势迅速地做出应变措施，从而保持本企业在市场中的地位或抢占先机。因此，市场信息反馈能力是客户洞察能力的重要组成部分和前提。这一能力主要由营销和销售部门进行估计。重点是评价市场信息的反馈速度：一是评价企业采取一项措施后市场和客户的反应情况能多快传递回公司，这一速度与同行业的企业相比如何；二是评价市场和客户的变动反馈回企业的速度，即评价变动发生到企业发现变动的时间长度，这一时间长度与同行企业相比是长还是短。通过对这两方面的评价即可估计出企业的市场信息反馈能力。

2）黄金客户识别能力

企业 80% 的利润是由 20% 的客户创造的，这 20% 的客户就是企业的黄金客户，企业应当对这些黄金客户给予特别的关怀和优惠，以保证企业能够长期保持相应的利润。衡量对黄金客户的识别能力，就是衡量企业对黄金客户特征的把握程度，即企业根据数据分析得出的黄金客户的特点采用了相应的措施之后，企业的黄金客户份额和销售利润是否有明显的增长。企业的营销部门应当根据上述标准对自身的黄金客户识别能力进行评估。

3）客户信息分析能力

客户信息分析能力包括数据分析的效率、准确性以及对数据分析技巧的灵活应用和正确建模。效率是指处理数据的速度，尤其在面对海量的客户信息时，效率显得尤为重要。准确性是指在分析和处理客户数据的过程中不发生计算错误或录入错误等人为错误。对数据分析技巧的灵活应用和正确建模是指企业准确地知道应当将哪些客户信息联合在一起分析以及选用相应的分析方法。目前，数据挖掘技术能够完成分类、预测、群聚、联合性分析和顺序的功能，每一功能的完成都可以选择多种方法，例如联合性分析就可以采用相关性分析、交叉分析、市场购物篮分析和灰色关联分析等方法。正确选择需要分析的信息数据以及合理的方法对分析结论十分重要。因此，衡量这一指标要综合考虑企业处理客户信息的速度、准确性和有价值的分析结果与分析结果总数的比例，将这些方面与行业平均水平相比较，即可对企业的信息分析能力做出正确的评价。

4）对客户的了解程度

这一指标主要反映企业对客户信息分析结果的理解能力。随着信息技术的高速发展和应用，对客户信息的分析已不再是很困难的事，对分析结果的理解和应用更深入地影响了企业的客户关系管理能力。对客户的了解程度反映在企业对客户构成情况的了解上，以及企业对每一种类型的客户的偏好、行为特点以及潜在需求的洞察情况上。

企业不仅应当了解客户的性别、年龄、职业、教育程度、种族、购买地点、购买数量、购买次数、付款方式等，据此准确地对客户进行分类，了解每种类型的客户的数量，在总客户中所占的比例，以及每种类型的客户为企业带来的收入；还应该更进一步了解客户的家庭状况、兴趣爱好、影响其购买行为的群体和人、客户的生活方式、客户信用度等。对客户的深入了解有助于解释客户购买动机，因而能够提高客户行为预测的准确性。因此，衡量企业对客户的了解程度主要是评价企业根据对客户的了解做出决策所产生的效果的大小。

2. 创造和传递客户价值能力指标

创造和传递客户价值的过程涉及研发、生产、销售和配送等部门，因此评价这一能力的指标构成比较复杂。这些指标的选取参考了埃森哲公司衡量客户定制指标和营销学中 4C 理论的知识。埃森哲评价客户定制能力的指标是：强烈的价值主张、客户服务、新产品和服务、品牌管理。强烈的价值主张是指为客户提供满足其需求的高度个性化的产品。借鉴埃森哲的指标，这里选取研发新产品的能力、定制化生产能力、员工的服务水平和品牌管理能力作为衡量创造和传递客户价值能力的部分指标。由于考虑到 4C 理论强调便利是客户价值不可或缺的一部分，企业在制定分销策略时，要更多地考虑顾客的方便，让顾客在购物的同时，也享受到便利。这种便利包括购买便利和使用便利，因此，再增加三个指标。用客户使用产品的方便性来表示使用便利，用销售渠道的多样性和企业的交货能力来表示客户获取产品和服务的便利性。各指标具体阐述如下。

1）开发新产品的能力

研发新产品是为客户创造新的价值，因此研发新产品的能力是表征企业创造和传递客户价值能力的指标之一。衡量这一能力的标准在于评价企业获得市场反馈信息或进行客户分析后，开发出新产品的速度（相对于同行业竞争对手而言）。需要注意的是，此处新产品并不是指在技术上彻底变革的新产品，而是对原有产品的改良和重新组合。

2）定制化生产能力

企业的定制化能力即企业满足客户个性化需求的能力，即为客户量身定制独特价值的能力。在产品差异化越来越小、越来越强调个性的今天，这种能力越强就越能够吸引更多的客户。衡量这一指标时要考虑定制化产品和服务的宽度，即哪些产品和服务可以定制以及产品和服务的哪些部分可以定制，完成定制化产品所需的平均时间，提供定制化产品和服务所花费的成本。在这些方面同同行业相似规模的企业进行比较，确定本企业的定制化水平。

3）员工的服务水平

企业员工的服务水平直接影响企业能否将价值传递给客户，从而实现企业自身的价值。企业为客户提供的产品可以分为三个层次：基本产品、附加产品和情感交流。基本产品是指企业生产的产品实体，即完成客户所需功能的产品本身。附加产品是指企业提供的售后服务等，由于企业在基本产品和附加产品之间的差别越来越小，针对客户的情感交流就成为吸引客户、维系和提升客户关系的重要手段，而且这种针对个体的情感交流方式千变万化，不易被竞争对手模仿，能有效地提升企业的核心竞争力。情感交流主要由直接面对客户的基层员工的服务水平决定。衡量这一指标主要考察直接面对客户的员工的服务态度、与客户情感交流的技巧、对客户情感变化的感知和反应的速度以及在服务中的创新能力。在这些方面和行业的平均水平相比较，评价本企业的情感化服务水平。

4）交货能力

交货能力是指从客户提出购买产品和服务的请求到获得产品和服务的时间长短和交货

方式的灵活性。在快节奏的现代社会中，时间也是一项重要的资产，为客户节省时间也就是为客户创造了价值，因此快速的服务也是赢得客户的有效手段；同时，灵活的交货方式为客户提供了更多的选择，使客户获得产品更加方便，拥有更好的个人体验，也为客户创造了更多的价值。交货能力不仅与企业本身的能力有关，还与供应链伙伴的配合有关。衡量这一指标不仅要考虑时间长度的绝对值和交货方式的多寡，更重要的是比较在相似的距离间隔、购买渠道和其他情况下竞争对手的速度和灵活性。

5）销售渠道的多样性

销售渠道的多样性直接影响客户获取企业创造的价值的难易程度，对于客户是否选择企业的产品有重大的影响，是衡量企业传递客户价值能力的重要指标。多样的销售渠道和这些销售渠道的覆盖面决定了客户购买企业产品是否方便，从而影响客户的购买欲望。例如，企业不仅有传统的销售网点，还推出邮购、电话订购和网上直销方式，客户购买的可能性就大大增加，尤其是对一些没有传统销售网点的地区和一些没有时间通过传统网点购买的人群，销售渠道的多样性就显得更为重要。评价销售网点的多样性就是与行业竞争对手比较销售渠道的多寡。

6）客户使用产品的方便性

客户使用产品的方便性意味着企业为客户创造的价值能否在使用中方便地体现出来，它与企业产品的设计有关，即产品的设计是否便于客户满足其所寻求的核心利益。从客户的角度思考问题，设计出的产品和服务使用起来更容易。这一指标不仅反映了企业为客户创造价值的能力，而且影响了客户购买的积极性，实际上也影响了客户价值的传递和实现。衡量这一指标的方法是与同行业企业的产品相比，本企业的产品是否更易于操作和维护。

7）品牌管理能力

由于客户的价值观念从"物品价值"向物的精神价值、文化价值转型，引发了商品结构、消费观念、市场发展趋势等一系列大转变，客户购买产品不仅是为了寻求核心利益，更加看重的是心理上的满足，因此品牌大行其道。品牌是在一个顾客和一个公司或产品之间关系的价值体现，由于它具有文化内涵与精神价值，品牌会使客户产生对特定产品的偏爱或购买欲望。品牌往往会为客户创造更多的价值，它不仅表达了公司的产品品质、定位，还能够表征客户的身份、品位和社会地位。在现代生活消费领域里，消费者的消费心理与购买行为与其对品牌的认知度、知名度和信赖度直接相关，因此品牌管理能力影响着企业的形象和销售业绩。衡量一个企业的品牌管理能力，主要考虑以下几个方面。

（1）企业是否能有效地确定品牌投资力度和投资重点，并与零售商和客户维持密切的联系，提供长期稳定的服务和品质，全力维护和宣扬品牌核心价值，保持品牌的吸引力和美誉度。

（2）企业是否能增强相关品牌系列效应。大规模创造企业优势的诀窍在于分散品牌系列的投资，以及开拓各种定价及销售渠道组合的战略性投资。因此，品牌管理者不能只关注单一品牌，必须注重同一系列品牌之间的相互关联及影响。

（3）企业能否利用创新加强品牌组合。企业对品牌资本价值的重要性的认识使企业开始重新思考，如何对老品牌实行战略重组。不是取缔旧的品牌，而是赋予品牌以新的生命。由于推出新品牌的成本费用太高，因此更新旧的品牌就是很合算的一项工作，哪怕品牌已经消失，但只要人们还相信并且有合法注册的商标就值得为此付出努力。

通过对以上三个方面综合考虑并与同行业企业相比较，可以确定企业的品牌管理能力。

3. 客户关系生命周期管理能力指标

几乎所有对客户关系管理的研究都认为，企业与客户的交流和互动是维系客户关系的重要手段，企业与客户交流的能力是客户关系生命周期管理能力的重要组成部分。随时随地与客户有效交流是管理的价值所在，因此，用交流渠道的多样性、交流的即时性和交流的有效性表征企业与客户交流从而管理客户关系生命周期的能力。客户关系管理的核心之一是由于客户需求的差异化，企业与不同的客户互动时，必须有不同的服务，因此，企业对客户关系的把握能力是管理客户关系生命周期能力的指标之一。同时，考虑到关注客户变化和处理客户抱怨对管理客户关系生命周期有重要意义，所以这也是衡量客户关系生命周期管理能力的指标。

1）对客户关系的把握能力

如前所述，企业的客户分为不同的类型，不同的客户也处于客户生命周期的不同阶段。企业需要对不同类型、处于不同生命周期的客户采用不同的服务和关怀措施，一方面加强了客户服务和关怀的针对性，提高了维系客户关系的效果；另一方面也降低了企业的成本，避免向没有价值或价值不大的客户投入更多的资源，也避免了黄金客户产生不满。因此，企业对客户关系的把握能力是企业管理客户关系生命周期的重要指标。衡量这一指标，可以考察企业维护客户关系的投入和取得的效果（如客户流失率的降低）之比，并参照同行企业的平均水平，从而确定企业对客户关系的把握能力。

2）客户变化的反应能力

客户发生变化主要是指客户从一种类型的客户向另一种类型的客户转化，或是从客户生命周期的一个阶段转向另一个阶段，这两种转变都需要一定的时间，企业能否在转化刚开始时就敏锐地发现客户的变化并采取相应的措施，对维护和发展客户关系具有重要的意义。因此，对客户变化的反应能力也是企业管理客户关系生命周期的重要指标。衡量这一指标主要考虑企业发现客户变化迹象到客户真正改变的时间长短以及客户的流失速度。

3）处理客户抱怨的能力

客户抱怨表明虽然企业的产品和服务存在问题，但是客户仍然想和企业维持关系，而不是企图离去。处理客户抱怨的能力是指处理客户抱怨的速度和有效程度，这一能力对客户保留非常重要。衡量这一指标应考虑企业相对于同行企业解决客户抱怨的平均时间和客户对解决方案的满意程度。

4）交流渠道的多样性

维系客户最重要的一点就是要与客户保持充分的交流和互动，由此才能充分了解客户的所思所想，为维系客户关系的行动奠定基础。目前，企业与客户的交流方式主要有呼叫中心、网上交流、电话交流、传真、面对面沟通等，交流渠道越多，客户选择的范围越大，交流就越方便。客户与企业的交流渠道直接影响了企业与客户交流的方便性，从而影响客户交流的积极性。因此把交流渠道的多样性作为衡量企业管理客户关系生命周期能力的一项指标，衡量这一指标的方法是与同行业企业相比，企业提供的解决客户抱怨的平均时间和客户对解决方案的满意程度。

5）交流的及时性

交流的及时性是指企业能否及时满足客户的交流要求，它影响到客户是否乐意与企业交流。衡量这一指标要考虑客户平均等待时间，即客户在与企业交流时不得不等待的时间量。客户放弃率，即客户感到等待服务的时间过长而放弃服务的数量占总呼叫量的比率。

通过这两项指标与同行业企业的对比，确认企业与客户交流的及时程度。

6）交流的有效性

交流的有效性是指企业与客户交流的过程中能否给客户满意的答复。交流渠道的多样性和交流的及时性为维系客户关系提供了基础，而交流的有效性则直接影响到客户关系的质量。衡量这一指标的方法是考察企业与客户交流开始后，解答客户问题所花费的平均时间和交流人员的友好性、机敏性、见识性，再与同行企业相比较确定本企业与客户交流的有效程度。

综上所述，客户关系管理能力指标可以归纳为表 11.2。

表 11.2　客户关系管理能力指标及其衡量标准

准　则　层	指　标　层	衡　量　标　准
客户洞察能力	市场信息反馈能力	市场信息的反馈速度
	对客户的了解程度	企业根据对客户的了解做出的决策所产生的效果
	客户信息分析能力	处理客户信息的速度、准确性和有价值的分析结果与分析结果总数的比例
	黄金客户识别能力	采用了相应的措施之后，企业的黄金客户份额和销售利润是否有明显的增长
创造和传递客户价值的能力	研发新产品的能力	开发出新产品的速度
	定制化生产能力	定制化产品和服务的宽度，完成定制化产品所需的平均时间，提供定制化产品和服务所花费的成本
	员工的服务水平	员工的服务态度、与客户情感交流的技巧、对客户情感变化的感知和反应的速度以及在服务中的创新能力
	交货能力	交货的速度和灵活性
	销售渠道的多样性	销售渠道的多少
	客户使用产品的方便性	本企业的产品是否易于操作，易于维护
	品牌管理能力	保持品牌的吸引力和美誉度，增强相关品牌系列效应，利用创新加强品牌组合
客户关系生命周期的管理能力	对客户关系的把握能力	维护客户关系的投入和取得的效果（如客户流失率的降低）之比
	对客户变化的反应能力	发现客户变化迹象到客户真正改变的时间长短以及客户的流失速度
	处理客户抱怨的能力	解决客户抱怨的平均时间和客户对解决方案的满意程度
	交流渠道的多样性	解决客户抱怨的平均时间和客户对解决方案的满意程度
	交流的即时性	客户平均等待时间；客户放弃率
	交流的有效性	解答客户问题所花费的平均时间和交流人员的友好性、机敏性、见识性

11.2.5　客户关系管理能力评价指标模型的构建

根据上面的分析可以构建客户关系管理能力评价模型，如图 11.2 所示。根据层次分析法，该模型分为三个层次：第一层是目标层，对客户关系管理能力进行总体评价；第二层是准则层，对各子能力进行评价；第三层是指标层，分别为评价各子能力的评价指标。

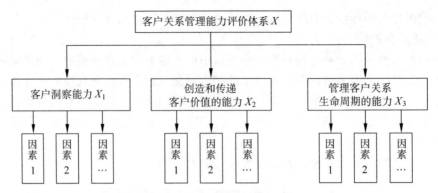

图 11.2 评价指标层次结构图

1. 确定识别评价指标集

根据上面的评价指标体系，我们可以得出以下结论。

一级指标有：$X=(X_1, X_2, X_3)$。

二级指标有：$X_1=(X_{11}, X_{12}, \cdots)$；$X_2=(X_{21}, X_{22}, \cdots)$；$X_3=(X_{31}, X_{32}, \cdots)$。

2. 确定各指标层的权重

1）构造判断矩阵

设 X_i 对 X 的权重分别为 W_1、W_2、W_3，则对应的权重矩阵 $W=(W_1, W_2, W_3)$。

采用 1～9 标度法，由评估专家小组确定评价指标 X_i 与 X_j 的相对重要性排序判断矩阵，相对重要性按如下约定。

认为 X_i 与 X_j 同样重要，则取 $b_{ij}=1$，$b_{ji}=1$；

认为 X_i 与 X_j 稍微重要，则取 $b_{ij}=3$，$b_{ji}=1/3$；

认为 X_i 与 X_j 明显重要，则取 $b_{ij}=5$，$b_{ji}=1/5$；

认为 X_i 与 X_j 重要很多，则取 $b_{ij}=7$，$b_{ji}=1/7$；

认为 X_i 与 X_j 绝对重要，则取 $b_{ij}=9$，$b_{ji}=1/9$。

若属于它们之间，可取 2，4，6，8 和 1/2，1/4，1/6，1/8 各值。

2）求矩阵特征值和特征向量

求 B 层要素相对于 A 的排序权重向量对于目标数较少的可以通过解行列式$|B-\lambda I|=0$ 求得最大特征根，进而把特征根 λ_i 代入 $BW=\lambda W$ 的联立方程组内解出相应的特征向量。但如果评价指标较多，此法比较麻烦，一般用迭代法在计算机上求得最大特征根及其对应的特征向量。本文利用方根法求特征向量，其步骤为如下。

计算 B 中每行元素 b_{ij} 的乘积 M_i：

$$M_i = \prod_{j=1}^{s} b_{ij}$$

计算 M_i 的 n 次方根 β_i：

$$\beta_i = \sqrt[n]{M_i}$$

对向量 $\beta=(\beta_1, \beta_2, \cdots, \beta_n)$ 做归一化处理，即令

$$W_i = \beta_i / \sum_{k=1}^{s} \beta_k$$

则向量 $W=(W_1, W_2, \cdots, W_n)$ 即为所求的特征向量，亦即为相对于 A 的排序权重向量，而最大特征根为：

$$\lambda_{max}=\sum W_j \cdot b_{ij} /W_i$$

3）进行一致性检验

当判断矩阵完全满足 $b_{ii}=1$，$b_{ij}=1/b_{ji}$ 和 $b_{ij}=b_{ik}/b_{jk}$ 这三个条件时，我们称判断矩阵具有完全一致性，此时矩阵的最大特征根只有 n，其余特征根为 0。一般地，$b_{ii}=1$，$b_{ij}=1/b_{ji}$ 易于成立，但 $b_{ij}=b_{ik}/b_{jk}$ 不易满足，易产生偏差，这就要求我们检验判断矩阵的一致性，所用指标如下。

$$C \cdot I= (\lambda_{max}-n) / (n-1)$$
$$C \cdot R=C \cdot I/(R \cdot I)$$

其中 $R \cdot I$，可由表 11.3 查得。

表 11.3　$R \cdot I$ 数值

n	1	2	3	4	5	6	7	8	9	10
$R \cdot I$	0.00	0.00	0.58	0.9	1.12	1.24	1.32	1.41	1.45	1.49

检验准则如下。

当 $C \cdot R<0.1$ 时，认为判断矩阵满足一致性要求。

当 $C \cdot R \geqslant 0.1$ 时，认为判断矩阵不满足一致性要求，要求对判断矩阵进行调整，直到 $C \cdot R<0.1$，得到新的权重表。

分指标层的权重确定与此类同。

3. 确定目标层客户关系管理能力指数

拟采用 0~9 比率标度法，根据专家评议制作标准测度表来确定客户关系管理能力指数，具体确定方法或指数值由专家集体评议确定，能力指数与企业所处的行业、企业规模有关。例如，对于某行业一家中等规模的企业根据专家评议可构造客户关系管理能力指数如表 11.4 所示。

表 11.4　客户关系管理能力指数表

<2	2~3	3~6	6~7	>7
极差	差	中等	较好	优秀

4. 构建客户关系管理能力评价模型

设 X_i 对 X 的权重分别为 W_i；X_{ij} 对 X_i 的权重为 W_j'，各分指标值为 I_{ij}。

客户关系管理能力分项指数 $I_j=\sum I_{ij} \times W_j'$。

客户关系管理能力总体指数 $I_i=\sum I_{ij} \times W_i$。

11.3　客户关系管理能力对企业绩效的影响

11.3.1　企业绩效评价指标体系的选择

衡量企业绩效的方法有很多，最常用的方法是通过财务指标评价企业绩效。1999 年财政部、国家经贸委、人事部和国家计委联合发布了《国有资本金效绩评价规则》，具体的评价指标分为定性指标和定量指标两大类，评价体系如表 11.5 所示。

表 11.5　竞争性工商企业评价指标体系

定量指标（权重80%）		定性指标（权重20%）
指标类别	基本指标	1. 领导班子基本素质
财务效益状况	净资产收益率 总资产报酬率	2. 产品市场占有率 3. 基础管理水平
资产运营状况	总资产周转率 流动资产周转率	4. 员工素质 5. 技术装备水平
偿债能力状况	资产负债率 已获利息倍数	6. 行业影响 7. 经营发展战略
发展能力状况	销售增长率 资本积累率	8. 长期发展能力预测

资料来源：财政部注册会计师考试委员会办公室. 财务成本管理[M]. 北京：经济科学出版社，2001.

　　用财务指标反映企业的绩效是由企业的赢利性要求所决定的，但是财务指标本身具有一定的局限性，传统的财务会计模式只能衡量过去发生的事情（落后的结果因素），无法评估组织前瞻性的投资（领先的驱动因素）。在工业时代，注重财务指标的管理方法还是有效的。但在信息社会里，传统的业绩管理方法并不全面，组织必须通过在客户、供应商、员工、组织流程、技术和革新等方面的投资，获得持续发展的动力。正是基于这样的认识，20 世纪 90 年代初，哈佛商学院的罗伯特·卡普兰（Robert Kaplan）和诺朗诺顿研究所所长大卫·诺顿（David Norton）发展出一种全新的组织绩效管理方法：平衡计分卡（balance score card，BSC）。该方法打破了传统的只注重财务指标的业绩管理方法，认为组织应从四个角度审视自身业绩：学习与成长、业务流程、顾客、财务。平衡计分卡中的目标和评估指标来源于组织战略，它把组织的使命和战略转化为有形的目标和衡量指标。在客户方面，BSC 管理者确认了组织将要参与竞争的客户和市场部分，并将目标转换成一组指标，如市场份额、客户留住率、客户获得率、顾客满意度、顾客获利水平等。在内部经营过程方面，为吸引和留住目标市场上的客户，满足股东对财务回报的要求，BSC 的管理者需关注对客户满意度和实现组织财务目标影响最大的那些内部过程，并为此设立衡量指标。在这一方面，BSC 重视的不是单纯的现有经营过程的改善，而是以确认客户和股东的要求为起点、满足客户和股东要求为终点的全新的内部经营过程。在学习和成长方面，BSC 确认了组织为实现长期的业绩而必须进行的对未来的投资，包括对雇员的能力、组织的信息系统等方面的衡量。组织在上述各方面的成功必须转化为财务上的最终成功。产品质量、完成订单时间、生产率、新产品开发和客户满意度方面的改进只有转化为销售额的增加、经营费用的减少和资产周转率的提高，才能为组织带来利益。因此，BSC 的财务方面列出了组织的财务目标，并衡量战略的实施和执行是否在为最终的经营成果的改善做出贡献。邓荣霖教授延续了平衡计分卡法，认为衡量企业的绩效应当从四个方面入手：用户的满意程度、企业内部员工的工作效率、企业不断创新的精神和财务数据。综合考虑以上企业绩效评价方法，本文对企业绩效的评价仍然以财务指标为主，结合客户和企业创新两个指标，作为企业持续发展能力的衡量指标。本文认为客户的满意与否暗含了对企业的内部效率的评价，因此不把内部效率作为衡量指标。企业绩效的评价指标体系如表 11.6 所示。

表 11.6　企业绩效评价指标体系

评 价 指 标	指 标 内 容
财务指标	净资产收益率（净利润/平均净资产） 总资产报酬率[（利润总额+利息支出）/平均总资产] 总资产周转率（销售收入/平均资产总额） 流动资产周转率（销售收入/平均流动资产） 资产负债率（负债总额/资产总额） 销售增长率（本年的销售增长额/上年的销售总额） 资本积累率（本年度权益增长/年初所有者权益）
客户指标	顾客获取率 顾客保持率 顾客满意率 交叉销售额与总销售额的比率 客户的平均钱夹份额
创新指标	新产品进入市场的速度 新产品销量在销售额中的比率 新产品产量在总产量中的比率 新产品受欢迎的程度

　　分析客户关系管理能力对企业绩效的影响，就是分析客户关系管理能力各个指标对企业绩效各个指标的影响。将企业客户关系管理能力指标与企业绩效指标进行对比，结果如表 11.7 所示。

表 11.7　客户关系管理能力指标与企业绩效指标的对比

客户关系管理能力指标	企业绩效指标
客户洞察能力： 　市场信息反馈能力 　对客户的了解程度 　客户信息分析能力 　黄金客户识别能力	创新角度： 　新产品进入市场的速度 　新产品销售额在销售额中的比率 　新产品产量在总产量中的比率 　新产品受欢迎的程度
创造和传递客户价值能力： 　研发新产品的能力 　定制化生产能力 　员工的服务水平 　交货能力 　销售渠道的多样性 　客户使用产品的方便性 　品牌管理能力	客户角度： 　顾客获取率 　顾客保持率 　顾客满意率 　交叉销售额与总销售额的比率 　客户的平均钱夹份额
管理客户关系能力： 　对客户关系的把握能力 　对客户变化的反应能力 　处理客户抱怨的能力 　交流渠道的多样性 　交流的及时性 　交流的有效性	财务角度： 　净资产收益率 　总资产报酬率 　总资产周转率 　流动资产周转率 　资产负债率 　销售增长率 　资本积累率

由于对客户和企业创新的影响最终会反映到财务指标上，所以可先分析对这两方面的影响，再分析这两方面的指标对财务绩效的长期影响，结合客户关系管理能力对目前财务绩效的直接影响，形成对企业绩效影响的整体评价，分析过程如图11.3所示。

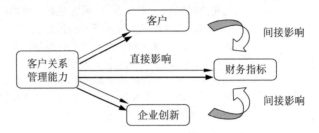

图 11.3　客户关系管理能力对企业绩效的影响

11.3.2　客户关系管理能力对企业创新指标的影响

衡量企业创新精神的指标有四个：新产品进入市场的速度、新产品销售额在总销售额中的比例、新产品产量在总产量中的比率、新产品受欢迎的程度。以下探讨客户关系管理能力指标对企业创新指标的影响，从而解释客户关系管理能力是如何影响企业创新的。

1. 对新产品进入市场的速度的影响

客户关系管理能力的指标中影响新产品进入市场的速度的指标有三个：市场信息反馈能力、研发新产品的能力和销售渠道的多样性。新产品进入市场的速度取决于企业发现新产品需求的速度，研制出新产品的速度以及推广的速度，这三个方面的速度都要快于竞争对手，企业才可能获得先动优势，获取更多利润，树立企业形象。市场信息的反馈能力强即意味着市场信息反馈的速度快，为企业抢先发现新产品需求奠定了基础，研发新产品的能力强则意味着企业在发现新产品需求后能将这种需求迅速转换成实际产品，销售渠道的多样性则是企业将新产品快速推入市场的先决条件。因此，客户关系管理能力的强弱对新产品进入市场的速度有显著影响。

2. 对新产品销售额在总销售额中的比例的影响

新产品销售额在总销售额中的比例越高，说明企业推广新产品的能力越强，因此主要涉及企业传递客户价值的能力。所以，客户关系管理能力中影响新产品销售额在总销售额比例的指标有：员工的服务水平、交货能力、销售渠道的多样性和企业的品牌管理能力。新产品拥有很多的优点，但是一般的客户并不一定有深入的了解，因此要促成新产品的销售，首先就需要直接面对客户的基层员工的热心推荐，员工的服务水平决定了推荐的效果，如员工本身对新产品的了解程度、员工的服务态度、员工把握客户心理的能力等，这些都会对客户购买新产品的决定产生重大影响。其次，企业的交货能力也是影响新产品销售额的重要因素，当人们对一种产品不熟悉或刚刚发生兴趣时，货源的充足程度和交货速度的快慢会直接影响客户的尝试欲望和对新产品的信赖，因而影响新产品的销售量。再次，如上所述，销售渠道的多样性是提高新产品销售额的客观条件。最后，对新产品销售额影响最大的因素是企业的品牌管理能力，企业的品牌管理能力决定了企业能否有效地开展对新产品的宣传，以及能否成功地借用老品牌的美誉度和吸引力为新产品的顺利销售铺平道路。

3. 对新产品产量在总产量中的比率的影响

新产品产量在总产量中的比率主要取决于企业的生产能力，因此客户关系管理能力对它的影响并不显著。企业的定制化能力是反映企业生产能力尤其是生产灵活性的指标，如果企业的定制化能力强，那么企业就能够将生产方向很快地调整到生产新产品方面来，所以，企业的定制化能力对新产品产量在总产量中的比率有一定影响。

4. 对新产品受欢迎程度的影响

新产品的受欢迎程度和新产品本身的特质有关。一般而言，新产品要取代老产品，必须使用更方便、功能更全面，更能满足客户的个性化需求。另外，企业新产品受欢迎不仅取决于功能上的改进，更重要的是如果新产品被赋予了受欢迎的文化附加值，那么新产品的受欢迎程度就更高，对于那些功能可改进的空间不大的风格性产品（如碳酸饮料）更是如此。因此，客户关系管理能力可在以下几个方面影响新产品的受欢迎程度：对客户的了解程度、客户信息分析能力、客户使用产品的方便性和品牌管理能力。对客户越了解并且客户信息分析能力越强，就越能够清晰地知道客户需要新产品有哪些改进，并且知道应当在产品中注入哪些文化因素才能获得客户的青睐。新产品使用的方便性也会影响其受欢迎程度。品牌管理能力则影响了企业能否将新产品的优点有力地传递给客户并诠释一种受欢迎的文化内涵，这对新产品的受欢迎程度具有决定性作用。以上内容的分析总结如表 11.8 所示。

表 11.8　客户关系管理能力对企业创新指标的影响

企业创新指标	影 响 因 素	影 响 方 式
新产品进入市场的速度	市场信息反馈能力	抢先发现新产品需求
	研发新产品的能力	迅速将新的需求转换成实际产品
	销售渠道的多样性	用多种方式将新产品推入市场
新产品销售额在总销售额中的比例	员工的服务水平	促使客户了解新产品并购买
	交货能力	及时交货，促进销售
	销售渠道的多样性	多种方式进行销售，扩大销售量
	品牌管理能力	借用现有的品牌优势，有效地开展对新产品的宣传
新产品产量在总产量中的比率	定制化生产能力	迅速调整生产方向，生产新产品
新产品受欢迎的程度	对客户的了解程度	使新产品的设计更符合客户要求
	客户信息分析能力	使新产品的设计更符合客户要求
	客户使用产品的方便性	易于使用，吸引客户
	品牌管理能力	为新产品注入受欢迎的文化内涵

11.3.3　客户关系管理能力对企业客户指标的影响

衡量企业绩效的客户方面的指标有客户获取率、客户保持率、客户满意率、交叉销售额与总销售额的比率、客户的平均钱夹份额。

1. 对客户获取率的影响

客户获取率是指企业采取措施获得目标客户的比例。客户获取率主要和企业的识别客户和吸引客户购买的能力有关，因此客户关系管理能力中影响客户获取率的因素有黄金客户识别能力、品牌管理能力和市场信息反馈能力。如前所述，黄金客户的识别能力意味着企业对客户特征的把握程度，对黄金客户的特征把握得越准确，越有利于采取有效的措施抓住客户。其次，品牌管理能力也是吸引客户购买的重要因素，企业的品牌管理得越好，享有的美誉度越高，对客户的吸引力就越大，也越能够激发客户的购买欲望。市场信息反馈能力的作用在于能够将企业行动的效果迅速反馈回来，便于企业及时修正吸引客户的措施。这三方面的能力越强，越有利于企业获取客户。客户关系管理能力对客户获取率的影响如表 11.9 所示。

表 11.9　客户关系管理能力对客户获取率的影响

客 户 指 标	影 响 因 素	影 响 方 式
客户获取率	黄金客户识别能力	准确把握客户特征，采用有效措施
	品牌管理能力	提升产品美誉度，吸引客户购买
	市场信息反馈能力	及时回馈客户反应，修正促销计划

2．对客户满意度的影响

客户满意度与企业为客户提供的价值有关。客户价值一般是指"客户从产品或服务中获得的总价值"（total customer value），这其中包括产品价值、服务价值、个人价值和形象价值。对客户而言，要取得上述产品和服务产生的价值，客户必须花费相当的成本，这其中包括货币成本、时间成本、精力成本和心理成本等。如果一个企业提供的产品和服务，其客户成本高于客户价值，则表示客户付出的代价高于他所买的产品或服务的价值，那么该客户不会满意，并且从此不再光顾。由于每一个客户对产品的需求和认知都不相同，企业必须了解客户才能创造高客户价值，并从客户立场思考降低客户成本才能够令客户满意。因此，客户关系管理能力对客户满意的影响表现在提高客户价值、降低客户成本上，从而使客户获得的真正价值得以提升。影响客户满意度的因素主要是企业创造和传递客户价值的能力，分析如下。

企业的新产品研发能力和定制化生产能力强，就容易生产出满足客户个性化需求和潜在要求的产品，更好地满足客户需要，提升客户获得的产品价值。同时，客户使用产品的方便程度也影响产品价值。如果客户能够通过多种渠道方便地购买产品而且企业能采取多种方式快速准确地将产品交付到客户手中，客户就能获得更多的服务价值，所以销售渠道的多样性和企业的交货能力影响了客户从产品中获得的服务价值。员工的服务水平高低则影响客户获得的人员价值。企业的品牌管理能力则影响了客户的形象价值，如果企业的品牌管理能力强，产品的知名度高、美誉度好，客户购买产品就得到了更多的形象价值。同时，企业的交货能力强、销售渠道多，便于客户购买，就能有效地为客户节省时间成本和精力成本。员工的服务态度和企业的品牌管理能力直接影响了客户的心理感受，因此提高这两个因素能节省客户的心理成本。以上分析归纳如表 11.10 所示。

表 11.10　客户关系管理能力对客户满意度的影响

客 户 指 标	影 响 因 素	影 响 方 式
客户满意度	研发新产品能力	增加产品价值
	定制化生产能力	增加产品价值

续表

客 户 指 标	影 响 因 素	影 响 方 式
客户满意度	员工的服务水平	提高人员价值，降低客户心理成本
	交货能力	节省客户的时间成本和精力成本，提升服务价值
	销售渠道的多样性	节省客户的时间成本和精力成本，提升服务价值
	客户使用产品的方便性	提升产品价值
	品牌管理能力	提升形象价值，降低心理成本

3. 对客户保持率的影响

客户满意是影响客户保持率的前提条件，但是客户满意并不一定意味着客户保持，许多行业存在着高满意度、低忠诚度的现象。美国贝恩公司的一项调查显示，宣称满意或很满意的顾客，有 65%～85% 会转向其他公司的产品。在汽车行业中，有 85%～95% 的顾客感到满意，可只有 30%～40% 的顾客会继续购买同一品牌的产品，这就是所谓的顾客满意陷阱。造成客户满意陷阱的原因是企业只满足了客户的基本期望，而没有满足客户的潜在期望。因此，维系客户，提高客户保持率的方法是尽力满足客户的潜在期望。处于不同生命周期的客户的潜在期望是不同的。例如，在客户关系的考察期，客户的潜在期望是获得更多的物质利益，为了维系客户，可以实行常客奖励计划。在客户关系的形成期，客户的潜在期望是得到企业非同一般的重视，因此可以采用感情联络计划和特别对待计划，即为客户提供量身定制的服务和产品，进行特别的情感交流。在企业与客户关系的稳定期，客户对企业有一种潜在的归属感，希望成为企业的一部分，而且自我对企业的重要价值能得到承认。要满足顾客的这种心理，企业应采取共同体计划：将顾客视为企业的一部分，让他们参与到企业活动中来，听取顾客对企业各方面工作的建议并给予奖励，让顾客有成就感，有参与感，使顾客和企业真正成为一家人。因此，影响客户保持率的因素主要是企业管理客户关系生命周期的能力。对客户关系的把握能力强意味着企业能够清晰地辨认客户处于生命周期的哪一个阶段，并采取相应的措施，既维系了客户，又避免过度投资引起浪费。对客户变化的反应能力强则表明企业能够及时发现客户的变化，挽留有价值的客户。解决客户抱怨的能力强说明企业在服务和产品出了偏差之后能够及时补救，尽管这是一种补救措施，但对客户抱怨的重视能够有效地防止有价值的客户流失，并防止客户将影响企业形象的不愉快购物经验告诉更多的人。交流渠道的多样性、交流的及时性和交流的有效性为企业把握客户动态、解决客户抱怨奠定了基础。客户关系管理能力对客户保持率的影响可归纳为表 11.11。

表 11.11 客户关系管理能力对客户保持率的影响

客 户 指 标	影 响 因 素	影 响 方 式
客户保持率	把握客户关系的能力	针对不同类型、不同生命周期的客户采取不同措施
	对客户变化的反应能力	及时发现客户变化，采取措施挽留有价值的客户
	处理客户抱怨的能力	在服务和产品出了偏差之后及时补救
	交流渠道的多样性 交流的及时性 交流的有效性	与客户有效互动，为以上三种能力奠定基础

4. 对交叉销售额和客户平均钱夹份额的影响

交叉销售额和客户平均钱夹份额的多少说明了企业与客户的关系质量。如果企业与客户的关系能够保持但客户的交叉销售额和平均钱夹份额不高，那么说明企业与客户的关系质量不如竞争对手，这不但影响企业的利润，而且会对企业的生存发展产生不利影响。交叉销售额和客户平均钱夹份额取决于企业与客户的交流和把握客户关系的能力，也取决于企业创造和传递价值的能力。企业与客户的交流和把握客户关系的能力使企业能够明确应当向客户推荐什么样的交叉销售产品，而企业创造和传递客户价值的能力决定了客户获得的价值，是决定客户是否再次进行交叉购买和扩大钱夹份额的因素，具体影响如表 11.12 所示。

表 11.12　客户关系管理能力对交叉销售额和客户平均钱夹份额的影响

客 户 指 标	影 响 因 素	影 响 方 式
交叉销售额在总销售额中的比例；客户平均钱夹份额	把握客户关系的能力 交流渠道的多样性 交流的及时性 交流的有效性	明确应当向客户推荐什么样的交叉销售产品
	创造和传递客户价值的能力	决定客户获得价值的多少

11.3.4　客户关系管理能力对财务指标的影响

衡量企业绩效的财务指标如下。

净资产收益率（净利润/平均净资产）；

总资产报酬率[（利润总额+利息支出）/平均总资产]；

总资产周转率（销售收入/平均资产总额）；

流动资产周转率（销售收入/平均流动资产）；

资产负债率（负债总额/资产总额）；

销售增长率（本年的销售增长额/上年的销售总额）；

资本积累率（本年度权益增长/年初所有者权益）。

从以上的财务指标可以看出，假如在一段时间内企业的资产没有太大的改变，财务指标主要和销售收入、企业利润和销售增长额相关。而企业的利润则是收入与成本的差额，因此，影响财务绩效的关键因素是销售收入、成本和销售增长率。下面首先分析客户关系管理能力对成本的影响。

1. 对成本的影响

影响成本的因素有企业对客户的了解程度、客户信息分析能力、黄金客户识别能力和对客户关系的把握能力。企业对客户了解得越深入，客户信息分析能力越强，就越能够针对不同客户的不同偏好投放广告，设计有效的促销活动，避免盲目地将资金投入到营销活动中，从而节省营销费用，提升营销活动的效果。相应地，对黄金客户的识别能力强，则能够采取有针对性地吸引黄金客户的措施，而不必在没有价值的客户身上浪费金钱，节约新客户的开发成本。另外，对客户关系的把握能力强，企业便能够有效辨认不同价值的客户，对不同类型、不同生命周期的客户采用不同的维系措施，而不是对每个客户花费同样的财力、物力，这不仅节约了客户维系成本，还提高了客户维系效果。

2. 对收入的影响

客户关系管理能力对销售收入的影响是通过对企业创新和企业客户的影响表现出来的。

（1）企业创新对收入的影响。如前所述，客户关系管理能力显著影响企业的创新，如果企业推出新产品速度足够快，能够在竞争对手之前推出客户所需要的新产品，在一段时期内就获得了一种类似于垄断的地位，就能够获得超额的经济利润。同时，企业的客户关系管理能力也影响了企业的创新产品是否受到欢迎，同样对企业利润产生影响，如图 11.4 所示。

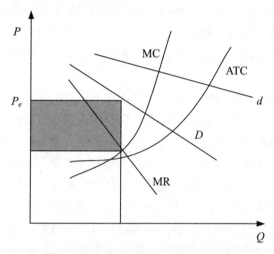

图 11.4 企业创新对企业收入的影响

图 11.4 中 D 是企业面对的需求曲线。一般而言，企业处于垄断竞争市场中，会生产有差异的产品，取得某些价格调整能力。它可以生产相对较少的产品并以较高的价格出售，或生产相对较多的产品，以较低的价格出售。因此，企业面对一条向下倾斜的需求曲线。MR 是边际曲线，它也向下倾斜，因为出售一种产品的额外产出水平，企业必须愿意降低其价格。MC 是边际成本曲线，它向上倾斜，是因为生产额外产出，一个企业必须接受额外的成本。ATC 是平均总成本曲线。要使企业利润最大化，应当使边际成本等于边际收入。通过这两条曲线的交点作垂线，再在垂线与需求曲线相交之处作水平线，确定企业所能收取的价格 P_e。企业的总收入为图中阴影部分的总面积，总收入中位于平均总成本之上的阴影面积表明企业获得了高于正常的经济利润。在边际收入、边际成本和平均总成本都不变的情况下，企业能获得的超额经济利润取决于需求曲线，即需求大，能收取的价格高，获得的超额利润多，反之，获得的超额利润就少。良好的客户关系管理能力意味着企业对客户有更深入的了解，使新产品的设计更符合客户的需求，并能为新产品注入受欢迎的文化内涵，使客户对新产品的需求更为强烈，假如凭借良好的客户关系管理能力，企业生产的新产品和服务面对的需求曲线为 d，而企业竞争对手的新产品面对的需求曲线仍为 D，则企业相对于竞争对手获得了更多的超额利润。

综上所述，客户关系管理能力能够通过影响企业的创新影响企业的收入和利润。

（2）企业客户对收入的影响。为了说明客户关系管理能力是如何影响企业客户从而影响企业的财务绩效，先引入企业与客户的价值互动模型，如图 11.5 所示。

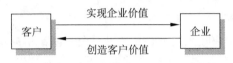

图 11.5　企业与客户的价值互动模型

企业与客户的价值互动是指企业与客户相互间获得的价值存在一种双赢共生的关系，如果只对一方有利，则客户与企业的关系无法长期维持。换句话说，企业生产的产品和提供的服务创造了客户所寻求的价值，而客户通过购买企业的产品使企业实现了自身的价值。因此，企业为客户创造的价值越多，购买企业产品和服务的客户就越多，企业与客户的关系就越长久，而相应地，尽管企业在对一位客户的一次销售活动中获取的利润并不一定比同行企业高，但从客户总量和长远关系来看，企业获得了更多的客户价值，从而更好地实现了企业价值。

韦兰和科尔（Wayland & Cole）（1997）从企业的角度将客户对企业的价值视为两种要素的投入，包括企业从客户身上获得的收入、获取和维系客户所花费的成本。企业从所有客户身上获得的收入取决于企业与客户关系的三个维度。企业与客户关系的三个维度是企业与客户关系的宽度、深度和远度。"宽"意味着客户关系数量的增加，即通过获取新的顾客、赢返（win-back）流失的顾客或者识别出新的关系细分群体等来增加企业所拥有的客户关系的数量。"远"主要是针对现有顾客而言，意味着客户关系生命周期的延长，即通过培养顾客忠诚、挽留有价值的客户关系、减少顾客叛逃和流失、剔除不具有潜在价值的恶性关系等来提高关系生命周期的平均长度，发展与顾客的长期关系。"深"也是针对现有客户而言的，意味着客户关系质量的提高，即通过交叉销售和刺激顾客的购买倾向等手段使顾客购买的数量更多、购买的范围更广，从而加深企业与顾客之间的客户关系，提高每一个客户关系的质量。企业利润与这三个维度的关系可以用下式表示。

$$V = \sum_{i=1}^{m} \sum_{t=0}^{n} [(1+k)^{-t} F_{it} P_{it} \pi_{it}]$$

式中，V 表示企业从所有客户那里获得的价值，i 表示第 i 位客户，t 表示时间周期，n 是计划的计算长度，k 是折现因子，F_{it} 是时间周期 t 内客户 i 购买企业产品的期望频次，P_{it} 表示时间周期 t 内客户 i 的维系概率，π_{it} 是客户在时间周期 t 内每笔购买的平均贡献。

客户关系的宽度可以用客户获取率表征，远度可以用客户保持率表征，深度可以用交叉销售额与总销售额的比率以及客户的平均钱夹份额表征。在前文，我们已经讨论了客户关系管理能力能为客户提供更多的价值，因而影响了客户的获取率、客户保持率、客户满意率、交叉销售额和平均钱夹份额，因此显著地影响了企业的销售收入。同时，如前所述，良好的客户关系管理能力能够降低营销费用、获取新客户的成本和客户维系的成本，因而从总体上提升了企业的利润。

最后，将客户关系管理能力对企业财务的影响总结为图 11.6。

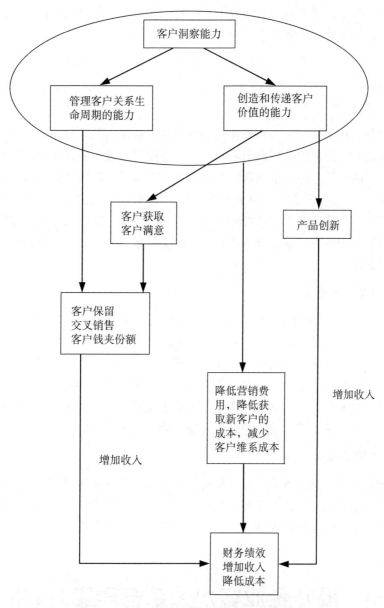

图 11.6　客户关系管理能力对财务指标的影响

11.3.5　客户关系管理能力对企业绩效影响的调节因素

以上分析了客户关系管理能力对企业绩效的影响，但是在不同的行业和环境条件下，客户关系管理能力对企业绩效的影响程度是不同的。我们将这些条件称为客户关系管理能力对企业绩效影响的调节因素。以下从四个方面简述这些调节因素。

1. 客户需求和偏好的变动程度

当一个组织需要迎合一群具有稳定偏好的固定客户时，客户关系管理能力对企业的业绩影响就会很小，因为对营销组合不需要调整就能有效满足一群给定的客户的稳定偏好。

相反，如果客户的组合或者他们的偏好不太稳定，那么在一段时间内，公司提供的产品和服务将很可能无法满足客户的需求。因此，一个组织必须确定变化了的偏好并调整他们的供给以满足客户，即客户需求和偏好的变动程度越大，客户关系管理能力对企业绩效的影响就越明显。

2. 行业竞争程度

行业中竞争的程度和客户关系管理能力的重要性直接相关。激烈的竞争导致消费者有多种选择。因此，一个组织必须调节和响应客户变化的需求和偏好，以保证客户在竞争的产品中选择自己的产品。但一个垄断组织无论是否调节了自己的供给以满足客户变化的偏好，它都会运行得很好。正如一位客户经理所说，"如果一个组织有一个专利或锁定了一个产品，配置资源在市场营销方面可能是无效的。"换句话说，客户关系管理能力为组织提供的利益在竞争行业中要多于缺乏竞争的行业，即竞争越激烈，客户关系管理能力和企业业绩的关系就越紧密。

3. 行业技术变动程度

在一些行业中，产品的创新并不是来自对客户的研究，而是来自行业之外的研究发现，并且这些创新最终都会被企业接受。特别是在高新技术产业，由于行业不断地发生巨大的变化，一些产品三年前还没有出现，现在却已经过时。客户关系管理能力对技术变化很快的行业（在这样的行业，公司经常被别的公司收购）的作用，没有在技术稳定的行业中重要。不是说客户关系管理能力对技术变动的产业不重要，而是说重要程度要降低一点，即技术变动越大，客户关系管理能力和企业业绩的关系就越不密切。

4. 经济的繁荣程度

在经济繁荣时期，需求旺盛，组织可能不太需要客户关系管理能力。相反，在经济萧条时期，客户价值意识更强，为了提供价值较高的产品，组织必须和客户的需求保持一致并满足客户的需求，即经济越不景气，客户关系管理能力和企业业绩的关系就越紧密。

11.4 提升企业客户关系管理能力的措施

一般而言，企业客户关系管理能力对企业绩效的影响较大，为了提升企业绩效，企业有必要提升自身的客户关系管理能力。在提升客户关系管理能力的过程中，首先根据调节因素确认对提升客户关系管理能力的需求，决定行动的缓急。然后评价客户关系管理能力，根据客户关系管理能力的评价结果，确定解决哪些问题可以改进影响客户关系管理能力的内部因素，解决哪些问题可以引入信息技术，并合理地将企业资源配置到提升三种基本能力的活动中，使企业的客户关系管理能力得到最大的提升，最后选择合适的供应链伙伴。企业提升客户关系管理能力的基本过程如图 11.7 所示。

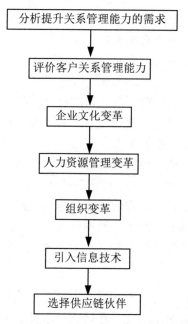

图 11.7　客户关系管理能力的提升过程

11.4.1　实施企业文化的变革

1995 年，科特（Kotter）提出了一个组织转型过程模型，这一模型认为组织的转型是由领导推动的，强调以愿景而不是以战略作为企业组织转型的蓝图，增强企业组织成员对组织转型的认同感与参与感，从而增加组织转型的成功率。同时，该模型还强调要将新的价值观制度化，固定到组织的文化和日常行为中，从而有效巩固既得成果。提升客户关系管理能力，促使企业从产品中心型转变为客户中心型，和组织转型有相似之处，因此借鉴科特的模型建立企业文化的变革模型，如图 11.8 所示。

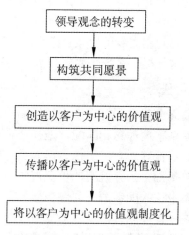

图 11.8　企业文化变革模型

1. 领导观念的转变

企业领导者对提升企业客户关系管理能力具有决定性作用。因此，转变企业领导的思想观念，提高企业领导对客户关系管理的认识水平，对提升客户关系管理能力有重要意义。转变领导者的观念，需要企业领导者加强对 WTO 等经济大趋势的认识并了解客户关系管理在业内的影响度，同时要更加关注企业竞争对手在客户服务方面的进展，并积极进行提升客户关系管理能力的准备。

企业领导还应加强对客户关系管理的认识，只有对客户关系管理正确认识才能促进客户关系管理能力的有效提升。首先，企业领导应当深入理解客户关系管理的核心理念，理解客户关系管理的核心理念就是指理解以客户为中心的思想以及它如何在企业中渗透并带来长期的战略价值。其次，企业领导要明白客户关系管理的流程是怎样的，客户关系管理能力是如何发挥作用，使客户价值在这一过程中被创造和保持并转化为企业价值的。再次，企业领导要明了影响客户关系管理能力的因素有哪些，在变革这些因素时可能会遇到哪些阻力，然后，企业领导应该理解提升企业的客户关系管理能力不能一蹴而就，要结合企业的实际情况，确定可行的阶段性目标。最后，进行客户关系管理能力的提升规划。

2．构筑共同愿景

在获得企业领导的支持后，还需要构筑共同愿景。提升客户关系管理能力本质上是帮助企业从产品中心型企业向客户中心型企业转变，这种变革能否成功关键在于如何发挥组织成员的能量，这需要从试图说服那些参与人员接纳新的企业理念开始。要使组织成员能在公司的前景问题上达成一致，最好的方式就是共同规划公司愿景。

公司愿景是告诉组织成员"我们将成为什么"的前景，它并不明确地告诉成员什么时间具体达成什么目标。一个有效的愿景，应该是对组织成员的一种宏伟的承诺，使人们想象提升客户关系管理能力后的收益，一个令人振奋不已的愿景很容易在股东、员工及其他相关利益者之间进行沟通，达成共鸣。如果没有规划共同愿景，就没有人愿意相信客户关系管理会带来利益，员工们会置身事外，当提升客户关系管理能力需要牺牲一部分人的利益时，组织者将会发现他们正被孤立于这场变革之外，最终导致提升客户关系管理能力的活动毫无效果。从观点上对员工进行危机意识的阐明，让员工明白如果不及时提升客户关系管理能力，企业的生命将受到威胁，从心态上迫使员工接纳战略变革的重要性。同时，在这个阶段，要按愿景规划所提到的，给员工一个足以让他们兴奋不已的蓝图。所以，实施客户关系管理之前要和员工共同创立新的愿景，让他们提供帮助，甚至于牺牲短期利益，用愿景激发员工变革的欲望，这是提升客户关系管理能力必不可少的一环。

3．创建以客户为中心的价值观

提升客户关系管理能力最终会落实到每一个人的行动中。促进组织中的人对既有的价值观进行变革，使之与客户关系管理理念相匹配，是提升客户关系管理能力的活动成功的价值基础。首先，根据客户关系管理理念，组织专门人员对原有价值观进行分析，确定需要变革的因素，在审核评估的基础上扬弃既有的价值观体系。其次，根据需要解决的问题的特点，在企业的价值观体系中注入能够解决问题的新元素，形成新的价值观体系。一般而言，为了提升企业的客户关系管理能力，以客户为中心的价值观应当包含如下要素。

（1）以客户为中心的价值观应当强调企业对客户资源等外部资源的关注，让生产要素的活动围绕以客户资源为主的企业外部资源展开。

（2）新的价值观应当使企业上下更加重视客户的利益，逐步消除损害客户利益满足企业利益的短视行为。

（3）由于卖方市场的膨胀使消费者对商品的选择有了极大余地，越来越多的客户在选择商品时，将能否满足个性需求当作首要前提，所以新的价值观应当促使企业更加关注客户的个性化需求。

（4）随着社会财富的不断积累，人们已进入感情消费时代，消费者可以很方便地找到许多在价格、品质、外形等方面相似的商品，而最终决定消费者取舍的因素很有可能是客户对企业的感情。感情是难以具体量化的，但它确实能为企业争取客户。因而新的价值观应当使企业更注重为客户提供情感交流层次的服务。

一个组织的价值观是该组织对于组织内部和外部各种事物和资源的价值取向，是组织在长期的企业哲学指导下的共同价值观，其本身具备的相对稳定及持久的惯性使得文化的变革充满阻力，因此，新的价值观并非能在短期内奏效，而是需要经过一个传播和深化的过程。

4．传播以客户为中心的价值观

要让以客户为中心的价值观在组织成员中传播并逐渐接受，可以通过改变企业文化表征来实现。文化的表征主要有四种：仪式和礼仪、故事、象征以及语言。

仪式和礼仪是指构成一个特别事件并经常以有益于观众的形式运作的精心设计、周详计划的活动。组织的仪式和礼仪可以分为四种：进阶型、增进型、复兴型和整合型。进阶型礼仪是为了加速个人相对其自身来讲是新鲜的社会角色和地位的转化；增进型仪式和礼仪可以增加社会认同感和增加成员地位；复兴型仪式和礼仪是为了刷新社会结构和改善组织功能；整合型仪式和礼仪能够鼓励、振奋员工，使他们结合在一起，产生对组织认同的共同感。企业可以通过这些仪式和礼仪来强化组织以客户为中心的价值观。

故事是基于那些经常在组织雇员中共享的和相信雇员讲述关于组织情景的真实事件而演化的叙述故事。许多故事是关于那些符合公司文化标准和价值观的榜样化、偶像式的英雄人物的。故事能够使公司的基本价值观保持长久的活力。

象征是组织的质化物像，它因为集中关注于一项特定的主题而具有强有力的作用。如 Nordstrom 百货店用如图 11.9 所示的组织图来象征组织支持基层雇员和客户的重要性。该公司以超凡的客户服务水平而闻名，组织图象征着管理者的职责是支持那些实际提供服务的雇员而不是去控制他们。

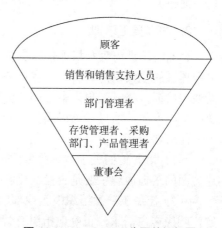

图 11.9 Nordstrom 公司的组织图

语言是影响文化的最后一项因素。许多公司使用一句别致的谚语、口号、隐喻或其他形式的语言向其员工传递特定的含义。口号很容易为公司员工和顾客所领会和重复。例如，Sequins International 公司的口号就是："你不必非得讨好老板，但你必须让客户开心。"国内企业中 TCL 电器的口号是："为顾客创造价值。"企业根据实际情况，灵活地运用这些方法推广以客户为中心的价值观往往比聚会讨论式的行政命令有效。

经过共同愿景的规划，转变价值观，新价值观的传播，一种支持客户关系管理能力提升的组织文化就初步建立起来了。但这种组织文化仅仅是开始，组织成员对于新的文化价值观只是停留在了解阶段，此时如果过早放松对新的组织文化的培育，客户关系管理能力的提升就会面临缺乏动力而停滞不前的风险。因此必须让精神层面的价值观体现到物质层面，对以客户为中心的价值观进行制度化。制度化以客户为中心的价值观需要变革人力资源管理和组织结构。

11.4.2　人力资源管理变革

人力资源管理变革主要包含三个方面：招聘过程和标准、加强员工培训以及绩效考评和激励体系。

1．变革招聘过程和标准

人力资源管理的变革首先应当体现在雇佣生命周期的开端，即招聘过程。通过精心选择适合客户服务的候选人，企业能极大地增强自身能力，转变成为一个完全受客户驱动的机构。此外还会带来的好处是：以客户为中心的行为是有感召力的，它可以使公司从内部产生本质性的改变而不会遭到巨大的阻力。

同时，应当注意到企业可以安排员工参加技术技能培训，让员工学习使用和管理所有数据库信息；甚至通过关于客户服务的专业培训课程，培训员工对客户说什么，用怎样的口气说话等。但是发自心底的具有客户导向的或全心为客户服务的意识对于具有某些性格特点的人来说是难以通过培训培养出来的。因此，企业在人员的招聘和选拔过程中，不仅要考察工作经验、教育水平和语言能力等，还应当重点考察申请者对客户的关注程度和性格特点，将高度关注客户并且性情和善的人才补充进企业，有利于加速提升企业的客户关系管理能力。

2．加强员工培训

企业的培训内容和培训体系也会影响客户关系管理能力。如果企业培训内容的选择和培训体系的建设以提高员工对客户的认识和与客户的交流技能为指导，就能够做到：一方面通过培训传播以客户为中心的经营理念，转变员工的思想，从而促进其他管理因素的转变；另一方面，通过培训提高员工的素养，从而提高员工的服务质量。企业应当从以下四个方面培训员工。

（1）培养他们关于客户服务的正确观念，而不是从狭隘的角度培养他们与客户博弈。这方面的培训内容主要是企业文化和价值观的培训，使员工具有正确的价值导向。

（2）让员工熟悉组织中企业部门的运作，使他们能够回答关于其他部门位置之类的问题，响应客户需求，正确地指引有管辖权的职能部门，一旦他们需要与企业内部进行协同作业，能够提供准确到位的服务。这方面的内容主要是企业组织结构和管理制度的培训。

（3）培训服务技能和适当的决策技能，使员工提高服务技巧和明确掌握企业的授权，从而有利于员工为客户提供个性化、情感化服务并在客户需要时做出决断，而不是相互推诿或滥用承诺。客户心理学的培训、各种服务技巧的分析、传帮带和现场培训是主要的培训方式。

（4）产品知识和企业背景知识培训。产品知识和企业背景知识是必不可少的，前者是客户服务的一部分，特别是一线员工在面对客户咨询、答疑和进行口碑宣传时至关重要，后者是培养员工对企业认同感的必修课。

3. 变革绩效考评和激励体系

发展客户关系管理能力必须植根于现实环境，即使每一位员工都意识到培养这一能力的重要性，如果不和他们的切身利益直接联系起来，他们仍然缺乏行动的动力。企业的绩效考评体系为客户关系管理能力的提升提供制度保证。企业不应仅仅以经济效益作为衡量员工和部门绩效的唯一标准，还应当将客户满意度等客户因素作为重要的评价指标，把员工为保持和改善客户关系所做的贡献大小作为奖励和提升的依据，建立以客户为中心的绩效考评体系，将企业客户关系管理能力的发展与员工的物质利益结合在一起。

同时，企业还应当建立完善的激励体系，促使员工更好地为客户服务。一个有效的方法是创建职业发展计划，通过与每个雇员合作订出一个清晰的职业发展路线，可以调动他们的积极性，使他们把精力更多地投到客户关系工作中。具有更高工作积极性的员工可以更好地履行他们的职责，因此客户满意度得以提高，业务运作稳定性得到改善；同时，更稳定、可重复的工作流程由富有经验的员工来完成，他们所需的培训更少。另一个有效的方法是每年进行雇员调查，对他们的满意度进行评估。企业应当有一套每年固定的程序对雇员在工作小组、团队、账目及部门各层次进行满意度调查。这种雇员调查以工作满意度、管理、工作小组、商业单位和薪资为目标。不记名调查的结果将被分门别类地进行编辑整理，好的和不好的回应可以让各部门对肯定的地方以及需要改进的地方进行关注，进而制订有效的激励计划和奖励计划，提供有竞争力的各种福利待遇。

11.4.3　组织结构变革

组织结构变革是非常复杂的问题，在此，只简单阐述变革的原则。根据前面的介绍，组织的变革主要体现在三个方面：授权、减少中间管理层和加强部门间的合作。

1. 向基层员工授权

授权能够以多种方式为企业的长期竞争优势提供基础。一般而言，处于一线的员工对如何改进工作程序、使客户满意或如何解决一个生产问题有更深的理解。适当的授权能够激励员工的创造性和主动性，运用自己的知识和技能把事情做得更好。另外，当员工与决策过程紧密相关时，他们就更能认可一项决策和运作过程。

授权的过程可以分为三个阶段。第一阶段是诊断那些减少权力的组织和工作设计因素，如过多的规则、工作任务的单调性、长期处于一个远离的位置或是没有机会参加到任务组等，通过分析组织内的这些因素，能够识别授权所需的必要变革。第二阶段，导致无权的因素得到改变，员工间进行广泛的沟通和信息共享，他们必须理解正在进行的事情，否则就不愿意使用权力；同时员工也必须接受必要的知识和技能教育，并且使员工得到一个自由表达意见的结构体系。第三阶段即反馈阶段，企业应当对业绩好和服务水平提高到较高水平的员工予以奖励，用积极的反馈强化员工的成就感，这样他们在授权制下才能感觉到舒适和富有成就感。

2. 减少中间管理层

减少中间管理层就是对组织结构进行纵向压缩。企业的层级并不一定是越少越好，但是一般而言，过多的管理层级容易引起信息失真和传递缓慢以及企业成本上升而效率下降的情况。因此，企业应当减少中间管理层，实现扁平化。

减少中间管理层的工作并不能像《企业再造》一书的作者钱皮所主张的那样，完全取消中间管理层，而是应当认真分析评价企业的实际情况，减少不必要的重复设置的机构，减少人浮于事、机构臃肿的现象。中间管理层的多少取决于几个方面。一是企业的规模，一般而言，企业的规模越大，其生产经营活动就越复杂，需要保持对大量人员的控制。随着员工数量的增加，为了保持管理宽度，需要增加的层级就越多。另一个方面是企业员工和领导者的素质，企业员工的知识技能高、能力强，管理者就不必花费太多的精力和时间，所以领导者的管理跨度可以加大，层级减少。同样，管理者的素质高，领导能力强，就可以管理更多的下属，减少层级。因此，要使企业扁平化，最重要的方法是提高员工和企业领导的素质和能力。

3. 职能部门的整合

职能部门的整合有以下一些方法。

1）直接沟通

不同部门之间人员的直接沟通也是一种比较简单的整合机制。不同部门间实现整合的最基本问题是，某一部门的经理没有权力对其他部门的人员发号施令，只有 CEO 或者上一级的主管领导才有能力解决部门之间的冲突。因此，不同部门人员建立良好的个人关系是克服整合障碍的重要措施。能够有机会进行直接沟通的不同部门的经理可以解决部门间的一些共同问题。

2）沟通角色

随着部门间交流与协调的需求越来越大，部门中的某个人甚至某些人可能会专门去负责与相关部门进行沟通和协调。这些专门负责沟通的角色会逐渐与其他业务相关的部门建立深厚的关系，这对消除不同部门之间的障碍与隔阂是很有好处的。随着沟通人员的能力越来越强，其对相关部门的协调工作也会更加完善。例如，在许多企业的研究与发展部门中都有人专门负责和生产部门与市场部门进行信息交流与沟通，这些人其实就是沟通角色。

3）任务委员会

随着企业规模的扩张与业务的复杂化，可能常常会碰到一些需要多个部门协作解决的问题。例如，在国际化的潮流下，许多企业希望在国外设厂并打开那里的市场，这不是哪一个部门所能应对的，可能需要生产、市场、销售、研发、工程等多个部门一起合作来完成。通常的解决办法就是建立一个任务委员会，每个相关部门都派人参加任务委员会。一般地，为了提高任务委员会的工作效率，应该从成员部门之外选择一位经理来主持任务委员会的工作。

上面所说的任务委员会只是临时性的，当任务委员会所处理的事情成为企业的常设事项时，任务委员会就形成了所谓的团队。例如，在许多大规模的企业，为了快速响应市场中日益增加的竞争压力，都有由产品开发部门、生产部门和销售部门的人组成的信息处理团队来专门收集和分析消费者的信息。对许多企业来说，团队已成为其取得成功的一个重要因素。

11.4.4　信息技术的引入

首先必须明确，不是所有的部门都需要 CRM 软件系统。它适合于与客户交流比较频繁的企业，再有就是对客户服务要求比较高的行业，像保险公司、银行、电信等。CRM 系统是有针对性的，像一些中小企业和客户比较少的企业，只要把以客户服务为中心的经营理念贯穿到企业当中，并把与客户服务相关的部门流程整理出来，就可以不需要 E 化的工具来实施贯彻 CRM 系统。

信息技术的引入就是科学实施 CRM 系统，其步骤如下。

1）确定阶段目标和实施路线

CRM 系统作为一个复杂的系统工程，需要分阶段来实施。先定位顾客的关心点。企业关心的是顾客，而顾客的关心点又回到了企业本身，他们会关心什么呢？产品的质量、出货的时间、响应速度，还有解决问题的能力。据此可以拟定出 CRM 系统实施进程中的阶段目标。

确定 CRM 系统的入口。这需要根据企业具体的情况而定，有的企业可能从呼叫中心入手比较好。但是要改变这种认为实施 CRM 系统一定要有呼叫中心的偏见。从历史的角度来看，CRM 系统的发展是从呼叫中心和销售自动化开始起步的，人们对 CRM 系统的了解也大多数是从呼叫中心开始的。无疑，呼叫中心是 CRM 系统中的重要部分，但不是实施 CRM 系统的充分必要条件。呼叫中心只是 CRM 系统信息沟通多渠道中的一个部分而已，现在还有很多诸如 PDA、手机和传真等多种接通方式。另外，有的企业可能从 Web 网站入手比较合适。至于选用什么样的切入口则主要取决于企业性质、服务对象、企业规模等多种因素，同时也不是单纯的只用一种方法，它仅仅是切入口而已，在后面的实施过程中多是几种方法结合使用。

2）分析业务流程

这一阶段的主要工作是根据行业特性和企业特点，在"以客户为中心"这一根本原则的指导下，与客户共同分析每个组织单位的业务流程。以销售流程为例，需要分析从销售机会到正式获得订单要经过怎样一个流程以及需要哪些部门的参与。在销售机会分析中，既要分析企业销售机会的来源——是企业的 Web 网站、电话、销售代表还是通过渠道，同时也要分析各种来源在销售中所占的比例。

3）设计 CRM 系统架构

一般说来，CRM 系统的功能可以归纳为三个方面：对销售、营销和客户服务三部分业务流程的信息化；与客户进行沟通所需手段（如电话、传真、网络、E-mail 等）的集成和自动化处理；对上面两部分功能产生的信息进行加工处理，产生客户智能，为企业的战略决策提供支持。而对于每个企业，这三方面功能的实现需要结合企业的业务流程细化为不同的功能模块，然后设计相应的 CRM 系统架构，包括确定选用哪些软硬件产品，这些产品要具有哪些功能等。

4）实施 CRM 系统

正确实施 CRM 系统的方法如下。首先，CRM 系统要及时不断地提供顾客希望得到的服务并保证这种服务的持续性。强调持续性是因为在企业和顾客之间存在着某种直接或隐含的承诺。有效的 CRM 系统就意味着整个企业需要了解承诺，了解提供这些承诺的手段或方式，跨越整个企业，创造价值以实现这些承诺。其次，为了使业务运作更加有效，CRM 系统还要求在企业内部和顾客之间实现高水平的集成、统一和通信。最后，在开始时，企业可以不必将 CRM 系统作为一项全企业范围内实施的重要计划，可以首先利用现有的技术工具实现 CRM 系统若干实际步骤中的一项或者几项，再逐步实现客户关系管理的最终目标，使企业运作逐步向通过顾客关系增长的方向转移。

5）评估实施效果

这是很重要的一步，同时也是常常为企业所忽视的一步，可从以下方面的效果来衡量。

（1）CRM 系统的实施是否能帮助企业实现管理观念的转变。CRM 系统不仅是销售自动化、市场活动管理或呼叫中心，它还是一种工具。通过这种工具，企业可以使用多种渠道为客户提供全方位的服务，实现企业管理的转变。

（2）企业的客户通过多种方式（电话、传真、Web、无线接入）访问企业并进行业务往来是否畅通有序。

（3）与客户交往的员工是否都能够全面了解客户关系，根据客户需求进行交易，了解如何对客户进行纵向销售和横向销售，并记录自己获得的客户信息。

（4）能否对市场活动进行规划和评估，并对整个活动进行全面透视，同时对各种销售活动进行追踪。

（5）能否拥有对市场和销售活动的分析能力，从不同角度提供成本、利润、生产率、风险等信息，并对客户、产品、职能部门、地理区域等进行多维分析。

（6）最终的检验结果，即能否提高利润、增加收入和提高客户的满意程度。

11.4.5　供应链伙伴的选择

提升客户关系管理能力的最后一步是选择合适的供应链伙伴。供应链伙伴的选择是一个复杂的话题，许多学者做了深入的研究，在此我们并不详述供应链伙伴的选择过程，但是供应链伙伴的业务能力和经营理念是重要的考察指标。供应链伙伴不仅要拥有出色的专业技术，更重要的是要具备以客户为中心的经营理念以及对客户关系管理理论的深入理解。例如，上海大众曾经希望通过引入 CRM 系统提升企业的客户关系管理能力，因为通用的销售体系是通过零售商直接面对客户的，CRM 系统的终端需要安装在国内所有通用汽车的零售商那里，并实现全国联网。销售人员往计算机中录入各种信息，录入的过程同时也是对信息进行筛选分析的过程。但由于零售商不肯改变多年来销售汽车的习惯，他们非常不适应 CRM 系统，于是专门找一个人来录入信息，本来使用客户关系管理技术是为了提高销售人员的效率，提高客户数据的质量，现在反而成了一种累赘。销售人员和企业都不能掌握实时信息，CRM 系统就毫无效果，企业的客户关系管理能力不但没有提高，反而浪费了大量的人力、物力。所以，为了提高客户关系管理能力，应当挑选那些专业技能强、按照客户需求运作的企业作为供应链伙伴。

在选择了合适的供应链伙伴之后，企业应当改变传统营销模式中供应商与制造商、制造商与销售商、批发商与零售商、零售商与顾客之间基于价格与利润挤压的博弈关系，与供应商和合作伙伴建立以信任和合作为基础的双赢性战略联盟，形成共赢共生关系。企业、供应商和合作伙伴的协调调动、资源优化和先进技术的应用在降低库存成本、制造成本和运输成本的同时，顾客服务水平也可以保持不变甚至得到提高，而且能够通过企业和供应链伙伴之间的资源合理配置，使整个供应链围绕客户提供增值服务，提高客户价值。

本 章 小 结

　　1. 客户关系管理能力的含义为：企业以实施客户关系管理为导向，在经营活动中配置、开发和整合企业内外的各种资源，主动利用、分析和管理客户信息，迅速满足客户个性化需求，从而建立、发展和提升客户关系，形成竞争优势的知识和技能的集合。

　　2. 客户关系管理能力可划分为三种：客户洞察能力、创造和传递客户价值的能力以及管理客户关系生命周期的能力。

　　3. 客户洞察能力是企业通过各种行为特征识别客户，分析客户偏好和行为习惯并从中得到有价值的决策信息的能力。

　　4. 创造和传递客户价值的能力可以理解为在客户购买产品和服务的过程中，使客户价值和企业价值最大化的能力。

　　5. 管理客户关系生命周期的能力可以理解为与目标客户发展和保持良好关系的能力。

　　6. 影响客户关系管理能力的因素主要有信息技术、高层领导、企业文化、人力资源、组织设计、供应链伙伴。

复习与讨论

　　1. 简述客户关系管理能力的含义。

　　2. 客户关系管理能力可划分为哪些能力？解释各自的含义。

　　3. 影响客户关系管理能力的因素主要有哪些？解释这些因素的影响机理。

　　4. 客户关系管理能力评价指标主要有哪些？各自的含义是什么？

　　5. 如何提高企业的客户关系管理能力？

　　6. 选取某一行业中两个有代表性的企业，根据自己的观察和其他相关资料，对其客户关系管理能力进行比较评价，写出分析报告。

企 业 访 谈

医流巴巴的客户关系管理
能力提升

第12章　客户关系管理项目实施

学习目标

（1）熟悉客户关系管理项目实施的过程。
（2）理解影响客户关系管理项目实施成败的因素。
（3）理解客户关系管理项目实施前的评估内容。
（4）掌握确认企业客户关系管理项目的需求与实施技能。
（5）熟悉基于微信的客户关系管理系统开发过程。

开篇案例

普华永道的客户服务数字化转型之旅

当企业开启一次满怀雄心壮志的全球数字化转型之旅时，转变显得尤为艰难。普华永道加拿大分公司的销售、通信和营销主管克里斯汀·罗伯逊（Christine Robertson）一直以来致力于带领普华永道发展成为一家数字化网络公司，因此她深知转型之路的艰难。目前，普华永道网络遍布158个国家和地区，拥有236 000多名员工和11 000名领导。

一、问题识别与目标确立

普华永道的发展历史可以追溯到19世纪，但随后他们逐渐扩大了公司的业务范围，包括技术咨询、顾问、审计和税收。随着普华永道在全球开展业务，公司会在每个新区域根据当地文化定制流程和系统，这最终导致了各自独立的区域办事处现象，分别采用不同的技术系统和复杂的多层结构。这些脱节的现象阻碍了普华永道全球合作的能力，给普华永道美国首席商务官雷吉·沃克（Reggie Walker）等其他领导人带来了真正的挑战。

"为了在未来更好地为客户服务，满足他们的期望，我们需要将网络整合在一起。"Walker说道。

普华永道制定了一项全球战略，帮助其网络转变成为一个数字化组织，从而更好地在数字化革命中蓬勃发展。这一共同愿景将使普华永道能够充分利用其内部咨询专业知识，转变其销售和营销运营，最终更好地为客户服务。

二、将行为变革视为其转型过程中的优先事项

普华永道选择采用 Salesforce 统一全球共享部署。罗伯逊（Robertson）表示："我们知道 Salesforce 是数字化转型的领先平台，但数字化转型不仅仅与技术有关，与员工也紧

密关联，而且这是最困难的部分。"

她指的是阻碍大多数数字转型项目最普遍的挑战，即让员工采用新技术和新的工作方式。据弗雷斯特（Forrester）称，大多数数字化转型未能产生积极的回报。在那些失败的转型中，70%是由未能实现有效的用户采用率和行为变革所导致。

作为一家关系驱动型公司，普华永道知道需要专注于让员工采用这种新系统。这意味着需要建立一支拥有丰富专业知识的金牌专家团队，以推动转型并确保获得充分的领导层支持，所有这一切旨在培养一种文化，从而能够轻松利用 Salesforce 更好地满足客户的需求。

三、通过交互式和身临其境的体验方式推动文化变革

在转型之旅初期，普华永道与成功的云探险（Success Cloud Expeditions）团队开展合作，共同定制了一个可供采用的愿景，包括开发参与模型和确定衡量成效的关键绩效指标（KPI）。在这一过程中，他们发现了普华永道员工学习风格的一些共性。

"员工会觉得无聊。如果您看成年人学习，会发现没有人愿意坐在教室里或参加网络研讨会，"罗伯逊表示。"我们需要员工在不使用传统学习模式的情况下学习新行为。我们必须让它变得有趣。""数字化转型成功的关键是让数字化转型变得有趣，使之成为员工希望参与的一部分。"

通过以人为中心的设计技术和应用行为科学，普华永道的专家团队运用他们的咨询专业知识，打造了各种高度个性化和有趣的学习工具。这包括从交互式逃生室会议到白手套、一对一辅导和应用内指导学习，等等。

"逃生室会议在加拿大得到了惊人的反馈。然后我们开始思考，应该如何将其扩展到巴西、瑞典或非洲，罗伯逊表示，"我们不能采取'一刀切'式的做法，所以我们专注于测试和迭代，以获得有效的模型。"

四、转型成果

普华永道继续在全球推广其销售和走向市场的转型，同时，会员公司已经在 87 个国家和地区实施了 14 次部署，取得了惊人的成功。目前，Salesforce 上有超过 65 000 名用户。

普华永道专注于优先处理用户采用率获得了回报：超过 90%的关键内部利益相关者在英国上线的第一周内登录。第一个月记录的机会价值增加 151%。在美国，由于采用了 Salesforce，销售渠道在 2017 年增长 300%。普华永道注意到，采用率最高的客户团队赢得了 8%～10%的业务。

现在，超过 80%的网络收入来自 Salesforce，实现了对全球销售流程的网络范围内的可见性。在转型的第一年，会员公司赢得的机会增加了 25%。

以人为本的方法成功地被沃克这样的领导者推广采用，并使他们能够更好地为客户自己的数字化转型项目提供服务。沃克表示："我们正在重塑客户体验，以不同于以往的方式看待我们的客户。"罗伯逊表示："我们才开始释放普华永道网络的力量，如果没有Salesforce，我们就无法实现这一目标。"

资料来源：佚名. 普华永道秉承以人为本，以数字化方式转变其全球业务[EB/OL]. [2023-01-31]. https://www.salesforce.com/cn/customer-success-stories/pwc/.

12.1　客户关系管理项目的实施

客户关系管理项目的实施应该从两个层面进行考虑：其一，从管理层面来看，企业需要运用客户关系管理中所体现的思想，来推行管理机制、管理模式和业务流程的变革；其二，从技术层面来看，企业部署 CRM 应用系统，来实现新的管理模式和管理方法。这两个层面相辅相成，互为作用。管理的变革是 CRM 系统发挥作用的基础，而 CRM 系统则是支撑管理模式和管理方法变革的利器。一个企业如果要真正让 CRM 系统应用到实处，必须要从这两个层面进行变革创新，缺一不可。

在技术层面上，客户关系管理项目的实施是一种典型的 IT 项目实施。我们将着重从项目的角度来讨论客户关系管理项目管理本身的特性，并讨论如何按照项目管理的要求应用 CRM 系统进行系统的项目管理。

12.1.1　客户关系管理项目管理简述

美国项目管理学会（Project Management Institute，PMI）对项目的定义是：将人力资源和非人力资源结合成一个短期组织以达到一个特殊目的；对项目管理的定义是：在项目活动中运用专门的知识、技能、工具和方法，使项目能够实现或超过项目干系人的需要和期望。

项目管理的主要内容包括九个方面，项目管理体系如图 12.1 所示。

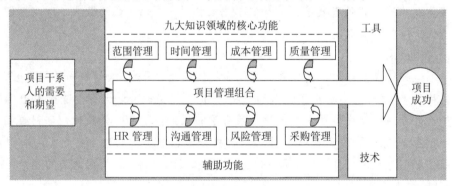

图 12.1　项目管理体系

客户关系管理项目管理直接决定着 CRM 系统实施的命运。客户关系管理项目管理的核心在于：客户关系管理项目团队在范围、时间和成本这三个维度进行权衡的基础上，使用项目管理工具和技术来对整个项目实施过程进行管理和控制。

客户关系管理项目范围。客户关系管理项目的任务是什么？通过客户关系管理项目实施，企业能实现什么样的目标，是营销自动化、销售自动化，还是服务自动化？

客户关系管理项目时间。完成客户关系管理项目需要多长时间？客户关系管理进度计划应该如何安排？

客户关系管理项目成本。完成一个客户关系管理项目解决方案需要花费的成本。在预算时，我们一定要提防客户关系管理的隐性成本。

管理这三个约束因素，就是要在一个客户关系管理项目的范围、时间和成本三者之间进行权衡。由于项目的不确定性和资源使用的竞争性，很少有项目最终能够完全按照原先预定的范围、时间和成本目标完成。成功的项目管理意味着同时实现这三个目标，并确保项目的质量。

12.1.2　客户关系管理项目实施流程

美国的吉尔·戴奇（Jill Dyche）在《客户关系管理手册》（*CRM Handbook: A Business Guide to Customer Relationship Management*）中所提出的实施流程包括规划、构建、部署三个主要的项目开发阶段，分为六个步骤，如图 12.2 所示。

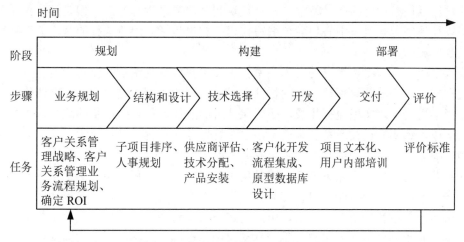

图 12.2　客户关系管理项目实施流程

1．业务规划

客户关系管理业务规划包括许多步骤。在规划阶段，最关键的活动是定义客户关系管理的整体目标（可能在部门级和企业级的层次上），并描画出每一种目标需求。对于企业级的客户关系管理，业务规划包括对公司客户关系管理战略和相应项目的定义。对于部门级的客户关系管理，业务规划只是简单地建立一个新的客户关系管理应用软件的界面。

无论项目大小，业务规划阶段都应当包括以一个战略文件或业务规划的形式所确定的高层次客户关系管理项目企业目标的文档材料。这种文件将会影响客户关系管理项目能否在开发初期获得企业高层的一致同意。这对于需求导向的开发非常有用，当在客户关系管理项目中部署一个应用软件时，可以将其作为一种检验结果的标准。

2．结构和设计

规划客户关系管理的结构和设计是一个满足客户关系管理项目需求的过程。在实施这一步的过程中，往往容易让企业主管和项目经理感到难度很大，这打破了他们期望直接通过技术选择就可以获得一个奇迹的梦想。尽管结构和设计这一步很艰难，但很值得。这一步确认了客户关系管理产品将支持的企业流程，它列举了特定的"需要执行"和"怎样执行"的功能，最终提供一个有关客户关系管理在组织和不同技术上发挥作用的崭新思路。

编列公司中受到客户关系管理影响的一些因素（这些因素也会对客户关系管理起作用），这是一个关键的活动。在这一步的最后应当可以回答以下两个问题。

（1）所拥有的技术和流程在何处受到客户关系管理的影响？

（2）为了让客户关系管理运作，需要补充哪些现在不具备的功能？

3. 技术选择

客户关系管理技术选择的工作，有时像选择一个不用定制的产品那样容易，而有时要对不同 CRM 系统集成商、ASPs 进行综合评估。如果在构建和实施设计期间已经做出艰难的决策，理解了客户关系管理对现有系统和对新功能需求的影响，就应当在良好的状态下，根据现有的 IT 环境来对各种备选 CRM 进行优先级排序。

4. 开发

开发包括根据特定的产品特征，构建和定制客户关系管理产品。但是客户关系管理开发远不只是程序员来负责中心任务，编写代码；它也包括运用所选择的客户关系管理产品来集成业务流程。

业务集成，意指将选择好的客户关系管理技术集成到这些业务流程中。相反，如果让业务流程来适应客户关系管理产品的特性，引起流程的改变，这样实际上会淡化流程的作用，直至不再最优。实现流程集成，要确保认可的业务流程得到用户的测试，不仅要让业务流程运作，还要通过技术特征来进一步"精炼"业务流程。换句话说，应当充分利用技术能力来改善"以客户为中心"的企业业务流程。

在开发期间"精炼"业务流程，通常使用反复原型法：程序员不断地向企业用户说明过渡功能，因此企业用户能够监管产品开发，并在客户关系管理项目实施期间，而不是最后，测试客户关系管理功能。最终，用户对客户关系管理功能的反馈和期望的变化能够明确地提出，并贯彻到最终的客户关系管理交付中，以确保最终的功能与需求保持一致，最大程度地满足用户的期望。

当然，大多数技术开发设计工作，可能也包括这样一些任务：数据库设计、数据清理与集成，以及与公司其他系统的集成。集成这一步很容易被低估，因为 CRM 系统可能需要从其他系统上流进和流出数据，其他系统如电话路由系统、销售自动化（SFA）系统、呼叫中心系统等。

5. 交付

交付这一步，经常被忽视或被笨拙地堆进开发中。交付会影响公司的 IT 基础设施，它是将需求的 CRM 软件系统交付给企业最终用户的过程。通常，新的 CRM 系统功能如果只是简单地补充一个新的操作型系统，并不会被当作一种新系统。例如，一个典型接触中心现在可能会在客户打进电话时，看到一个弹出窗口，显示出客户资料。在这种情况下，企业用户可能没有意识到系统的新特点。

CRM 系统交付首先必须做的事是对用户进行深入的培训；还要进行在线或基于 Web 帮助，或者使用用户向导、工作助手和其他文档，来激励用户最大程度地利用新的 CRM 系统功能。

6. 评价

当根据 CRM 系统所要实现的功能来评价 CRM 系统效能时，就到达了客户关系管理评价这一步，这是开发周期中的最后一步。许多公司在开发过程中进行 CRM 系统测试，这样的公司可以确信他们不会存在不必要的开支。评价的方法是，评估 CRM 系统解决好现有企业问题的程度。如果在创建客户关系管理业务规划时设立了成功标准,通过将这些标准与实际的结果相对比,来确定项目成功度,并逐步补充和完善标准。

每一个客户关系管理项目实施都应当备好一个优化的流程,这样可以提前计划好项目各阶段的具体任务、资源占用情况以及完成时间,可以消除项目部署中的盲目性、无序性和无标准性。

12.1.3　客户关系管理项目实施前的评估

客户关系管理项目具体实施前需要评估公司现有的基础,看看客户关系管理项目的实施是否准备充分。我们可以从以下一些问题来考虑。这些问题不仅包括与项目经理相关的问题,也包括与企业准备充分与否的相关问题。

(1)实施客户关系管理项目资金是否已经到位?

如果企业仅是把客户关系管理停留在一种构想上,那么即使做出一个近乎完美的客户关系管理项目的整体规划,也毫无意义。因此,我们首先要确保不同实施阶段资金都能到位。

(2)是否确定了企业的客户关系管理战略,以及相应的客户关系管理战略目标和战略实施计划?

该问题主要用来检验企业对客户关系管理是否具有一个总体的长远规划,用它来作为客户关系管理实施的方向,具体的客户关系管理项目要与企业的客户关系管理战略相一致。而只有确立了客户关系管理战略实施计划,才能确保不同阶段的客户关系管理项目的衔接性。

(3)项目经理是否已经对实施步骤"胸有成竹"?

项目经理的工作包括定义并确认客户关系管理需求、管理项目的执行,并协助定义成功的标准。这些工作都应当为企业领导所知。

(4)项目团队是否已经定义好企业的客户关系管理需求?

客户关系管理需求分析对于客户关系管理以后的实施工作以及所实现的功能至关重要。这里经常出现一个误区:让软件供应商一方来定义企业对客户关系管理的业务需求。由于软件供应商毕竟不会比企业自己更了解自己,故需求分析应由项目团队和企业领导层、企业最终客户关系管理用户来共同完成。

(5)是否已经建立了成功的标准?

企业将如何知道客户关系管理项目是否获得成功?实施客户关系管理项目的成功标准很重要,它是对系统的评价依据。

(6)企业所有部门对"客户"有一个共同的定义吗?

在客户关系管理项目实施之前,应该对"客户"和其他一些关键术语有一个统一的定义,不能再出现不同部门(例如营销部门和呼叫中心)对"客户"有不同的定义。这样才可能最终实现统一的客户信息管理。

(7)当前的工作站开发环境是否支持 CRM 系统产品的客户化?

对 CRM 系统进行客户化需要一定类型的工作站配置环境。在进行二次开发时需要考虑所使用的开发工具的类型。

(8)企业是否已经确定哪些应用软件或系统必须与 CRM 系统产品进行集成?

在 CRM 选型时,我们应预先弄清楚其他企业系统对 CRM 应用系统的影响,以及数据如何在公司各个系统间有效地传递。因此企业所选择的 CRM 软件系统应当确保与企业其他系统间的集成性。

12.1.4 促进客户关系管理项目实施成功的因素

国内外成功的客户关系管理实施案例研究发现，能够在客户关系管理项目实施上取得成功的企业是那些有好的客户关系管理策略、能够在实施过程中遵循合理的原则，并选择了好的 CRM 软件套件的企业。它们都存在一些共同的特点，下面给出了客户关系管理实施成功的七个关键因素。

1．高层领导的支持

成功的客户关系管理项目都有一个行政上的项目支持者，他们的职位一般是销售副总、总经理、营销副总、董事长或合伙人，他们的主要任务是确保本公司或本部门在日趋复杂的市场上能有效地参与竞争。在当今的环境中，产品或价格的优势总是很短暂的，产品质量是既定的。在这种情况下，支持者接受挑战，通过对企业营销、销售和服务的方式方法的改造来获取竞争优势。

高层领导可以从总体上把握这个项目，扫除通往前进道路上的障碍，保证这个项目的顺利开展。他应该有足够的权威来改变企业。他清楚地知道，如果继续按照 20 世纪 70 年代、80 年代或 90 年代初的方式方法来进行销售和服务，企业将难以为继。高层领导的主要作用体现在三个方面。首先，他是一个梦想家，为改造计划设定明确的目标，如将销售收入提高 20%、将利润提高 1%、将销售周期减少 1/3、将升级换代速度提高 1 倍等。其次，他是一个推动者，意识到目标的设定是从上到下的，然而达到这个目标则要从底层做起。为达到设定目标，他需要向改造团队提供解决方案所必需的时间、财力和其他资源，接着努力为实施这种改造策略争取资金、人力等。最后，他要确保企业上下认识到启动这样一个工程对企业生存的重要性，并在项目出现问题时，激励员工解决相应的问题而不是停滞不前。

这样的一个高层领导对改造项目意味着什么呢？如果缺少了这样的支持者，前期的研究、规划也许会完成，也许会完成一些小流程的重新设计，会购买技术和设备，但企业出现有意义的改进的可能性很低。客户关系管理更多地是关于营销、销售和服务的优化，而不仅仅是关于营销、销售和服务的自动化。当客户关系管理涉及跨部门的业务时，为了保证公司范围的改进，这样的一个行政领导的支持是必需的。

2．要专注于流程

有一些项目小组一开始就把注意力放在技术上，这是一个错误。实际上，好的项目小组应该专注于流程。技术只是促进因素，它本身不是解决方案。因此，好的项目小组开展工作后的第一件事就是花费时间去研究现有的营销、销售和服务策略，并找出改进方法。

为了发现现有流程的问题，项目小组应该事先分析公司是怎样营销、销售和服务的，顾客在何种情况下、什么时候会购买产品。首先，要对营销、销售和服务部门的人员进行访谈，了解他们做些什么、为了做好工作需要哪些信息。接着，了解用户所认为的存在的问题，如难以获得产品专家的支持、难以获得最近或即时的信息、难以给出没有错误的产品配置。

项目小组应该对顾客购买产品的过程进行了解和研究，如顾客如何对各种产品进行评估、选择厂商、评估产品价格，并对流程进行审视，找出是哪些环节阻碍了潜在的顾客购买产品，如对顾客的要求的回复速度过慢、给出的建议不完全、售后服务不良等。

找出流程中的问题后分析其原因，如：为什么在发现潜在客户、向其提供服务之间要有很多天时间；为什么企业内部终止一个自定义码要花一个星期的时间；为什么销售人员不能获得关键的客户支持数据。分析其原因，还要分析这些问题继续存在所造成的损害。

通过这些工作，项目小组发现了要解决的问题，而且可以把项目实施前后的状况相比较，看是否有所改观。

3. 技术的灵活运用

在那些成功的客户关系管理项目中，他们的技术选择总是与要改善的特定问题紧密相关。如果在一个企业中，其销售员或服务工程师在现场工作时很难与总部建立联系，那么这个企业很可能选择机会管理功能。如果企业处理订单的出错率很高，那么它很可能选择配置器功能。如果销售管理部门想减少新销售员熟悉业务所需的时间，那么这个企业应该选择营销百科全书功能。选择的标准应该是，根据业务流程中存在的问题来选择合适的技术，而不是调整流程来适应技术要求。

虽然很多企业客户关系管理项目的实施是从单个部门（如营销、现场销售或客户服务）开始的，但在选择技术时要重视其灵活性和可扩展性，以满足未来的扩展需要。因为企业要把企业内的所有用户集中到一个系统中，使每个员工都能得到完成工作所需的客户信息，所以项目初期选择的技术要比初期所需要的技术复杂，这样才能满足未来成长的需要。

对客户关系管理工具进行评估时，不仅要明白该产品能完成什么工作，而且要重视该产品的工作机理。应该弄清软件商所编写的程序的系统框架，并根据自己的信息系统规划来选择合适的解决方案。

4. 组织良好的团队

客户关系管理的实施队伍应该在四个方面有较强的能力。

首先是企业业务流程的重组，因为客户关系管理并不是使企业在每个业务环节上都提高 5%，而是使其在某几个环节上获得巨大的提高。这需要企业对其流程的关键部分自愿进行改造，这需要小组中有对企业现状不满意的人，他们会研究企业的流程为什么是这样的，并在合适的时间和合适的地方对流程进行改变。

其次是系统的客户化，不论企业选择了哪种解决方案，一定程度的客户化工作经常是需要的。作为一个新兴的市场，大部分客户关系管理产品应用了最新的技术。应该根据企业的工作流程对客户关系管理工具进行修改，这对获得最终用户的接受是很关键的，并且需要对系统的设计环境很熟悉的人加入客户关系管理的实施团队。系统的集成化因素也很重要，特别对那些打算支持移动用户的企业更是如此。

再次是对 IT 部门的要求，如网络大小的合理设计、对用户桌面工具的提供和支持、数据同步化策略等。

最后，实施 CRM 系统需要用户改变工作的方式，这需要实施小组具有改变管理方式的技能，为企业提供桌面帮助。这两点对于帮助用户适应和接受新的业务流程是很重要的。

调查显示，那些成功的项目对上述四个方面都非常重视。对这四个方面进行评估后，如果发现某一个环节比较薄弱，就应该从别的部门、咨询公司等寻找新的人员加入小组，充实这一方面的力量，从而保证小组能实施复杂的客户关系管理项目。

5．极大地重视人的因素

在项目规划时，业务流程重组的人的因素经常被忽视，并不是因为没有认识到人的重要性，而是因为对如何解决这个问题不甚明了。通过调查，这里收集了一些解决人的因素的方法。

首先是向内部用户推销 CRM 系统。为了寻求用户对客户关系管理项目的支持，一个造纸企业请来了自己的供应商（这个供应商于去年顺利完成了项目的实施）向本公司的销售人员演示其销售过程。在造纸公司的年度销售会议上，当这个公司的销售人员做系统演示时，全场热烈欢呼，这使项目在实施初期就获得了销售人员的支持。

这些成功的客户关系管理项目经常提到的策略是用户参与。一个半导体制造商在项目的早期就选定了项目首先实施的部门，并且所有的关键实施过程都邀请该部门的九个销售人员参加。这些现场销售员初步给出了他们所发现的当前销售和服务方式方面的问题，参加了与四个 CRM 软件商进行的半天会议，评价和通过了项目的 ROI 计划，参与了与信息系统部门所进行的关于应用程序设计的联席会议，对系统的屏幕布局和流程图设计提出了自己的建议。这样，项目从始至终都有用户的参与，实际上成了用户负责的项目，他们对项目的成功承担着自己的责任。

一个知名的咨询公司提供了另一个方法。不同于咨询公司的培训小组对系统用户进行系统使用方面的培训，该咨询公司把培训的职责交给了销售经理。他们对销售经理进行培训，然后再由销售经理对销售员进行培训。这样的好处在于，销售经理以外的销售人员发现销售经理熟练应用这种新的销售工具时，他们比较容易地认识到该系统的重要性。

最后，有一个制造企业对销售员进行了调查，发现只有23%的销售员能够使用 PC，因此他们决定，在项目开始后，利用一段时间对销售员进行一定的计算机应用培训。结果，一些销售员努力学习怎么使用计算机，根本没有时间和精力学习怎么使用相对复杂的销售工具。于是他们换了一种做法，让销售员直接使用系统，在使用系统的过程中向他们提供培训。这样的结果是，两个月后，所有的销售员都能熟练地使用该系统。

从上面的例子可以看出，重视业务流程重组中人的因素对项目的成功是很重要的，如果系统的最终用户对系统不持积极态度，那些由最新、最有力的技术支持的最合理的业务流程也可能会产生不理想的结果。

6．分步实施

如上所述，在项目规划时，具有3～5年的远景很重要，但那些成功的客户关系管理项目通常把这个远景划分成几个可操作的阶段。毕其功于一役，会给企业带来巨大的冲击，往往欲速则不达。通过流程分析，识别业务流程重组中的一些可以着手的领域，但要确定实施优先级，每次只解决几个领域。

例如，一个计算机公司将当前的订单生成流程的流程表用小型字体打印后，长度约有2.4 米。经过对流程的评估，客户关系管理识别了 42 个可以进行流线化的流程步骤。但该公司并没有一次性改变这 42 个步骤，而是挑选了 3 个潜在回报最高的步骤，对这些次流程（sub-process）首先进行重组。

这样只需几个月就能教会用户使用一个客户关系管理的工具。通过使用新系统和改造后的流程，销售人员能在系统投入使用后的 4 个月内将销售循环周期长度降低 25%，仅仅这部分的回报就已经超过了软硬件和客户化所花的费用。

7. 系统的整合

最后，系统各个部分的集成对客户关系管理的成功也很重要。客户关系管理的效率和有效性的获得有一个过程，它们依次是：终端用户效率的提高、终端用户有效性的提高、团队有效性的提高、企业有效性的提高、企业间有效性的提高。

实践证明，为了获得用户对项目的支持，客户关系管理小组首先要解决终端用户问题，初始重点是营销、销售和服务流程所存在的问题。如果用户对计算机不熟悉，客户关系管理项目小组首先要提高用户个人的效率，使用户对计算机和网络熟悉起来。

例如，作为客户关系管理实施第一步的一部分，一个运动品生产企业给销售员提供了笔记本式计算机、联系管理软件（contact manager）和其他一些软件，帮助销售员提高对内、对外联系任务的自动化程度，因为他们一直抱怨这种联系所花费的时间太长。当销售员把客户资料输入系统后，他们又惊又喜：系统代替他们生成诸多的制造、销售管理、营销、客户等方面的备忘录。这样，项目小组很快赢得了销售人员的信任，不仅因为他们熟悉系统，而且因为他们相信系统减轻了他们的工作量。

如果用户已经接受了系统的一部分，那么可让用户接受更复杂些的工具，如建议产生、营销百科全书和配置器等。这些工具有助于提高用户的有效性。当用户知道这些工具是怎么帮助他们更有力地从事工作时，会更自愿地向系统内输入准确的数据。这时，可向用户提供其他的工具，如机会管理工具可帮助销售和服务人员更好地相互沟通。

下一步是提高企业的有效性，把前台和后台的系统联系在一起，这样企业内的每个人都可以得到与客户相关的信息，还可以把这些信息送到数据仓库中，进行销售和营销趋势分析。

最后，当所有内部用户都集成在一起时，企业可以跨出围墙，与供应商、合作伙伴甚至顾客集成在一起。一个通信公司讲，他们的客户可以利用基于互联网的配置器，自己进行需求分析，然后给出订单，企业利用这种方式每天可获得 300 万美元的销售额。

上面介绍了企业的客户关系管理项目整合提高的过程，其关键在于准确地评估企业当前状况、所处位置，然后以此为出发点，一步一步地开始建设。

12.1.5　导致客户关系管理项目实施失败的因素

调查发现，可以把客户关系管理项目失败归结为七大原因。但这七大原因没有一条是和软件本身有关的，相反，它们都和执行或者策略有关。这七大原因如表 12.1 所示。

表 12.1　客户关系管理项目失败的七大原因

失败的原因	失　败　点	软件不能解决的问题	对　　策
忽视了数据质量	执行： 如果数据可疑，呼叫中心的用户和销售用户会离开这种应用	数据清理软件能够解决一些问题，但是不能够解决丢失数据、错误数据或者补偿有缺陷的数据捕获流程	项目计划应该在项目实施前就进行数据清洁和测试

失败的原因	失 败 点	软件不能解决的问题	对 策
组织内的政策导致部门性的行为，或者彼此之间完全没有沟通	策略： 在用户看到这个解决方案时，CRM 系统可能会崩溃。如果它能够在执行阶段支撑下来，政策将导致项目不能把焦点放在客户身上，而销售和客服人员将抛弃这个系统	没有一种软件能够挽救坏的政策	客户关系管理策略必须围绕整个企业内的客户接触点
IT 部门和商业部门不能够协同工作	策略，执行	软件可以推动协作、工作流和虚拟团队，但是这只在那些具有愿意协同工作气氛的组织内部才有效	这两个部门应该共同为策略负责，并在执行的每一个步骤中对项目发起人负责
缺少计划	策略，执行	项目管理软件能够帮助捕获一个计划并能够在管理中起到帮助作用。但是它不能够创造一个计划。人的干预是必需的	在没有项目计划及相关的条件之前，不要开展一个项目
客户关系管理是为了满足企业的需求，而不是为了满足客户的需求	策略： 销售和客户服务的用户如果不能够感觉到好处，将恢复手工作业，或者回到原来的系统上 执行： 客户关系管理的本质是为了改进面对客户的流程。销售和服务人员一样，都不愿意为了进行同样糟糕的流程去学习什么新的解决方案	软件不能够修补一个有缺陷的流程。它可能是一个自动化的选择，但还是需要对流程进行优化	让来自企业各个部分的股票持有人都参与进来，让他们来评价哪些流程必须被改进，以消除企业和客户之间存在的问题
有问题的流程被自动化			
对技能的掌握没有引起足够的重视	执行： 如果销售和服务人员仅仅是因为没有相应的技能来操作并理解 CRM 系统而拒绝使用它，那么他们的拒绝就不是有意的	软件可以推动远程学习和一些交互式的培训，但是不能够改变管理或者企业内部流程	确保员工理解为什么要采用 CRM，以及客户关系管理是和他们的技能结合在一起的，并要确保提供了合适的培训（最后，也是非常重要的一步，很多企业想削减这部分的费用）

资料来源：Gartner Research。

按照项目失败原因的分析，软件本身并不是失败的主因之一。如果项目的策略或者执行有问题，没有注意到细节，比如数据整合、IT 和商业组织的目标统一，或者用户的使用等，该项目就很可能会失败。

12.2　X 公司基于微信的 CRM 系统设计

12.2.1　X 公司简介

X 公司是一家以跆拳道培训、考级、比赛为主要业务的武道传播公司。该公司业务以跆拳道培训为主，兼容散打、综合格斗、巴西柔术等主流课程。

公司拥有 30 家下属公司，分布于吉林和黑龙江两省，其中以吉林省为主。X 公司总共拥有学员近万人，其中 80%为小学生或学龄前学生，学习内容为跆拳道；10%左右为中学生，中学生属于老顾客，即从小学或学龄前开始学习跆拳道，上初中以后继续学习；其余为成年人，成年人的学习内容有跆拳道、综合格斗、巴西柔术等。一部分成年学员是为了满足自己的兴趣爱好，提高自身身体素质或格斗水平，约占成年学员总数的 60%；另一部分成年人则希望成为未来的跆拳道或其他格斗方面的教练，并以此为业。对于后者，X 公司承担着体校的功能，但相比于体校，在 X 公司学习更接近市场与实际需求，X 公司除了教授基础的格斗技巧，还会教授一些培训学生的方法，让学员以助教等身份参与教学，甚至参与销售等工作，这个过程让准备以此为业的学员积累了大量的实践经验。

12.2.2　基于微信服务号的 CRM 系统设计思想

1. 固定老客户策略分析

X 公司引入 CRM 系统的目的之一就是提高老用户的满意度，继而起到固定老客户的作用，并引发老客户分享孩子的学习内容。经公司调研，提出以下几个方面的问题，拟通过 CRM 系统来解决。

（1）家长关心孩子上课的出勤情况。这个问题是家长的痛点，家长把孩子交给公司学习跆拳道，有近半数家长不能全程陪同孩子学习和训练，有的孩子是爷爷奶奶陪同，有的甚至需要孩子自行前去训练场地。孩子的父母渴望知道孩子的行程，需要确定孩子按时出勤、按点下课回家，以及在训练场馆的学习情况。解决这个问题的关键不是判断孩子是否来到训练场地并参加训练，而是以什么方式通知家长。基于微信的 CRM 系统采用微信服务号模板消息通知的形式，这种通知格式整齐，识别率高，既不会打扰家长的正常工作，又不会像手机短信容易被忽略。孩子在开始训练的时候，由教练员统计参加训练的人员，利用手机登录 CRM 系统客户端，选择已经参加训练的会员家长，发送模板消息即可。而在训练结束后，也以相似的流程通知家长。

（2）课表查询功能。公司课表每到寒暑假、节假日、比赛季就会发生调整，以前每到课程调整时就把课程表打印出来粘在公司门口，供会员查看，有时学生家长会拍照以防止忘记，有时会员需要上某些体验课，也要知道具体的上课时间及教练信息等。以往都是电话咨询教练上课时间，以及申请试课，然而该问题的实质就是需要知晓上课时间，并向教练提出试课申请。所以能实时查看课表，以及与教练互动，是会员的信息需求。

（3）在线请假功能。会员有时会有某些原因不能参加训练，为保证管理质量和孩子的安全，X 公司实行不到课请假制度，即若不能及时到课，家长需要向公司提前申请说明，以确保孩子的安全。以往会使用电话进行请假，很不方便，电话中家长常常要说很多与请假无关的事情，麻烦的是公司的管理人员经常要接很多请假的电话，要记录请假人员信息，由于管理人员不经常在公司、无法及时记录等一些原因，很容易发生漏记。基于此项需求，应该设置在线请假功能，结合课程表，对不能参加的课程申请请假，请假申请记录保存，教练通过系统可以得到请假者名单，了解不能到课的会员及人数等信息。

（4）远程支付申请功能。跆拳道的训练课程有时体力消耗很大，会员需要补充一定量的水分，然而有时会员存在忘记带水的情况，因此，公司提供矿泉水、可乐、红茶、绿茶等饮品，此项服务内容不为盈利，只为方便会员。但由于有些孩子年纪较小，有时家长从管理角度出发不会给孩子带钱或者孩子的钱已经花完，在这种情况下，远程支付申请功能可以让孩子在家长不在身边的时候，向公司提出远程支付申请，家长为孩子的消费进行远程支付。此项功能依然以模板消息的形式，通过微信发送给会员家长，家长完成远程支付后，公司向会员交付物品。

（5）信息查询功能。此功能是会员信息服务的一部分，属于 CRM 系统的基础服务内容。会员需要很方便地了解自己的账户信息，如会员到期日期、缴费日期、消费记录、积分信息等，也可以很方便地了解课程安排、学习要领、考试时间等课程方面的信息。这些会员信息需要用友好的界面，清晰地呈现给会员。

（6）意见和建议交流功能。公司的成长离不开客户的建议，此项功能的设定有两方面的意图。一是让客户能方便地提出平时见面不好直说的建议和想法，通过"说出来"的办法提高用户体验，另外，公司也可以找到改进的方向继而更好地为客户服务；二是通过客户的建议来约束公司的教练或其他工作人员认真工作，让公司的管理者从客户的角度去了解教练的状态，继而对教练或其他工作人员产生约束和激励的作用，这也是公司提高管理水平的一个有效办法。

2. 拓展新客户策略分析

在拓展新客户的思路上有以下几个方面的工作。

一是根据分析，X 公司的目标客户定位于学龄前或小学的孩子家长，收入水平和文化水平在中等偏上，最好有健身习惯。由于目标客户和老客户有一定的相似性，所以从老客户入手，通过社交网络挖掘出新客户，引导新客户来公司注册成为会员。具体思路如下。第一步是给老客户发送他们感兴趣的内容，引导其分享至自己的社交网络（微信、微博等）。然而准备给老客户发送的内容是老客户是否转发至社交网络的关键，初步拟定在会员学习训练的过程中，有教练找机会抓拍一些会员的漂亮的照片以及小视频，在系统中发送给相应的老客户。例如，教练抓拍了会员 A 的训练视频，即可在系统中将此视频链接发送给 A 的妈妈，引导 A 妈妈将此视频转发至微信朋友圈或微博等社交媒体。这样有相似爱好的人就会了解 X 公司。

二是通过奖励的办法，鼓励老客户带来新客户。在系统中建立树状结构，老客户带来新客户就给老客户一定的奖励，而新客户又带来最新客户，则奖励与最新客户有关的所有老客户。例如甲是老客户，介绍了乙来，乙又介绍了丙来，当丙确认成为会员的时候，分别给乙和甲一定程度的奖励，这样通过链式反应，鼓励老客户多带新客户，以此形成客户的持续增长。

三是做好宣传准备资料，随时准备展示给目标客户。在 CRM 系统中设置老用户功能区和新用户了解区，对新用户，首先要在课程上吸引他们，设计友好的操作界面，使其能快速方便地找到学习内容、课程时间、收费标准以及教练信息等教学方面的信息，重点是在宣传中体现公司的优势，抓住对客户来说先入为主的机会，建立良好的第一印象，让客户相信 X 公司是最好的跆拳道培训机构，是他们最需要的培训班；同时也要准备与跆拳道科学普及有关的其他信息，准备体验课申请链接，客户可以先申请再决定是否来学习跆拳道，争取让目标客户"既来之，则安之"。在与客户交流中要注意交流技巧，尽量避免目标客户看过 X 公司宣传资料后，选择其他跆拳道培训机构学习的情况发生。

12.2.3　基于微信服务号的 CRM 系统功能

基于微信服务号的 CRM 系统在具体设计的过程中，遵循方便客户的原则，尽量提高客户的感官体验，其主要包括五大模块：人员管理模块、课程管理模块、物品管理模块、意见反馈模块和通知管理模块。其中以人员管理模块为核心，如图 12.3 所示。

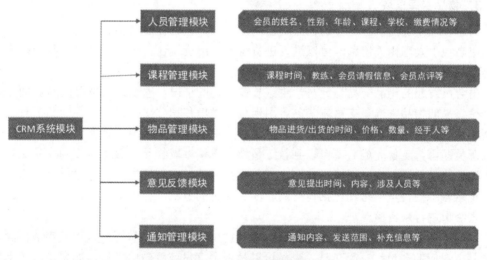

图 12.3　CRM 系统模块展示

1. 人员管理模块

人员管理模块包含新会员加入、会员信息管理两部分功能。

准新会员关注 X 公司的服务号之后，即可申请会员，直接选择功能菜单的"申请会员"选项即可，选择该选项后转入申请界面，需要申请人自行添加姓名和性别信息。为最大化方便客户，其他信息不需要会员填写，填写完成后点击"确认申请"即可。

公司管理人员在后台操作端看到新申请的信息后，可处理申请信息并同意申请。关于申请人的详细信息由管理人员填写，例如年龄、学习的课程内容、所在学校等，由公司管理人员询问填写之后，管理人员可同意会员申请，新会员进入会员库。会员库会生成新会员的会员号码，新会员申请通过后，进入会员库，库内存储会员的个人信息、缴费信息、积分信息，以及会员过期时间与缴费提醒时间等。在实际的运行中，可以根据会员的行为，更改会员信息。例如，会员用积分兑换物品后，积分减少，其他模块会根据情形更改会员模块中的会员信息。

2. 课程管理模块

课程管理模块主要进行课程的编排、记录，以及请假等信息。其中包含了基础课表和日期课表：基础课表是按照星期排列课程，没有具体的日期；日期课表是根据基础课表生成的带有日期的课表，精确地说明了上课的时间、地点、教练等上课的相关信息。日期课表可记录上课情况、参加课程的会员，以及教练点评等。会员打开课程表后，可以看到所有的课程信息，点击课程表中相应的课程，即为选定课程，接下来可以通过单项选择控件选择请假或者试听课程，选择后提交试课或请假申请即可。

公司管理人员和对应课程的教练员，在后台可以看到会员的申请，系统默认把试课和请假申请提交给对应的教练员，教练可以根据课程时间、人数等选择是否同意试课申请。若同意试课，则点击"同意"，系统会发送试课申请通过的模板消息给提出申请的会员；若点击"不同意"，系统同样会发送试课申请没有通过的模板消息给提出申请的会员。对于请假，系统则记录请假会员、请假申请时间、请假的课程等内容。系统没有请假不同意的选项。

3. 物品管理模块

物品管理模块的核心是公司物品进出的流水账，包括物品名称、价格、数量、交易时间、交易经手人等相关信息，可以进行进货统计、出货统计。物品交易包含两种模式，即由会员发起的物品交易和由教练发起的物品交易。

由会员发起的物品交易是针对学生家长在公司的情况，家长进入物品交易界面后，可选择待交易的物品，选择支付方式，可用现金、微信和积分支付，每一件商品都有人民币价格和积分价格。选择好支付方式之后可进行支付操作，如果用现金支付，直接把现金交给教练员即可，支付完成后就可以到教练员那里直接领取物品。教练员收到物品交易申请后，确认物品的订单支付正确，向客户交付物品，然后在系统内点击"已付货"即可。系统会记录教练的付货信息，包括付货的时间、支付的方式、会员信息等，公司根据这些信息与教练员进行账务核对。

由教练发起的物品交易则是根据会员口头提出的需求，由教练进入物品申请界面，选择物品、对应的会员，发起交易。交易可以是现金支付或者微信支付，如果是微信支付，交易的支付申请会发送到会员家长的手机，家长确认支付之后，教练端收到支付成功信息。在确认支付成功后，教练交付物品，之后点击"完成交付货"。系统同样会记录交易的详细信息，以备公司与教练进行账务核对。

4. 意见反馈模块

意见反馈模块的作用是收集会员提出的意见，旨在通过会员的意见，改善公司的管理，进而提高公司的管理水平，提高客户的满意度。意见反馈模块分为意见提交页面和意见浏览页面。在意见浏览页面，会员可以看到其他会员提出的意见，并对意见进行"点赞"和"踩"的评价；而在意见提交页面，会员可以提出自己的意见。在意见反馈的后台部分可以看到会员提出的意见，以及提出者的身份、意见提出时间、具体某一条意见的"点赞"人数和"踩"的人数，可以设置某一条意见对会员可见或不可见。

5. 通知管理模块

通知发送是指由 X 公司向其会员发送模板消息的过程。通知有两种类型：一是群发的通知，例如学生到课通知；二是单独发送的通知，例如物品交易信息、会员续费提醒等。群发的通知由教练进入学员"点到"页面，此刻系统会根据当前的时间和地点匹配应该参与训练的会员，列出方便教练选择的名单，然后教练在手机端用多项选择的方式，选择到课同学。若存在智能匹配名单的错误，教练可以通过上滑或下滑手机屏幕找到匹配之外的会员。选定会员之后，点击"一键发送"，系统会根据教练所选择的会员，逐个发送预设的到校模板信息。教练进入学员点评页面，可以分别为每个会员填写点评意见，写完之后依旧用群发的方式进行发送。

单独发送的通知有物品的交易信息、会员的续费提醒、试课申请成功或失败信息、请假确认信息。单独发送的通知不需要选择发送范围，是直接根据对应的业务流程发送的。会员的续费提醒是系统到达某个时间之后，根据筛选的即将欠费会员的名单，自动向名单上的每一位会员发送该通知。试课申请则是根据教练查看会员或非会员的试课申请之后，做出同意或不同意的判定，系统根据教练员的判定，自动发送给对应的会员或者非会员客户。而请假确认信息则是在系统成功记录会员的请假申请之后发送给客户，通知客户请假成功。

12.3　X 公司 CRM 系统开发与应用效果

X 公司把已经实现的 CRM 系统用于实践，计算了开发及运行成本，并在运行一段时间后调取运行数据，与以往数据进行比较。首先比较同一公司在不同时间段内引入 CRM 系统前后的客户满意度差距和新会员数量，然后比较不同公司在同一时间段内引入 CRM 和不引入 CRM 系统的客户满意度差距和新会员数量，最后总结分析 CRM 系统在固定老客户和拓展新客户中起到的作用以及 CRM 系统可改进的方面。

12.3.1　X 公司 CRM 系统开发资源投入与管理创新

X 公司采用基于微信服务号开发 CRM 系统的方案，将整个开发任务委托给软件公司，X 公司作为甲方只需要提出需求并配合软件公司提供必要的数据及材料。

1. CRM 系统开发投入

开发过程耗时 50 天，开发工作脱离公司正常业务独立运行，不影响公司业务。交付使用培训等工作 3 天完成，需要公司技术人员配合进行。开发过程中 X 公司申请公众服务号 1 个，每年需支付费用 300 元，租用腾讯云服务器，每年费用为 1600 元左右，开发公司技术保障服务费用每年 1000 元，一次性开发费用为 18 000 元。首年合计支出 20 900 元，以后每年费用约 2900 元。详情见表 12.2。

表 12.2　开发及后续费用明细

项　　目	费　　用	周　　期	备　　注
软件开发	18 000 元	一次性	
服务器租金	1000 元	1 年	腾讯云
域名	32 元	1 年	腾讯云
域名解析服务器	12 元	1 年	赠送，以后不赠
网络流量	580 元	1 年	腾讯云
微信服务号年审费	300 元	1 年	
技术服务费	1000 元	1 年	

2. CRM 系统投入带来的管理创新

引入了新的客户关系管理，公司在对客户服务和管理方面做了以下几点创新。

（1）向新客户推广方面的创新。以前公司只能采用网站、传单、开办宣传表演等方法进行公司的宣传，利用微信服务号，在客户允许的情况下，录制客户的学习训练视频并发送视频链接给客户，客户可分享视频到社交网络，进而产生宣传的效果。记录每一位新会员获知的途径，例如看了谁的分享链接、通过谁介绍得知公司等等，给分享人和介绍人适当的积分奖励。若甲介绍了乙，乙介绍了丙，则在丙加入的时候给乙奖励的同时，也给甲一定的奖励，意在产生连锁反应激励客户宣传公司，如图 12.4 所示。

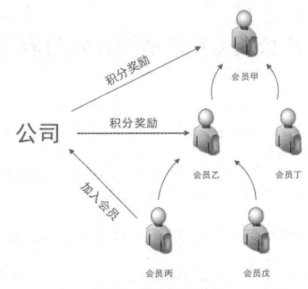

图 12.4　奖励机制示意图

（2）优化远程购物。以前公司为会员提供水、食物等服务时，采用现金交易，但有时因会员年纪太小或其他原因，会员不携带现金。优化后的远程购物系统如图 12.5 所示，可以使用积分、远程现金申请等方式进行支付。由会员提出物品需求，家长远程同意支付，支付后会员即可得到所需物品。

（3）客户关系管理系统的使用，使会员积分制成为现实。给每名会员记录积分，同时设立若干增加积分的办法，例如介绍新会员增加积分、提前缴费增加积分、参加比赛增加积分等。同时，提供使用积分换购物品、课程等服务，让积分有价值。比如积分可换购护具、矿泉水、其他运动的体验课等。这可以使积分良性循环，在固定老客户方面起到了一定的作用。

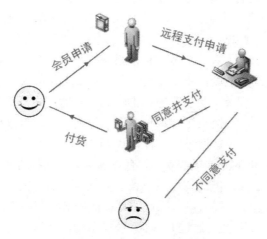

图 12.5　远程支付申请流程图

（4）抓客户痛点，新增服务内容。对于家长来说，孩子是否按时到课、课后是否离开等行程方面的信息，比孩子训练是否偷懒重要得多。基于此项内容，利用微信公众平台，开发了会员到课提醒服务，即孩子到课后会给家长发送孩子到课通知，孩子下课后会给家长发送孩子的学习情况说明。该服务增进了会员家长与公司管理人员的沟通，同样起到固定老会员的作用。

（5）优化信息服务。系统为会员提供周到的信息服务，包括会员账户查询（只能查询会员本人账户，内容为余额、缴费、积分等信息）、课表查询、在线请假、意见反馈等信息服务。

12.3.2　CRM 系统应用的效果

1. CRM 系统客户分享分析

首先，选取 X 公司江南分店的客户分享及互动数据进行分析。该分公司共有会员 270 名，公司 2017 年 10 月 1 日开始使用 CRM 系统，270 名会员全部用微信号代替了自己的会员号。在获取数据的 122 天内，服务器监测客户自愿分享链接 1042 次，平均每名会员分享 3.86 次，其中分享次数最多的会员共分享 66 次，平均每两天分享一次，分享次数最少的会员分享 0 次，分享 0 次的会员共有 124 名，通过询问等多方面了解，这部分会员几乎不在社交媒体分享任何信息。截至 2018 年 1 月 30 日，X 公司有 25 家分公司陆续完成了 CRM 系统的引入并投入运行，所有分公司累计分享次数为 15 637，累计浏览次数近 4 万。

综上所述，CRM 系统的引入，宣传作用明显，X 公司网站 2017 全年浏览量 22 308 次，通过客户社交媒体分享，4 个月的总浏览量达到了近 4 万次，增长近 2 倍，这大大地增加了公司的知名度，起到了良好的宣传作用。

2. CRM 系统客户互动分析

在上述时间内，有 17 名会员通过 CRM 系统提出请假请求共 41 次，系统管理员通过管理软件给与允许请假答复。通过传统途径请假约 37 次（口头请假没有数据库记录，且该行为无法避免）。在客户留言意见板块收到 26 条建议，并有 21 人对其中建议点赞。在课表查询板块有 5397 次登录查询记录，平均每人使用了 20 次查询功能。只有 11 名会员从未使用过查询功能。在未引入 CRM 系统时，请假主要通过电话和当面口头申请，引入系统后，电话请假情况减少了约 70%。在未引入 CRM 系统时，客户几乎不对公司提建议和意见，公司管理者只能从聊天或其他途径获取此类信息，估算获取有效意见频率约 1 条/月，引入系统后，客户踊跃参与课程及会员管理方面的讨论，短时间内意见数量增长率达到 400%以上。除直接提出建议外，有会员围观意见并表示赞同，管理者分析认为围观且对某些意见表示赞同或不赞同是变相表达意见的一种方式，同样给公司信息的获取提供了正向帮助。

CRM 系统为顾客提供的到课提醒功能，有效解决了家长担心孩子行程的问题，得到了家长的一致好评。同时，该功能的使用也有效约束了孩子的行为，避免逃课情况的发生，不但增加了会员的学习质量，而且减少了因逃课造成的潜在危险。

在上述时间内，有 64 名会员通过 CRM 系统提出购物远程支付申请，46 名家长及时支付并顺利完成交易，占 71.9%。有 233 名会员使用了积分换购功能。通过实际访查了解，远程支付申请功能往往因家长未能及时看到支付申请而失败，若在 CRM 系统申请后再电话通知，就失去了自动化的意义，且会造成不良的用户体验。与此同时，积分换购不需要家长远程同意，更加具有可行性。远程申请与积分换购多数情况为矿泉水或其他饮品，家长基本都会同意支付，所以应家长建议，在未来增加现金买积分业务，由会员自行用积分换购家长指定的矿泉水或其他饮品。既可以解决孩子饮水的问题，又可以避免远程支付申请给家长造成的困扰。

综上所述，CRM 系统大大提高了公司与客户的交流与互动，虽然有瑕疵（远程支付申请），但总体上客户反响良好，对公司巩固老客户起到了非常重要的作用。

3. 客户拓展的影响

对客户拓展数量的对比和分析有两个方面，即 2016 年同时期数据与 2017 年同时期数据对比，同一时期不同分公司的数据对比。

从 2017 年 10 月 1 日到 2018 年 1 月 30 日，有 35 名新会员加入 X 公司江南分店。其中，28 名会员是通过社交网络了解到江南分店信息的，5 名会员由老会员介绍而来，2 名会员是通过传统宣传方式了解并加入的。对比去年同时期有 8 名新会员加入的情况，新客户增长率达到了 337%，可以说取得了非常好的客户拓展效果。截至 2018 年 1 月 30 日，X公司累计增加新会员 332 人次。

4. 系统宣传效果

宣传效果有三个方面可以做评定：一是新客户的增减情况，二是老客户对宣传内容的认同情况，三是通过宣传公司形象的变化情况。具体如下。

经过统计估算，CRM 系统引入后，会有新增客户发生，新增客户数量取决于会员所属社交网络的潜在客户数量，新增客户经过统计，数量平均值在会员总数的 4%左右，即在CRM 系统引入后，拥有 100 名会员的公司会有 4 名新会员是因为公司使用了 CRM 系统，通过网络宣传认知跆拳道，并且成为该公司客户的。

老客户对宣传内容的认可程度，要通过客户的分享数量来判断。客户积极分享表明对宣传内容认可，进而表明宣传效果好，反之则表明宣传效果不好。江南分公司分享量平均每人每月分享 0.96 次，数据中分享 0 次的会员共 124 名，原因是他们从不或一般不分享内容。

总体而言，老客户对宣传内容的认同程度一般，既没有特别反感，也没有特别喜欢，猜测原因可能是宣传视频广告成分过多，并且广告植入生硬，给用户造成了一定程度的反感，没有找到好的视频拍摄立意方面的技巧是没有被海量传播的重要原因。虽然有一定的收益，但如果从宣传角度来判断老客户对内容的认可程度，则该系统没有取得成功。

建立基于服务号的 CRM 系统，使 X 公司的形象相对同行业更有科技感。相比较而言，吉林市范围内的其他跆拳道培训机构，60%没有网络宣传手段，35%只有普通的服务号，并且运营技巧较差，只有广告信息的发送，或者一般性的知识普及，完全没有与会员互动等功能。X 公司的服务号有公司宣传、客户参与互动、为客户服务的功能，相比同行业做到了人无我有，人有我优，在移动网络宣传方面遥遥领先。CRM 系统对树立公司的良好形象起到了推动作用。

5. 对客户满意度的影响

在客户满意度方面，客户一般不会直接对公司的服务表示不满，更不会直接告诉公司说很满意，但这种现象并不代表客户对公司的服务没有评价。以往公司评价客户是否满意只能靠猜测，或者通过客户下课之后的精神状态来估计客户的满意程度，同时，也只能靠猜测改进、完善公司管理方面的内容。

在引入 CRM 系统后，客户通过建议板块，向公司提出了建议，也有相当一部分客户对建议表示了赞同，公司在看到建议之后，经过研究与讨论，使大多数建议得到了执行和落实，而且客户反馈良好。可以说 CRM 系统的引入，给客户建议提供了一个方便的工具，营造了公司与客户交流的平台环境，对提升客户满意度有一定的推动作用。

本 章 小 结

1. 客户关系管理项目管理的核心在于：客户关系管理项目团队在范围、时间和成本这三个维度进行权衡的基础上，使用项目管理工具和技术来对整个项目实施过程进行管理和控制。

2. 客户关系管理项目实施流程包括规划、构建、部署三个主要的项目开发阶段，分为业务规划、结构和设计、技术选择、开发、交付、评价六个步骤。

3. 客户关系管理项目实施成功的七个关键因素包括：高层领导的支持、要专注于流程、技术的灵活运用、组织良好的团队、极大地重视人的因素、分步实施、系统的整合。

4. 导致客户关系管理项目失败的原因主要有：忽视了数据质量；组织内的政策导致部门性的行为或者彼此之间完全没有沟通；IT 部门和商业部门不能够协同工作；缺少计划；客户关系管理项目是为了满足企业的需求，而不是为了满足客户的需求；有问题的流程被自动化；对技能的掌握没有引起足够的重视。

5. 基于微信的 CRM 系统开发，需要明确企业的实际需求，进而开发相应的功能。这样就可以在低成本投入的情况下，实现管理创新并提升客户关系管理能力。

复习与讨论

1. 简述客户关系管理项目管理的核心。
2. 客户关系管理项目实施流程包括哪些阶段和步骤？
3. 客户关系管理项目实施成功的关键因素有哪些？
4. 导致客户关系管理项目失败的原因主要有哪些？
5. 参照本章案例结构，收集你熟悉的某一企业实施客户关系管理项目的资料，分析该企业是如何实施的，成功或失败的原因是什么，写出调查分析报告。

企 业 访 谈

医流巴巴客户关系管理
系统的改进

主要参考文献

[1] BERSON A，SIMITH S，THEARLING K．构建面向 CRM 的数据挖掘应用[M]．贺奇，郑岩，魏藜，等译．北京：人民邮电出版社，2001．

[2] 赖利．重点客户管理[M]．李慈雄，译．上海：上海人民出版社，2001．

[3] 齐佳音，韩新民，李怀祖．客户关系管理的管理学探讨[J]．管理工程学报，2002（3）：31-34．

[4] 伍颖，邵兵家．顾客满意陷阱的双因素分析[J]．经济管理，2002（13）：66-69．

[5] 皮泊斯，容格斯．客户关系管理[M]．郑先炳，邓运盛，译．北京：中国金融出版社，2006．

[6] 苏朝晖．客户关系管理：客户关系的建立与维护[M]．5 版．北京：清华大学出版社，2021．

[7] 王占刚．客户第一：华为客户关系管理法[M]．北京：人民邮电出版社，2020．

[8] 王永贵，马双．客户关系管理[M]．2 版．北京：清华大学出版社，2020．

[9] 王若鑫．微信 CRM 系统对客户拓展影响的案例研究[D]．长春：吉林大学，2018．

[10] HIRSCHOWITZ A. Closing the CRM loop: The 21st century marketer's challenge: Transforming customer insight into customer value[J]. Journal of Targeting, Measurement and Analysis for Marketing.2001, (10): 168-178.

[11] Brown, Stanley A. Customer Relationship Management: a strategic imperative in the world of an e-bushiness[M]. Ontario: John Wiley &Sons Canada Ltd, 2000.

[12] PRAHALAD C K, HAMEL G. The Core Competence of the Corporation[J]. Harvard Business Review, 1990, 5-6: 79-91.

[13] RYGIELSKI C, WANG J-C, YEN D C. Data mining techniques for customer relationship management[J]. Technology in Society, 2002. 24: 483-502.

[14] RIGBY D K, REICHHELD F F, SCHEFTER P. Avoid the four perils of CRM[J]. Harvard Business Review, 2002, 80(2): 101-109.

[15] CHEN Y, MANDLER T, MEYER-WAARDEN L. Three decades of research on loyalty programs: A literature review and future research agenda[J]. Journal of Business Research, 2021, 124, 179-197.

[16] MUTIUS B, HUCHZERMEIER A. Customized Targeting Strategies for Category Coupons to Maximize CLV and Minimize Cost[J]. Journal of Retailing, 2021, 97(4): 764-77.